体育院校运动训练专项与实践学习参考丛书

运动心理学同步练习手册

主　编：刘　英

人民体育出版社

运动心理学同步练习手册
编委会

序　言

21世纪初，中国高等教育获得了历史性的跨越式发展。在社会知识化、教育终身化、经济全球化的大背景下，高等教育在数量增长的同时也面临着质量提高的巨大挑战，高等教育唯有主动迎战才能适应21世纪社会发展的需要。体育院校是培养高级体育专门人才的摇篮，面对新时期的挑战也必须要用新的教育质量观来引导和深化体育人才培养改革，立足行业和社会需求，坚持科学发展和以人为本，提升高等体育人才的现代化教育水平。

为适应高等教育改革和社会相关行业对运动训练专业人才培养的需求，进一步提高体育院校教育教学与训练实践的质量和水平，成都体育学院组织了一批长年从事教学、训练和科研的骨干教师，在总结多年教书育人与训练实践的基础上，吸收借鉴了其他体育院校的宝贵经验，广泛听取了体育院校学生的意见，编写了《体育院校运动训练专项与实践学习参考丛书》。

全套书由《运动训练专业学习导航》《现代网球运动》《现代乒乓球运动》《现代排球运动》《现代篮球运动》《现代跆拳道运动》《现代足球运动》《运动心理学同步练习册》组成。丛书突出运动训练专业的专业技能性、专项运动技术实践性的特点，注重理论上的逻辑归纳和实践操作上的方法创新，坚持理论联系实践，强调实践操作技能的培养；采用课内课外互补、教学与训练并重，既涵盖教学方法，又包括相应的训练示例和课后复习题；同时，丛书还针对运动训练专业学生的特点，就其学习、生活管理、养成教育及安全教育等方面进行专门指导，以使本丛书指导范围更加全面。

本套丛书的出版，期望能够适应运动训练专业迅速发展的需要及社会对体育人才综合素养不断提高的需求，为提高体育院校人才培养质量起到抛砖引玉的作用，为运动训练专业的教师及学生提供专业指导。同时，也期望能够为各体育类学生、基层教练员与广大体育爱好者解决体育锻炼中的困惑提供一点帮助和借鉴。

丛书融汇吸收了国内外诸多前辈、同行的研究成果和著作。在丛书编写过程中，各级领导及各兄弟院校给予了大力支持和帮助。在此表示衷心的感谢。

对于丛书的疏漏和不妥之处，望广大前辈、同行及读者给予指正。

编　者

二〇一一年八月八日

目 录

第一章 绪 论

　　人类对心理现象的探究已经有两千多年的历史，而科学心理学经历了一百三十多年的发展，在各个领域的实践活动中得到了广泛的应用，并由此产生了许多分支学科，使心理学逐渐成为一门内容丰富、体系完整的科学。随着社会的发展，心理学的理论和方法会为越来越多的人所理解、重视和运用，并日益显示出自身的重要性。本章将对心理学的概念、性质、研究领域，运动心理学的基本概念和作用等问题进行归纳和阐述，以对该学科有一个整体的认识。

第一节　知识要点

一、知识点

　　心理学的研究对象和主要内容；辩证唯物主义的心理观；心理学的研究方法；心理学的发展简史；运动心理学的研究对象和主要内容；运动心理学的研究任务和研究方法；学习运动心理学的意义。

二、主要内容

1. 什么是心理学

　　心理学是研究人的各种心理现象及其活动规律的科学。它既研究动物的心理，也研究人的心理，而以人的心理现象为主要的研究对象。

　　心理学作为一门科学，是自 1879 年德国学者冯特（Wilhelm Wundt，1832—1920）受到自然科学的影响，建立心理实验室，使之脱离思辨性哲学成为一门独立学科开始的。

　　衡量某一学科是否属于科学范畴，主要看其运用的是否科学的方法，并且是否达到了几个重要标准。科学的方法主要包括系统观察和直接实验，重要的标准包括：

客观性——对信息的选取是取决于信息本身而非研究者的个人偏好。

准确性——尽可能准确和精确地搜集信息。

可检验性——任何结论都是在多次的检验之后得出的，排除了所有的不一致性。

在心理学研究行为和心理活动规律的过程中，心理学家主要依赖科学的方法，并且严格地遵循科学的标准，所以，心理学是一门科学。从科学的分类上讲，心理学有它的独特性。因为心理活动在头脑中产生，必然受生物学规律的支配；同时人是物种发展中最高等的社会性生物，一切活动又都不能摆脱社会、文化方面的影响，具有社会科学性质。所以心理学兼有自然科学和社会科学的双重性质。

2. 心理学研究的主要内容

(1) 认知

认知是一个非常复杂的过程，指人们获得知识或应用知识的过程，或信息加工的过程，是人的最基本的心理过程。它由人的感觉、知觉、记忆、思维和想象等认知要素组成。注意是伴随在心理活动中的心理特征。人脑接收外界输入的信息，经过头脑的加工处理，转化成内在的心理活动，再进而支配人的行动，这个过程就是信息加工的过程，即认知过程。是人由表及里、由现象到本质地反映客观事物特征与内在联系的心理活动。

人们获得知识或应用知识的过程开始于感觉和知觉。感觉是我们认识世界的起点，是人们对客观事物的个别属性（比如物体的颜色、形状、声音等）进行直接反映的过程。知觉是人脑对直接作用于感官的客观事物整体的综合反映，是较为复杂的心理现象，是大脑对不同感觉信息进行综合加工的结果。知觉以感觉为前提，但它不是感觉的简单的集合，而是在综合了多种感觉的基础上形成的整体印象。

人们感知事物后，作为感知觉虽然不存在了，但事物映象的"痕迹"还保留在人们的头脑中，并在需要的时候能再现出来。这种积累和保存个体经验的心理过程，叫做记忆。

人不仅能直接感知个别、具体的事物，认识事物的表面联系和关系，还能运用头脑中已有的知识和经验去间接、概括地认识事物，揭露事物的本质及其内在联系和规律，形成对事物的概念进行推理和判断，解决面临的各种各样的问题，这就是思维。通过想象，使我们在改造表象的基础上，创造出事物的新形象，借助于词概括表象而形成概念，从而反映事物的本质和规律。

(2) 情绪、情感和意志

人在加工外界输入的信息时，不仅能认识事物的属性、特性及其关系，还会产生对事物的态度，引起满意、不满意、喜爱、厌恶、憎恨等主观体验，这就是情绪情感。情绪主要指感情过程，而情感一般是指具有稳定的、深刻的社会意义的感情。两者都是在认知的基础上产生，又对认知产生巨大的影响，成为调节和控制认知活动的一种因素。

人自觉地确定目的，并为实现目的而自觉支配和调节行为的心理过程叫做意志。意志与个体的认知、情感有密切联系。

(3) 个性

人在获得和应用知识的过程中，或者说在信息加工的过程中，还会形成各种各样的心理特性，造成人与人之间的心理差异。心理特性包括：个性倾向性和个性心理特征。

心理现象研究的内容结构如下图所示：

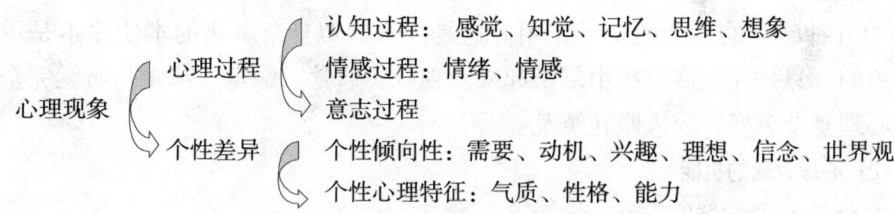

(说明：心理现象的产生和发展是在注意状态下进行的)

(4) 心理现象之间的关系

①心理过程之间的关系。

知、情、意构成了人的心理活动的基本内容，它们是在实践活动中发生、发展的，并在实践活动中相互影响、相互制约。

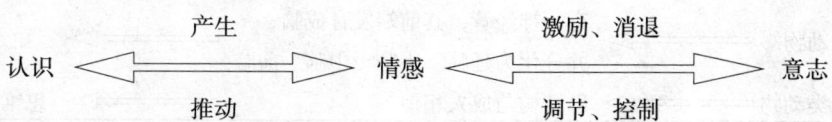

②心理过程与个性差异之间的关系。

个性差异是通过心理过程而形成，并且在心理过程中表现出来；已经形成的个性差异又制约着心理过程的进行和发展。

3. 认识心理的本质和途径

(1) 心理现象复杂的原因

①心理的无法直接感知性。心理作为一种电磁场，人类有限的五种感官是无法直接感知的。只能意识到它的最大共性——客观实在性，而其他具体的性质则无法直接把握。

②心理功能的强大及无所不在性。心理支配人的行为，纷繁复杂的行为都可以从心理角度得到合理的解释。人的一切活动都是行为，而心理决定这一切，由此可见，心理的功能是多么的强大！而且心理自身又具有高度的复杂性。可是由于社会条件的限制，人是无法直接把握心理这种物质的，现实又要求必须对人的行为作出貌似合理的解释。

③神经系统的强大自组织性。在心理依靠神经系统发挥其功能时，神经系统自身又可以不断地建构和完善，使心理功能更好的发挥并且更为强大，并使心理现象更加复杂。这实际上是功能与结构关系的一个缩影。

④五种感官的复杂的交互作用。这是因为貌似复杂事物的本质原本是单纯而简单的，只是在发展过程中复杂起来。视觉、痛觉、触觉、味觉与听觉完全可以使心理复杂多变，令人眼花缭乱。

(2) 心理是脑的机能

①脑是心理的器官。

切除法、电刺激法和脑电图研究法等现代科学技术证明，脑是心理的器官。脑的进化与心理功能密切相关。

动物脑的进化与心理功能关系

动物发展阶段	脑的发育	心理功能
无脊椎动物 ⟹	神经系统演化发展的低级阶段，高级节肢动物，有脑 N 节，没脑 ⟹	感 觉
脊椎动物 ⟹	有一神经管，其前端发育成脑，并分化为延脑、小脑、中脑、前脑 ⟹	知 觉
灵长类动物 ⟹	脑结构与成人相似 ⟹	思维萌芽

② 心理是脑的机能。

科学的研究表明：人的一切心理活动就其产生方式来说，都是脑的反射活动。

当动物和人的反应水平发展到不仅对具有直接生物意义的刺激做出反应，而且对具有生物意义的信号也能做出反应时，就是建立了条件反射，标志着感觉的出现即心理现象的产生。动物具有第一信号系统的活动，人具有两种信号系统的协同活动。

(3) 心理是对客观现实的主观的、能动的反映

心理是人脑对客观现实的主观反映。心理的内容是客观的，反映的都是外界事物和现象，是由外部事物决定的。心理又有主观的一面，因为对客观现实的反映总是由主体（个人）进行的，总是受到个人经验、个性特征和自我意识等多种因素的影响，对客观现实的反映不是复印、摄影等对事物的翻版，所以它是主观的。

心理的能动性表现在人脑不仅反映客观现实的外部特性，并且经过抽象与概括，能够解释其本质和规律。只有掌握了事物的本质与规律，才能使人的行动成为自觉行动，进而产生巨大的能动作用，使人不仅反映客观世界，并能改造客观世界。

4. 心理学研究的原则

(1) 客观性原则

客观性原则实际上就是实事求是的原则，客观地研究人的心理和行为。应该具备下列条件：

① 所研究的心理或行为应该是可以观察的。
② 所研究的心理或行为应该是可以测量的。

(2) 发展性原则

人的心理的发展是矛盾运动的结果。研究者应将人的心理活动看成是一个变化发展的过程，在发展中研究个体在不同年龄阶段心理的发生和发展。在发展中研究心理活动时，不仅要求阐明人已经形成的心理品质，而且还要求阐明那些刚刚产生、处于形成状态的新的心理品质。后者对研究学生的个性具有特别重要的意义，因为新的心理品质的出现展示了进一步发展的前景，预示着未来可能出现的心理特点。

(3) 系统性原则

必须研究各个心理过程、心理特征之间的相互联系、相互制约的关系，而不能把心理现象看成是孤立存在的内容去研究。

(4) 教育性原则

在进行心理研究时，研究的选题、使用的方法和程序不应损坏被试的身心发展，而应该符合教育的原则，特别是当被试是儿童时，由于他们的身心正处在发展阶段，认识能力较差，而且善于模仿，研究者更要注意这个问题。所以，以人为对象进行心理研究时，在选择方法和程序时不能只考虑对所需要研究的问题是否有利，还要考虑所用的方法对被试的身心是否产生不良的影响。

5. 心理学的研究方法

心理学的研究方法很多，可以大致分为三大类：描述研究、相关研究和实验研究。

(1) 描述研究

描述（description）是心理学研究最起码的工作，研究者往往还没有一个正式的假设，目的是对心理与行为进行详细的描述，以确定某种心理现象在质和量上的特点。自然观察法、调查法和个案法都属于描述研究，即描述发生了什么，但不能解释为什么。

(2) 相关研究

如果我们用自然观察法、调查法和个案法发现一种现象与另一种现象有联系，那我们就可以用相关法来考查它们之间的相关程度。相关法（correlational method）是一种探索两个或两个以上变量之间相互联系的性质与紧密程度的研究。例如，我们想考查大学新生的自我价值感和普通心理学的学习成绩之间是否有联系（相关）。我们先要给这两个概念下一个操作性定义。该怎样测量自我价值感和普通心理学的成绩呢？测量普通心理学的成绩比较简单，可以根据一个学期内某个学生这门课程的随堂考试成绩的总和来评定。而自我价值感的测量则可以选择一个设计较好的测量工具来测量，例如，可以用我国自编的青少年自我价值感量表（黄希庭、杨雄，1998）的测量分数来评定。

现在开始收集资料。将青少年自我价值感量表发放给这些大学生。测试成绩出来后我们就拥有了第一批数据。在学期末分别将每个学生的普通心理学测验成绩加起来，就获得了第二批数据。每个学生有一对分数：一个是表示其自我价值感的分数，另一个是其在普通心理学课程上取得的成绩。那么，怎样知道这两项分数是否相关呢？

下一步是将所获得的成对的数据输入计算器或电脑,应用一系列数学程序即可计算出相关系数(correlation coefficient),以字母 r 来表示,一个介于+1.00 和−1.00

之间的数用来度量两个变量或几个变量之间相互联系的性质和程度的指标。

(3) 实验研究

在心理学中，试图建立变量之间关系的有两种研究：相关研究和实验研究。这两种研究的实施是很不同的。在相关研究中，研究者对研究环境一般不加以控制，往往依据过去从现场收集到的资料用统计程序加以处理，建立变量之间的对称关系而不是因果关系。实验则不同。实验是当时在现场收集资料，对实验环境加以控制并操纵有关变量以便建立因果关系。

实验法（experimental method）是在控制的条件下系统操纵自变量的变化，以揭示自变量和因变量之间内在关系的一种研究方法。为了理解心理学实验的特点，下面举一个例子加以说明。假如我们在文献中看到"咖啡因能兴奋大脑，提高大脑的功能"，于是很可能会提出一个假设：喝咖啡会提高数学能力。对于这个假设，可以设计一个实验来检验，如下图所示。

在一个实验中，研究者选定并在实验中加以操纵变化，以影响被试行为的因素称为自变量（independent variable），而被试的反应，实验中研究者想要预测的行为称为因变量（dependent variable）。每个实验至少有一个自变量和一个因变量。在检验咖啡因是否会提高数学能力的实验中，自变量是咖啡因的使用，因变量则是单位时间里做对数学题的分数。实验是在高度控制的条件下进行的。在实验中，除了自变量会对因变量影响之外的所有其他因素都应保持恒定或加以控制。

检验咖啡因是否会提高数学能力的实验：

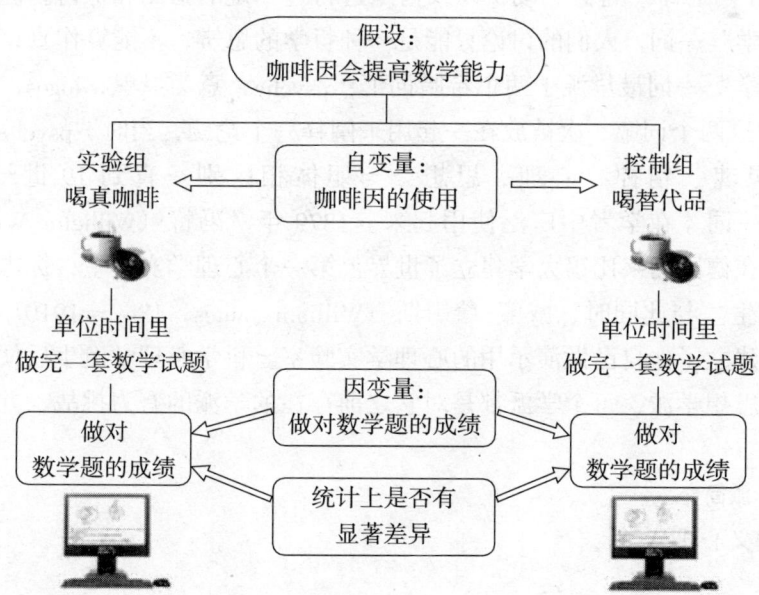

总之，心理学中各种具体研究方法都有优缺点。我们应当根据研究问题的需要选择合适的方法，扬长避短。如果能合理地使用几种方法，取长补短，那就会取得较佳的研究成果。随着研究的进展，研究方法也是在发展的。

6. 心理学研究的基本过程

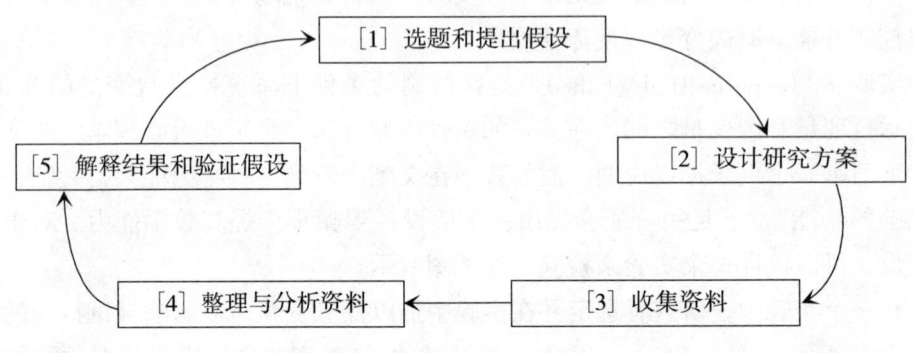

7. 心理学的漫长过去

(1) 科学心理学的建立

心理学的历史可以追溯到古希腊柏拉图、亚里士多德时代。亚里士多德在《论灵魂》中对思维、智慧、动机以及情绪进行过一定的猜测和探讨。但当时还没有"心理学"一词，人们的讨论只能是一种哲学的思辨，不能算作真正的心理学。"心理学"一词最早源于两个希腊词汇：psyche，意为灵魂；logos，意为研究。16 世纪这两个词第一次被放在一起用来阐释一个论题，当时"psyche"一词的意思是灵魂、精神、心理、思想，与躯体相区别。直到 19 世纪初，"psychology"一词才在学者中广泛使用起来。1879 年，冯特（Wilhelm Wundt，1832—1920）在德国的莱比锡大学建立了世界上第一个心理学实验室，标志着科学心理学的诞生。与此同时，威廉·詹姆斯（William James，1842—1910）在美国的哈佛大学建立了他自己做演示用的心理学实验室。科学心理学诞生后便发展出几种不同的思想学派，每个学派都是对它之前存在的学派的有力挑战，并从中得到发展。

(2) 心理学派简介

①构造主义心理学。

　　冯特建立的实验心理学不仅标志着心理学的独立，也标志着心理学史上第一个思想学派——构造主义的开始。

　　冯特用实验的方法来分析人的心理结构，以他和他的学生铁钦纳（E.B. Titchener，1867—1927）为代表的心理学流派，被称为构造主义心理学（Structuralism）。该学派主要研究意识的结构，认为意识的内容可以分解为基本的要素，通过找出它们之间的关系和规律，达到理解心理实质的目的。该学派还强调内省方法，认为了解人们的直接经验，要靠被试者自己对经验的观察和描述，也就是内省，到20世纪20年代，构造主义心理学逐渐衰退。

　　②机能主义心理学。

　　机能主义心理学（Functionalism）的创始人是美国著名心理学家詹姆斯（William James，1842—1910），其代表人物还有杜威（John Deway，1859—1962）等人。机能主义心理学主要活跃于1890年到20世纪30年代，与构造主义心理学展开了激烈的学派之争，两者都主张研究意识，争论的焦点是心理学应该研究意识的结构，还是研究意识的功能。机能主义心理学强调研究意识的功能。因此，他的心理学思想被称为机能主义心理学。

　　詹姆斯认为意识是像水流一样的，他称之为"意识流"。詹姆斯认为心理学的研究工作不应局限在实验室内，还要考虑人是如何调整行为以适应环境不断提出要求的。为此，后来他的一些追随者们走向了心理测量、儿童发展、教育实践的有效性等各种应用心理学方面的研究。

　　基于唯心主义的思想基础，上述两个学派都未能很好地解决方法学问题。相持了几十年后，当另一个新的学派——行为主义出现后，这两个学派都日渐衰落下去。

　　③行为主义心理学。

　　20世纪初期，行为主义心理学（Behaviorism）学派盛极一时，从根本上改变了心理学的发展进程。行为主义心理学的代表人物是美国心理学家华生（John B.Watson，1878—1958）。华生认为心理学作为一门科学，只能研究可观察的行为。这是因为科学的研究成果必须是能够重复的，而心理带有主观的性质，不能直接观察，也不能重复，这样就不如把心理看做是一个黑箱，我们不必去管里面装了什么和如何活动，只需要知道输入和输出之间的联系就可以了。在刺激影响有机体的情况下，只有作为反应活动的外部行为是可观察的，因此，心理学应该以行为作为研究对象。于是，华生的研究路线可以用"刺激—反应"公式（S—R）来表示，他坚持心理学是研究行为的科学。

、华生行为主义心理学思想的形成在很大程度上受俄国生理学家巴甫洛夫（Иван. П. Павлов, 1849—1936）的条件反射学说的影响。华生认为，我们只要找到不同事物之间的联系和关系，再根据条件反射原理给予适当的强化，使刺激和反应之间建立起牢固的联系，那么就可以预测、控制和改变人的行为。总之，华生否认心理、意识，强调行为，认为人的一切行为都是在后天环境影响下形成的。

行为主义后期的另一著名代表人物是美国心理学家斯金纳（Burrhus Frederick Skinner, 1904—1990）。由于斯金纳的理论对华生的行为主义有所发展，通常把他的理论称为新行为主义，而把华生的行为主义称为古典行为主义。斯金纳坚持行为主义的基本原理，他明确指出：任何有机体都倾向于重复那些指向积极后果的行为，而不去重复指向消极后果的行为。斯金纳与华生思想的区别，在于他并不否认人的内部心理活动的存在，但是他坚信人的一切行为都是由外部环境决定的。

行为主义理论能够解决一些实际的问题，因此，在实用主义思想指导下，行为主义心理学在美国很快就盛行起来。行为主义从 20 世纪 20 年代兴起，一直流行到 50 年代才逐渐衰落。但是它的影响深远，不仅其客观研究方法得到了肯定，而且在当前的行为改造、心理治疗中，行为主义的方法仍占有重要地位。

④格式塔心理学。

在美国出现行为主义心理学的同时，德国也出现了另外一个心理学派别，这就是"格式塔心理学"（Gestalt psychology），也称为"完形心理学"。格式塔心理学的创始人有韦特海默（Max Wertheimer, 1880—1943）、考夫卡（Kart Koffka, 1886—1941）、苛勒（Wolfgang Kohler, 1886—1941）等人，这一学派主要活跃于 1912 年到 20 世纪 40 年代，研究内容主要是意识体验，著名论点是："整体大于部分之和。"

"格式塔"是德文 Gestalt 的译音，其含义是整体，或称"完形"。格式塔心理学明确指出：构造主义把心理活动分割成一个个独立的元素进行研究并不合理，因为人对事物的认识具有整体性，心理、意识不等于感觉元素的机械总和。格式塔心理学着重在知觉的层次上研究人如何认识事物，作为一种学派重视心理学实验，研究的结果在当时很有影响，尤其是有关知觉的一些实验结果，称为格式塔知觉规律，至今在心理学中占有一定的重要地位。

⑤精神分析学派。

精神分析学派（Psychoanalysis）于 19 世纪后期产生于欧洲，其创始人是奥地利精神病医生弗洛伊德（Sigmund Freud，1856—1939）。这一理论主要源于弗洛伊德治疗精神病的实践，重视对人类异常行为的分析，强调心理学应该研究无意识现象。弗洛伊德认为，要用精神分析的方法来寻找病人疾病的根源，通过病人的自由联想，对其谈话作出分析，找出其疾病的根源。他还认为人除了有意识的活动——即人所表现出来的行为活动，还有无意识活动。它们常常是一些由于环境的要求和社会的限制而不能表现出来的思想意识，因为种种原因长时期被压抑着处在被觉知的意识下层，形成下意识，但对于意识仍然发生影响。这些处于下意识中的个人心理冲突，正是发生心理障碍的原因。精神分析主要就是试图用各种方法发现和揭示病人在下意识中存在的问题。由于弗洛伊德过分强调人的性本能在下意识中的作用，认为人在性方面的压抑是多种心理障碍产生的原因，因此在理论上曾引起争论，在我国更受到过长期的批判。

精神分析的方法至今在精神病患者的治疗中仍然继续使用，而且其理论对人格、动机等心理学的研究方面也起到一定积极作用。目前，有些精神分析的概念，如无意识、下意识、自我等也都已经渗入到心理学主流之中。

⑥认知心理学。

20 世纪中期以后，认知心理学在很多学者研究的基础上产生，它吸取了各派的合理成分，兼容和蓄并加以发展。比如它既吸收了"格式塔"的整体观，把人脑的活动视为一个整体来进行研究，同时对行为主义的"刺激—反应"、强化理论也予以承认。认知心理学可追溯到 20 世纪初期，如瑞士著名心理学家皮亚杰（Jean Piaget，1896—1980），通过一系列精心设计的实验，揭示了儿童思维发展的规律。但是，认知心理学正式出现是在 20 世纪 60 年代，一方面，20 世纪中期以后，计算机科学迅猛发展，迫切需要了解人的心理活动规律，这构成了推动认知心理学产生的重要外部动力；另一方面，自从冯特建立心理实验室以来，实验室的心理实验逐步地取得了一些成果，比如在记忆研究方面，发现短时记忆和长时记忆有所不同，同时在儿童研究中，也揭示出在儿童发展的不同阶段思维表现有不同水平等等，这些都证明内部心理活动规律是可以研究的。在这种情况下，美国心理学家奈塞尔（U. Neisser）于 1967 年把各种研究成果加以总结，写成《认知心理学》一书，从而作为认知心理学（Cognitive psychology）产生的标志，心理学不止要研究行为，也要研究作为行为基础的内部心理活动规律。

认知心理学在其发展中，从认知过程出发，并未忽略对动机和情感等心理现象的研究。事实上现代认知心理学以信息加工观点研究内部心理活动规律，已变成一种思路，在教育心理学、社会心理学等方面，都依据认知心理学的基本原理去探讨和解释人的心理活动规律，目的是分析、解释、控制与调节人的多种活动，包括社会交往等等。

⑦人本主义心理学。

20 世纪中期，美国一些学者出于对当时影响最大的两个心理学派别——行为主义和精神分析的不满，提出了一种新的理论——人本主义心理学（Humanistic psychology），这一理论的代表人物是马斯洛（Abraham H.Maslow，1908—1970）和罗杰斯（Carl Rogers，1902—1987）。在人本主义心理学看来，精神分析学说认为行为受原始的性冲动所支配，行为主义理论的许多结论来自对简单动物行为的研究，这两种理论都没有把人看做是自己命运的主人，失掉了人的最重要特性。人本主义是注重人的独特性，主张人是一种自由的、有理性的生物，具有个人发展的潜能，与动物本质上完全不同。他们认为人的行为主要受自我意识的支配，要想充分了解人的行为，就必须考虑到人们都有一种指向个人成长的基本需要。总之，人本主义心理学强调人的社会性特点，给人的心理本质作出了新的描绘，为心理治疗领域孕育了一条创新的人本主义路线和方法。不过人本主义理论不能用实验来加以证明，它主要是理论上的推测，运用的是一种思辨的方法，风格与自然科学研究不同。

8. 当代心理学的研究特点

(1) 当代心理学的研究取向

①生物学取向（biological perspective）着重从生物、生理、遗传基因的角度研究心理与行为。

②行为取向（behavioral perspective）着重研究个体（人或动物）的行为是怎样受环境和经验影响的。

③认知取向（cognitive perspective）主张用信息加工观点来研究人类心理过程和结构。

④社会文化取向（sociocultural perspective）着重研究社会文化怎样影响个体心理与行为。

⑤心理动力学取向（psychodynamic perspective）着重研究个体的心理与行为的动力因素，如本能、内驱力等。

五种主要研究取向的关注点及对攻击的解释

研究取向	关 注 点	对攻击的解释
生物学	心理的生物基础	脑内的生化过程和特殊基因
行 为	外显行为及其刺激的原因和结果	强化、模仿
认 知	通过行为来推断认知过程	认知失调
社会文化	心理多样性的文化根源	主流文化和亚文化的熏陶
心理动力学	潜意识驱力	攻击本能

从上表可以看出，心理学的五种主要研究取向其实是心理学家从不同的角度来探索人类的心理现象。心理现象是很复杂的，心理学中的许多问题没有一个简单的答案，对于复杂的现象常常会有复杂的解释。从心理学家对攻击行为的解释可以看到，当代心理学家更倾向以多种研究取向整合的观点来探讨复杂的心理现象。

(2) 心理学研究的现状

① 多学科交叉和多层次整合。

② 应用心理学分支发展迅速。

③ 一些重大科学问题研究提上心理学研究的日程。

9. 心理学的将来

科学发展的进程难以预料，但大趋势还是能看出来的。心理学的将来会有相当大的发展，主要表现为基础研究将更加深入，应用研究将更多地造福于人类。

心理学研究的前沿问题有：

① 认知过程的心理机制。

② 认知神经科学的研究。

③ 智力与脑的关系。

④ 意识和无意识的问题。

⑤ 儿童认知发展。

⑥ 学习过程。

⑦ 人力资源开发。

⑧ 认知工程心理学。

⑨ 心理咨询和心理治疗。

10. 为什么学习心理学

(1) 认识内外世界

学习心理学，可以加深人们对自身的了解。通过学习心理学，你可以知道自己为什么会做出某些行为，这些行为背后究竟隐藏着什么样的心理活动，以及自己现在的个性、脾气等特征又是如何形成的等等。例如，学习了遗忘规律，你就可以知道自己以往的背单词方法存在哪些不足；了解了感觉的适应性，就可以解释为什么"入芝兰之室，久而不闻其香"了。

同样，你也可以把自己学到的心理活动规律运用到人际交往中，通过他人的行为推断其内在的心理活动，从而实现对外部世界的更准确的认知。例如，作为教师，如果你了解了学生的知识基础和认知水平，以及吸引学生注意力的条件，你就可以更好地组织教学，收到良好的教学效果了。

(2) 调整和控制行为

心理学除有助于对心理现象和行为作出描述性解释外，它还向我们指出了心理活动产生和发展变化的规律。人的心理特征具有相当的稳定性，但同时也具有一定的可塑性。因此，我们可以在一定范围内对自身和他人的行为进行预测和调整，也可以通过改变内在外在的因素实现对行为的调控。也就是说，可以尽量消除不利因素，创设有利情境，引发自己和他人的积极行为。例如，当我们发现自己存在一些不良的心理品质和习惯时，就可以运用心理活动规律，找到诱发这些行为的内外因素，积极地创造条件改变这些因素的影响，实现自身行为的改造。再如，奖励和惩罚就是利用条件反射的原理，在培养儿童的良好习惯和改造儿童的不良行为与习惯方面发挥着重要的作用。

(3) 直接应用在实际工作上

心理学分为理论研究与应用研究两大部分，理论心理学的知识大部分是以间接方式指导着我们的各项工作的，而应用研究的各个分支在实际工作中可以直接起作用。教师可以利用教育心理学的规律来改进自己的教学实践，或者利用心理测量学的知识设计更合理的考试试卷等；商场的工作人员利用消费和广告心理学的知识重新设计橱窗、陈设商品，以吸引更多的顾客，如现在街上流行的"打折风"就是一个应用实例；再如经理利用组织与管理心理学的知识激励员工、鼓舞士气，等等。这方面的应用很多，可以在自己的学习和工作中有意地加以体会和利用。

11. 学习运动心理学的意义

(1) 什么是运动心理学

运动心理学（Sports Psychology）是研究人在从事体育运动时的心理特点及其规律的科学，是心理学的一门分支学科，也是体育科学中的一门新兴学科，与体育学、体育社会学、运动生理学、运动训练理论和方法以及其他各项运动的理论和方法有着密切的联系。

(2) 运动心理学的任务

运动心理学的主要任务是研究人们在参加体育运动时的心理过程，如感觉、知觉、表象、思维、记忆、情感、意志的特点及其在体育运动中的作用和意义；研究人们参加各种运动项目时，在性格、能力和气质方面的特点及体育运动对个性特征的影响；研究体育运动教学训练过程和运动竞赛中有关人员的心理特点，如运动技能形成的心理特点、赛前心理状态、运动员的心理训练等。

运动心理学这个术语首先出现于现代奥林匹克运动会创始人顾拜旦的文章中。在他的倡议下，国际奥委会于 1913 年在洛桑召开运动心理学专门会议，它标志这个学科进入科学的行列。1920—1940 年，苏联、德国、美国等国都对运动心理学方面的问题展开了一系列研究。20 世纪 60 年代以来，运动心理学受到广泛重视，大多数国家都开展了这方面的研究工作，成立运动心理学会并召开专门会议，有关的文章和书籍也大量问世，使这门科学得到迅速发展。

第二节 学习要求和知识拓展

一、学习要求

(一) 学习要求

通过本章的教学使学生对这门课程有一个总体的认识。掌握心理学的概念及学科性质；了解心理现象的主要内容及其相互关系；初步了解人的心理实质；了解心理学的发展历史及主要学派，掌握心理学的研究方法，明确学习心理学和运动心理学的意义与作用。

① 对心理学的基本理论有一个系统的完整的理解和掌握。这种掌握应该是

属于学院派的，也就是说应该系统和完整，对心理学这门学科有一个整体的认识和了解。

②对各种理论学派的基本观点、代表人物，及其对它的研究与评价有一个总体的认识和把握。比如，对精神分析学派，你至少应该了解精神分析学派的由来、基本观点、代表人物及其基本观点、精神分析学派现在的发展趋势。

③对各个理论学派的经典实验有一个清晰的认识。比如，行为主义学派的操作条件反射实验和巴甫洛夫的经典条件反射实验、格式塔的完形实验等等。

④对实验分析的掌握，因为从心理学现在的发展趋势来看，心理实验的发展对心理学的推动起到了很大的作用。因此，应该对实验设计、实验分析有一定的了解。虽然不要求你做到能自己独立设计一个心理实验，但至少应该对实验设计的方式方法有一个了解。

（二）重点和难点

①重点：心理学和运动心理学的概念和研究内容；辩证唯物主义的心理观。

②难点：心理现象之间的关系、学习运动心理学的意义；心理是脑的机能；理解"心理学有一个悠久的过去，却只有短促的历史"的含义。

二、知识拓展

（一）心理学知识知多少

镜头一：一对双胞胎兄弟刚出生不久就被不同的人家领养。最近，他们参加了一项关于双生子行为和人格特质相似性的研究。除了他俩之外，参与此项研究的还有另外几十对双胞胎。研究者希望通过对共同生活和刚出生就分开生活的双生子的心理和行为进行比较，来考察遗传和环境对个体的影响。

镜头二：学生处正面向全校公开招聘校社团主席，尽管名额只有一个，但前来应聘的学生却络绎不绝。大家都知道当上社团主席就意味着有更多的锻炼机会和更广阔的发展前景。看着一个个跃跃欲试的年轻人，招聘老师不禁犯了难，这么多人，怎么选呢？社团主席的职务不是凭着一腔热情就能干好的，不仅要有活泼开朗的性格，还要有踏实苦干的精神，以及敢做敢当的责任感和创造性。招聘老师不禁陷入了沉思……

镜头三：咨询室里，咨询师正耐心倾听小敏诉说一件童年的往事。多年来它一直被埋藏心底，小敏从未给任何人讲过，这还是第一次。他很痛苦，想改变却又不知从何做起。咨询师安慰他、鼓励他，同时也让他明白，其实有过类似痛苦的人不只他一个人，很多人都曾经有过。在咨询师耐心的开导下，小敏心头的浓雾终于开始慢慢散开。

这三组镜头描述的都是心理学家要研究的内容。心理学是一门严谨而自由的科学。说它严谨，是因为它要求用数据进行论证；说它自由，是因为它的研究范围十分广泛。从步履蹒跚的婴儿，到耄耋老者，社会中各职业、各阶层的任何人，包括心理学家本身，都可以成为心理学家的研究对象。从内部生理变化到外界环境影响，从简单的个体行为到复杂的群体活动……都可能成为心理学家感兴趣的课题。总之，只要有人的地方就有心理学家研究的问题。不仅如此，除了人类之外，心理学家还研究其他动物，从森林里的黑猩猩到实验室的小白鼠，都可以成为他们的研究对象。心理学的研究方法也多种多样，从严谨精确的实验室研究，到轻松有趣的自然观察；从简单易行的问卷调查，到复杂深蕴的个案分析。研究方法因时因事而异，选择的研究课题也十分多样化。

总之，心理学是研究心理和行为的科学，其目标是描述、解释、预测和帮助控制行为。

描述就是对心理和行为事件加以客观地陈述，即只求事实的真实性，而不涉及心理与行为发生的原因。例如，如果要从定性的角度来描述一位大学生害羞的特质，我们可以向被试提出下列问题："你在什么情境下容易感到害羞？你在害羞时有哪些心理和行为反应？你的害羞感是经常性的还是情境性的？"根据对被试回答的分析，我们就可以对这位大学生的害羞特质进行定性的描述。如果要从定量的角度加以描述，则可以让这位大学生根据其自身的情况回答《青少年害羞量表》上的每一个题项，经统计处理就可以对这位大学生的害羞特质作出定量的描述。无论定性描述还是定量描述都必须是客观真实的。

解释就是将心理和行为事件发生的前因后果分析清楚，即以陈述的事实为根据，进而分析其形成的原因。例如，为什么有些人害羞有些人不害羞？经研究，可能主要有三方面的原因。第一种情况是天性问题。研究表明，大概有10%的幼儿"生来害羞"（Kagan，1994），这些孩子在与不熟悉的人或环境接触时会更加害羞。第二种情况是在儿童期被嘲讽，因一时犯错而被大家取笑；或这些人小时候在家里是"掌上明珠"，父母宠爱有加，很少有与其他人接触的机会。第三种情况是文化上的原因。在中国传统文化中女性害羞是受鼓励的，因而女性害羞者较多。现在的年轻人由于过度使用网络，减少了与人面对面接触的机会，由此产生了孤独感和隔离感，从而更加害羞。很明显，形成害羞的原因往往不是单一的，而是多种原因所致，甚至几个因素互为因果。

预测就是根据现有的资料，去推估心理和行为事件将来发生的可能性。例如，根据产生害羞原因的解释，我们可推测，相当多的（超过50%）大学生正经历着害羞这种令人不快的状态，其中少数人属"气质性害羞"，是天生的。而大多数大学生的害羞是"情境性"的，他们是可以从害羞的桎梏中摆脱出来的。心理学的研究表明，对于因果关系明确的心理和行为事件，根据以往心理和行为事件多次发生后所得的因果关系资料，去预测未来同类心理和行为事件发生的可能性，这是相当可靠的。

控制就是设法控制某种心理和行为发生的原因，使之不可能发生，或将可能发生的心理和行为减小到最低限度。例如，如果想控制害羞，使之不发生或少发生，那么就让我们按照研究害羞的专家津巴多（Zimbardo，1991）的八条建议试试看。这八条建议是：①要相信你的害羞并不比其他人更严重，其他人可能会比你更害羞。②要相信即使从小就很害羞，也是可以改变的。就像改掉不良习惯一样，需要的是勇气和毅力。③以微笑对待你所接触到的人，并与他们目光接触。④与别人交谈时要用最清晰的语音大声地说话，特别是当说到自己的名字或询问信息时。⑤在一个新的社会环境中努力让自己第一个提出问题或发表观点。⑥绝不要小瞧你自己，要想取得成功，就应该采取行动。⑦把你的注意力投向别人，看看其他人是否害羞，以转移你对自己的注意。⑧取常使你感到害羞的地方之前，可以先练习一下沉思、放松，使思想集中到理想的状态。研究表明，不少大学生尝试了上述八条建议后，害羞状况大大减轻，甚至完全消失了。

〔资料来源：(美) 费尔德曼，著，(中) 黄希庭，著，黄希庭，等译. 心理学与我们. 2008〕

（二）心理学的应用前景宽广

据美国心理学会最近的一份调查表明，有236个心理学专业领域聘用心理学家。心理学的应用范围很广：以这些专业领域而命名的心理学分支学科如航空心理学、社会心理学、教育心理学、健康心理学、人格心理学、军事心理学、认知心理学、宗教心理学等；以被研究的人群（或个体）而命名的心理学分支学科如动物心理学、工业心理学、儿童心理学、文化心理学等；以这些心理学从业者而命名的心理学分支学科如临床心理学、咨询心理学、运动心理学等。如下图所示，心理学家中有约40%的人在各类学校或学术机构中任职，从事教学、基础研究、咨询或治疗工作。大多数心理学家则从事应用工作，其中临床心理学家和咨询心理学家约占心理学工作者总数的 55%。其他专业工作涉及面也很广。目前美国心理学会（American Psychological Association，简称 APA）有 53 个分会，每个分会都代表一个与特定的专业或技术有关的领域。估计在不久的将来，还可能出现更细的专业分工，如离退休后心理问题咨询、体重控制心理咨询、减轻压力心理咨询、行政人员选拔心理咨询、睡眠障碍心理咨询、健全人格养成心理咨询等令人振奋、富有创新的新应用心理学领域。

心理学与我们的日常生活紧密联系。在现实生活中，在有效应用方面，没有哪一门学科能比得上心理学。尽管这个论断会遭到生物学家、化学家、物理学家、地质学家等的反驳，但这样说是有理由的。在每天的生活中不思考关于物理和地质的知识，人们照样可以生活，但不思考心理，人们便不能生活。如果人们想要继续生存，并且使自己的生活更美好，他们就必须考虑大量的有关感觉、知觉、记忆、情绪和行为后果之类的问题。当你读到后面的心理学知识时，你就能体会到将这些心理学知识应用于实际生活是多么重要！

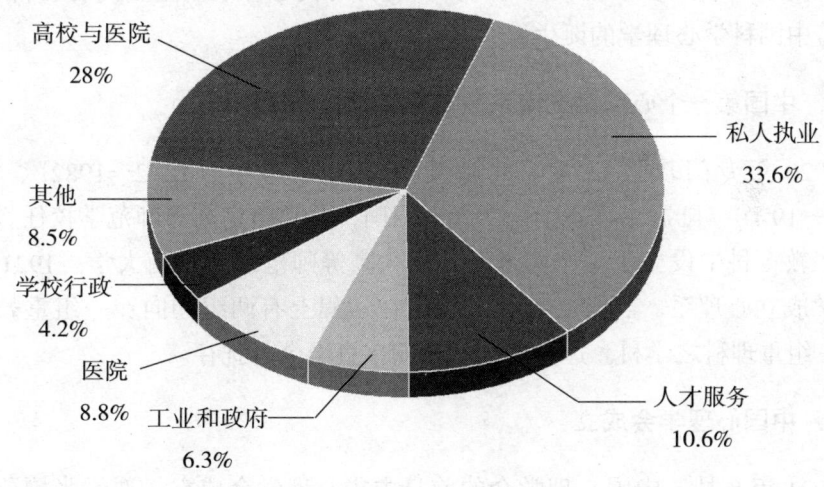

美国心理学工作者（拥有 Ph.D 或 Psy.D.degree 学位）在各行业中的分布

资料来源：美国心理学会（APA），2000 年数据

（三）20 世纪影响中国心理学发展的 10 件大事

20 世纪心理学在我国从无到有，蓬勃发展。特别是最近 20 余年来，心理学的基础和应用研究的领域越来越广泛，心理学科研、教育和临床应用工作以及组

织机构建设等各方面均取得了很大成就，心理学从业人员队伍也在不断壮大。我国心理学家与国际同行的交流、合作以及在国际心理学界的影响不断增加。为了总结历史，展望未来，值此人类刚刚跨入新世纪之际，中国心理学会组织全国理事和国内各高校的心理系主任投票，选出了 20 世纪对中国心理学发展有重大影响的 10 件大事。兹将这 10 件大事及其来龙去脉介绍如下。

1. 中国第一个心理学实验室在北京大学建立

1879 年德国心理学家冯特在莱比锡大学创建了世界上第一个心理学实验室，标志着心理学从哲学中独立出来成为一门独立的学科。1908—1911 年蔡元培先生（中国教育家，1868—1940）在德国莱比锡大学学习了冯特讲授的心理学、实验心理学、民族心理学课程，成为冯特唯一的中国留学生。他回国任北京大学校长时，于 1917 年支持该校哲学门（系）的心理学、哲学教授陈大齐（1886—1983）创立了我国第一个心理学实验室。陈大齐在 1918 年出版《心理学大纲》，这是中国第一本大学心理学教本，反映冯特时代心理学的主要内容和科学水平，标志着中国科学心理学的诞生。

2. 中国第一个心理系在南京高等师范学校成立

1920 年专门攻读心理学的赴美留学生陈鹤琴（1892—1982）、廖世承（1892—1970）、陆志韦（1894—1970）回国，并到南京高等师范学校任教。此时该校在教育科中设立了一个心理系，不久高等师范改为东南大学。1921 年秋东南大学成立心理系。当时心理系的学生在学程上有两组趋向：一组重教育之学科；一组重理科之学科。这种趋向的影响，直至今日犹存。

3. 中国心理学会成立

1921 年 8 月，中国心理学会的前身中华心理学会成立。选举张耀翔为会长兼编辑股主任，总会及编辑股办公处设在北高师。中华心理学会在 1927 年以后，因经济困难、时局不宁停止活动，"九·一八"事变后国难当头即不复存在。在 1935 年 11 月的一次聚会上，由陆志韦发起组织中国心理学会，经过一年筹备，于 1936 年 11 月由北京、上海、南京等地心理学者共 34 人联名发出正式通知，于 1937 年 1 月 24 日在南京国立编辑馆礼堂举行中国心理学会成立大会。不久因"七七"事变抗日战争爆发，中国心理学会停止活动。

新中国建立后，中国心理学会（重建）筹备委员会于 1950 年 8 月成立，中国心理学会于 1955 年 8 月在北京正式成立，并举行第一次全国代表大会，选出第一届理事会成员 17 人。潘菽（1897—1988，留美，1927 年回国）为理事长、曹日昌（1911—1969，留英，1948 年回国）为副理事长、丁瓒（1910—1968，1947 年赴美进修后回国）为秘书长。至今中国心理学会会员 4000 余人。总会下属 12 个专业委员会、4 个工作委员会、2 个编委会，设有办事机构秘书处，挂靠在中国科学院心理研究所。还有 30 个省、自治区、直辖市的心理学会在业务上受中国心理学会的指导。中国心理学会已有 80 多年的历史。它在各方面所做的大量卓有成效的工作，为促进中国心理科学的发展作出了重要贡献。

4. 中国第一种心理学学术期刊《心理》发行

《心理》杂志是中华心理学会的会刊，由张耀翔主编。1921 年 9 月，他开始筹备，于 1922 年 1 月出版了中国第一种心理学杂志《心理》，这也是东方第一种心理学杂志，而日本是过了一年以后才有心理学杂志的。《心理》杂志内容分类有：普通心理、实验心理、动物心理、儿童心理、青年心理、社会心理、变态心理、心理学史、应用心理、教育心理、智力测验、教育测验、心理界闻等类。《心理》杂志共出版 14 期，发表论文 163 篇，140 万字；但因旧社会政局不稳，经费困难，于 1927 年停刊。

5. 中央研究院心理研究所成立

中央研究院心理研究所是现今中国科学院心理研究所的前身。1928 年 11 月，在中央研究院院长蔡元培的倡导下成立了该研究所，由唐钺（1891—1987）开始筹备，1929 年 5 月在北平正式成立。唐钺为首任所长。该所成立后的 20 多年的研究虽然遭到当时长期战火的影响，却奠定了中国神经生理学和生理心理学的研究基础，也对中国科学院心理研究所的办所方向产生了深远的影响。

6. 中国科学院心理研究所成立

新中国建立后，1949 年 11 月即成立了中国科学院。1951 年 12 月 7 日中科院心理所成立，曹日昌任所长；1953 年 1 月改为心理研究室，曹日昌任主任、丁瓒任副主任；1956 年南京大学心理系与心理室合并又扩建成所，于 12 月 22 日在北京举行成立大会。潘菽任所长、曹日昌和丁瓒任副所长。中国科学院心理研究所隶属科学院生物学部，50 年代初，进行动物行为（条件反射）的实验研究；1958 年以后，为联系实际，进行教育心理、劳动心理、航空心理、医学心理方面的应用研究，同时也开展了生理机制的研究和动物心理的研究；20 世纪60 年代增加心理过程记忆、思维的研究。1966 年"文化大革命"开始，研究工作停止。1968 年全所人员下放干校，少数人改行。1970 年心理所撤销。1972 年心理所科研人员从干校回来，逐步开展了儿童心理发展、视觉、听觉、记忆、人工智能、航空工程心理、病理心理和生理心理的研究，还增加了对心理学基本理论问题的研究。粉碎"四人帮"以后，心理所于 1977 年 6 月正式恢复。

心理所是国务院学位委员会首批批准可授予博士学位和硕士学位的单位，并建立了中国第一个心理学博士后流动站。还与中国心理学会合办《心理学报》，并主办《心理学动态》发行国内外。

7. 全国心理学学科座谈会在平谷召开

1976 年 10 月粉碎"四人帮"，迎来了科学的春天。心理学也重获新生。1977 年夏季在中国科学院的推动下，各门学科都在制定新的长远科学规划。由心理所主持于 1977 年 8 月 16—24 日，在北京平谷召开了全国心理学学科规划座谈会。在会上拟定了规划初稿，后经修改作为草案，由心理所分寄有关单位征求意见。《规划》草案除前言外，共分四部分：① 外国心理学概况。② 奋斗目标。③ 研究项目。④ 实现规划的措施。在研究项目中又分为心理学基本理论、感觉与知觉、思维与记忆、心理发展、生理心理、教育心理、工程心理、医学心理研究等八个方面。在每个方面均按国内外概况、3 年计划、8 年规划和 23 年设想安排。这是一个比较详细和全面的心理学学科发展规划，对我国心理学工作者起了极大的鼓舞作用。平谷会议开始全面恢复我国心理学的研究和教学工作，扭转了心理学在"文革"期间被迫停顿的境地，是中国心理学发展史上的一个重要转折点。

8. 中国心理学会加入国际心理科学联合会

1980 年 7 月 6—12 日，国际心理科学联合会在德国莱比锡举行第 22 届国际心理学大会。会议期间陈立和荆其诚作为中国代表出席国际心理科学联合会代表大会，会上讨论并一致通过接纳中国心理学会加入国际心理科学联合会，成为其第 44 个国家会员。这标志着中国心理学走向世界。入会 20 多年来，中国心理学会先后有前理事长荆其诚当选为国际心理科学联合会执委（1984—1992）和副主席（1992—1996），前副理事长张厚粲选为国际心理科学联合会执委（1996—2000）和副主席（2000—2004）。中国心理学会的领导人被选入国际心理科学联合会中担任领导职务，说明中国心理学已走向世界，并逐渐在国际心理学界占有重要地位。

9. 中国心理学会赢得在北京举办第 28 届国际心理学大会的主办权

1996 年 7 月在加拿大蒙特利尔第 26 届国际心理学大会上，中国心理学会与哥伦比亚、埃及和土耳其分别作申办报告。经各国代表的投票表决，我国成功获得第 28 届国际心理学大会（ICP2004）的主办权。第 28 届国际心理学大会于 2004 年 8 月 8—13 日在北京召开。

10. 心理学被确定为国家一级学科优先发展

1999 年，国家科技部开始组织制定"全国基础研究'十五'计划和 2015 年远景规划"，并由国家自然科学基金委员会牵头具体实施。根据学科地位、国际发展趋势和前沿性、在我国的现状、未来规划和相关政策措施等六个方面的综合状况，将心理学确定为 18 个优先发展的基础学科之一。2000 年，心理学被国务院学位委员会确定为国家一级学科。这表明心理学被正式列入我国主要学科建设系列，从而在点和面上都有力地促进了我国各科研机构、院校中心理学专业研究生的培养工作，进而提高心理科学在我国的教育和研究水平，并促进心理学在社会各界的迅速普及。

〔资料来源：陈永明，张侃，李扬，等. 心理科学. 2002〕

第三节　综合练习题

一、名词解释

① 心理学。

② 运动心理学。

③ 描述性研究。

④ 相关研究。

⑤ 实验研究。

⑥ 格式塔心理学。

⑦ 认知心理学。

二、填空题

① 1913 年奥运会创始人 _____ 在瑞士洛桑举办了第一次运动心理学的国际会议。

② 世界心理学都公认 _____ 年是心理学成为独立学科的新纪元。_____ 是世界第一个专业的心理学家。

③ 心理过程包括：_____ 过程、_____ 过程、_____ 过程。

④ 心理学的研究方法：_____、_____、_____。

⑤ 心理学的主要学派：_____、_____、_____、_____、_____、_____、_____。

三、单项选择题

① 心理学的研究对象是 _____。

A. 心理与行为的规律　　　　　B. 人的本性及其改变的规律

C. 行为变化规律　　　　　　　D. 心理活动的规律

② 科学心理学的创始人是 _____。

A. 弗洛伊德　　B. 华生　　　C. 冯特　　　D. 斯金纳

③ _____ 年，德国冯特建立世界上第一个心理实验室，标志心理学成为一门独立的科学。

A. 1876　　　B. 1877　　　C. 1878　　　D. 1879

④ 人脑是产生心理的器官，它提供了心理产生的可能性，但如果没有 _____ 的作用，心理活动就无法产生，因此说后者是人心理产生的源泉。

A. 活动　　　B. 客观现实　　C. 主观能动性　　D. 意志的努力

⑤ 心理现象主要包括既有区别又有紧密联系的两个方面，它们是 _____。

A. 心理过程和意志过程　　　　B. 人格和认识过程

C. 心理过程和情绪、情感过程　D. 心理过程和个性

⑥ 无脊椎动物的心理发展基本上处于 _____。

A. 感觉阶段　　　　　　　　　B. 知觉阶段

C. 思维萌芽阶段　　　　　　　D. 抽象思维阶段

⑦《论灵魂》被认为是历史上第一部论述各种心理现象的著作，其作者是_____。

A. 得莫克利特　　B. 柏拉图　　　　C. 亚里士多德　　D. 笛卡尔

⑧ 按照巴甫洛夫条件反射学说，"望梅止渴"是一种_____。

A. 纯生理现象　　　　　　　　B. 无条件反射

C. 第一信号系统活动　　　　　D. 第二信号系统活动

⑨ 人类心理的产生是由于_____。

A. 劳动　　　　B. 语言的出现　　C. 人脑的发展　　D. 文字的产生

⑩ 下列心理学研究方法中，不属于相关法的是_____。

A. 观察法　　　　B. 调查法　　　　C. 测验法　　　　D. 实验法

⑪ 在心理学研究中贯彻实事求是、尊重客观事实这一原则，叫_____。

A. 客观性原则　　B. 整体性原则　　C. 发展性原则　　D. 教育性原则

⑫ 强调"整体先于部分而存在并制约着部分的性质和意义"的心理学派别是_____。

A. 构造主义　　　　　　　　B. 精神分析学派

C. 行为主义　　　　　　　　D. 格式塔心理学派

⑬ 人本主义心理学的创始人是_____。

A. 洛克　　　　B. 华生　　　　C. 马斯洛　　　　D. 斯金纳

四、简答题

① 简述人的心理实质。

② 心理学的研究方法有哪些？

③ 心理学的研究对象是什么？

④ 心理学研究中应遵循什么原则？研究心理现象都有哪些具体方法？

⑤ 研究者在进行实验研究时，必须考虑的变量是什么？

⑥ 简述心理学的主要研究领域。

⑦ 简述心理学的学科性质。

五、论述题

① 试述心理现象包括哪些内容？

② 学习和研究心理学有什么意义?

③ 为什么说心理学是一门科学?

第四节　参考答案

一、名词解释

① 心理学：心理学是研究人的行为与心理活动规律的科学。

② 运动心理学：运动心理学是心理学的一个分支学科，它是阐明体育运动的心理学基础，研究人在体育运动中心理活动的特点及其规律的科学。

③ 描述性研究：描述性研究是心理学研究最起码的工作，研究者往往还没有一个正式的假设，目的是对心理与行为进行详细的描述，以确定某种心理现象在质和量上的特点。

④ 相关研究：相关研究是一种探索两个或两个以上变量之间相互联系的性质与紧密程度的研究。

⑤ 实验研究：实验研究是在控制的条件下系统操纵自变量的变化，以揭示自变量和因变量之间的内在关系的一种研究方法。

⑥ 格式塔心理学：格式塔心理学也称为完形心理学。格式塔心理学的研究内容主要是意识体验，着重在知觉层次上研究人如何认识事物的。著名论点是："整体大于部分之和"。重视心理实验，强调心理、意识不等于感觉元素的机械总和。

⑦ 认知心理学：认知心理学是 20 世纪 50 年代中期在西方兴起的一种心理学思潮，20 世纪 70 年代开始其成为西方心理学的一个主要研究方向。它研究人的高级心理过程，主要是认知过程，如注意、知觉、表象、记忆、思维和语言等。

二、填空题

① 顾拜旦

② 1879 年　　　　冯特

③ 认识活动　　　情感过程　　　　意志过程

④ 描述性研究　　　　相关研究　　　　实验研究

⑤ 构造主义心理学　　机能主义心理学　　行为主义心理学　　格式塔心理学
　　精神分析学派　　　认知心理学　　　　人本主义心理学

三、单项选择题

① A　　② C　　③ D　　④ B　　⑤ D　　⑥ A　　⑦ C
⑧ D　　⑨ C　　⑩ D　　⑪ A　　⑫ D　　⑬ C

四、简答题

① 简述人的心理实质。

辩证唯物主义认为，人的心理乃是客观现实在人脑中的反映；就心理产生的方式来说，是客观事物作用于人所引起的大脑的反射活动，是脑的机能。人脑是人的心理器官。

② 心理学的研究方法有哪些？

A. 描述研究：描述是心理学研究最起码的工作，研究者往往还没有一个正式的假设，目的是对心理与行为进行详细的描述，以确定某种心理现象在质和量上的特点。

B. 相关研究：相关法是一种探索两个或两个以上变量之间相互联系的性质与紧密程度的研究。

C. 实验研究：实验法是在控制的条件下系统操纵自变量的变化，以揭示自变量和因变量之间的内在关系的一种研究方法。

③ 心理学的研究对象是什么？

心理学的研究对象是心理现象，包括心理过程和个性心理，其中心理过程包括认识过程、情感过程和意志过程；个性心理包括个性倾向性和个性心理特征。

④ 心理学研究中应遵循什么原则？研究心理现象都有哪些具体方法？

心理学研究中应遵循的原则有：客观性原则、发展性原则、系统性原则、教育性原则。研究心理现象的方法有：描述性研究、相关研究、实验研究。

⑤ 研究者在进行实验研究时，必须考虑的变量是什么？

在一个实验中，研究者选定并在实验中加以操纵变化，以影响被试行为的因素称为自变量，而被试的反应，实验中研究者想要预测的行为称为因变量。每个实验至少有一个自变量和一个因变量。在实验中，除了自变量会对因变量影响之外的所有其他因素都应保持恒定或加以控制。

⑥ 简述心理学的主要研究领域。

心理学的研究领域可以划分为两大类。一类是心理学的理论领域，包括实验与认知心理学、人格与社会心理学、发展心理学、心理测量学、生理心理学等。另一类是心理学的应用领域，包括临床与咨询心理学、体育与运动心理学、教育与学校心理学、工业与组织心理学、广告与消费心理学、法律与犯罪心理学等。

⑦ 简述心理学的学科性质。

自 1897 年冯特在德国莱比锡大学建立了世界上第一个心理学实验室，用自然科学方法研究最基本的心理现象开始，心理学在研究行为和心理活动规律的过程中，心理学家主要依赖科学方法，并且严格地遵循科学的标准，所以，心理学是一门科学。然而，从科学分类上讲，心理学有它的独特性。因为心理活动在头脑中产生，必然受生物学规律的支配；同时人是物种发展中最高等的社会性生物，一切活动又都不能摆脱社会、文化方面的影响，具有社会科学性质。这就使得心理学的研究工作更为困难和复杂，兼有自然科学和社会科学的双重性质了。

五、论述题

① 试述心理现象包括哪些内容?

心理现象包括：

A. 认知：认知是一个非常复杂的过程，指人们获得知识或应用知识的过程，或信息加工的过程，是人的最基本的心理过程。它由人的感觉、知觉、记忆、思维和想象等认知要素组成。注意是伴随在心理活动中的心理特征。

B. 情绪、情感和意志：人在加工外界输入的信息时，不仅能认识事物的属性、特性及其关系，还会产生对事物的态度，引起满意、不满意、喜爱、厌恶、憎恨等主观体验，这就是情绪情感。人自觉地确定目的，并为实现目的而自觉支配和调节行为的心理过程叫做意志。意志与个体的认知、情感有密切联系。

C. 个性：人在获得和应用知识的过程中，或者说在信息加工的过程中，还会形成各种各样的心理特性，造成人与人之间的心理差异。心理特性包括：个性倾向性和个性心理特征。

心理现象研究的内容结构如下图所示：

心理现象
├─ 心理过程
│   ├─ 认知过程：感觉、知觉、记忆、思维、想象
│   ├─ 情感过程：情绪、情感
│   └─ 意志过程
└─ 个性差异
    ├─ 个性倾向性：需要、动机、兴趣、理想、信念、世界观
    └─ 个性心理特征：气质、性格、能力

(说明：心理现象的产生和发展是在注意状态下进行的)

② 学习和研究心理学有什么意义？

A. 理论意义：

学习心理学有助于树立辩证唯物主义和历史唯物主义的世界观。学习心理学知识，能够使人们更好地认识人的心理的实质，更深刻地理解与掌握马克思主义哲学的基本原理，特别是辩证唯物主义认识论的基本原理，从而提高自己自觉地对形形色色的唯心主义和伪科学进行辨别的能力，树立辩证唯物主义和历史唯物主义的世界观。有助于破除迷信，形成科学的世界观、人生观。

心理学是其他学科的基础学科，它的研究成果对文学、美学、艺术、社会学、管理学、人类学、文化学等，都具有一定的理论指导意义。

B. 实践意义：

学习心理学有助于了解自己和进行自我教育。通过学习心理学的知识，可以了解自己某些行为出现的原因，以及潜藏在行为后面的心理活动的规律，还可以了解自己在成长过程中受到哪些因素的影响，应该如何去加以解决。心理学知识对于自我教育很重要。科学地理解心理现象，能使人正确地评价自己个性品质的长处和短处，确定个别的特点，正确而自觉去努力发展积极的品质，克服消极的品质。

心理学知识有助于解决实际问题。在工作、学习和生活中，一个人难免会碰到各种心理难题和心理困惑。维护身心健全、帮助自我了解、戒除不良习惯、提升工作效率、化解学习困难、消除情绪紧张、增进亲子感情、调理婚姻关系、解除心理冲突、学习正确判断。这些都是心理学在应用上企图提供给个人的一些帮助，都是个人生活上需要解决的重要问题。

③ 为什么说心理学是一门科学？

衡量某一学科是否属于科学范畴，主要看其是否运用的科学的方法，并且是

否达到了几个重要标准。

科学方法主要包括系统观察和直接实验，其重要的标准包括：

客观性——对信息的选取是取决于信息本身而不是研究者的个人偏好。

准确性——尽可能准确和精确地搜集信息。

可检验性——任何结论都是在多次的检验之后得出的，排除了所有的不一致性。

某个领域如果运用的是科学的方法，并且满足了上述科学的标准，就可以把它当做一门科学。在心理学研究行为和心理活动规律的过程中，心理学家主要依赖科学方法，并且严格地遵循科学的标准，所以，心理学是一门科学。

第二章 认识过程

认识过程是人类认识世界的起点,是人脑对客观事物的反映过程,通过对各种信息的接受、识别、加工、储存和提取,能动地反映客观事物及其关系,为人们深入地认识环境和改造环境提供依据。认识过程包括感觉、知觉、想象和思维、记忆。

第一节 知识要点

一、知识点

感觉和知觉的概念,感觉知觉的关系,感觉和知觉的生理机制,感知觉的分类,感受性及其变化规律,知觉的基本规律;表象的概念、特征和种类,想象的概念、特征和种类;思维的概念、分类,思维和语言的关系,思维的过程;记忆的概念;记忆过程的分析,记忆的个别差异,训练和培养记忆的技术。

二、主要内容

1. 感觉和知觉

感觉是人们了解外部世界的主要渠道,也是一切复杂心理活动的基础和前提,是人们认识外部物质世界和了解自身状态的开端。感觉是一种最简单而又最基本的心理过程,在人的各种活动过程中起着极其重要的作用。人除了通过感觉分辨客观事物的个别属性和感知人体自身各个部位的状况外,其他高级的相对复杂的心理活动,如思维、情绪、意志等,都是以感觉为基础而产生的。知觉是在感觉的基础上产生的。感觉到的事物个别属性越丰富、越精确,对事物的知觉也就越完整、越正确。客观事物是首先被感觉,然后才能进一步被知觉。

(1) 感觉和知觉的概念

感觉是在事物的直接影响下，脑对事物个别属性的反映。

知觉是在事物的直接影响下，脑对事物整体的反映。

(2) 感觉和知觉的关系

感觉与知觉既有密切的联系又有区别。感觉和知觉同属于认知过程的感性认识阶段，知觉以感觉为基础，并和感觉同时发生，但不是感觉的简单叠加。

知觉和感觉的发生过程有区别。感觉是通过感觉的特殊传导通路将信息输入到大脑皮层的相应区，经过简单的特殊加工就获得了事物属性的知识，而知觉是依赖于大脑皮质联合区的机能而实现的。而且知觉是大脑对不同感觉通道的信息进行综合加工的结果。

(3) 感觉和知觉的生理机制

刺激物直接作用于眼、耳、鼻、舌等感觉器官时，分布在感受器上面的感受细胞就产生了一定的神经兴奋，经过传入神经传导到大脑皮质的相应区域，引起脑神经的兴奋，产生感觉。

知觉的产生一般包括多种分析器的协同活动，是大脑皮质上复杂的分析综合活动的结果。

早期智力开发主要是通过刺激婴儿的视觉、听觉、触觉、味觉和动觉等感觉通道来促进感知觉和运动能力的发展的，进而促进人脑高级能力的发展。

感知觉的发展有阶段性特点。脑科学的研究结果表明，0~3 岁是大脑发育的第一个关键期，各种外部刺激是大脑发育的"必需营养"。0~6 个月是婴儿视觉发展的关键期，这个时期在婴儿视力范围内给予充分的刺激，有利于建立资质优良的神经回路，达到开发智力的目的，否则，将错过终生唯一的最大限度开发视觉神经回路的良机。与此同时，0~3 岁的宝宝具有出色的图像学习能力，能够把接受到的刺激完整地记录在脑细胞中。这是婴儿在毫无意识也没有任何外在表现的情况下，完全凭借令人惊叹的接受能力记录下来的，这些图像被婴儿固定在潜意识中，并对以后的才能、性格、行为产生重要影响。因此，给婴儿提供最符合其生理特点和兴趣的视觉刺激，给婴儿以很好的视觉训练，帮助婴儿在大脑里建立复杂且资质优秀的视觉神经回路，是对婴儿进行早期视觉空间智力开发的重要任务。

(4) 感知觉的分类

① 感觉的分类。

依据刺激物的来源不同和产生感觉的分析器不同，感觉分为外部感觉和内部感觉。外部感觉包括视觉、听觉、嗅觉和肤觉（包括温觉、触觉和痛觉）。内部感觉包括运动觉、平衡觉和机体觉。

② 知觉的分类。

一般知觉：根据在知觉活动中起主要作用的感官而分为视知觉、听知觉、嗅知觉、味知觉、触知觉。视知觉在大多数运动项目中都至关重要，在对抗性项目中更加重要。

复杂知觉：根据所反映事物的特性可分为空间知觉、时间知觉、运动知觉。

空间知觉是指物体距离、形状、大小、方位等空间特性在人脑中的反映，空间知觉包括形状知觉、大小知觉、距离知觉、立体知觉。

时间知觉是个体对事物运动和变化的延续性和顺序性的反映。

运动知觉：运动知觉是指个体对物体空间和时间上位移的反映。运动知觉也可以划分为真实运动知觉和非真实运动知觉两大类。真实运动知觉是对物体真实运动的知觉。非真实运动知觉包括似动知觉，诱导知觉，因果性运动与自主运动知觉。两个静态的物体，按一定时间依次呈现，使人觉得这是一个动态物体，即好像是同一个物体从一个位置移动到另一个位置，这种现象叫做似动知觉。由于周围物体的运动使人对一个静态的物体产生的运动的知觉叫做诱导运动知觉。因果性运动知觉是人把物体间运动出现的先后，知觉为运动间的因果关系，也就是把一个物体的运动知觉为另一个物体运动的原因，实际上二者的运动并无因果关系。自主运动知觉是在某种条件下，人对单独静止的物体也会产生运动知觉。

运动员的专门化知觉是运动员在运动实践中经过长期专项训练而形成的一种精细的以主体运动知觉为主的特殊知觉。

错觉：对客观事物歪曲的知觉。

(5) 感受性及其变化规律

感受性是指分析器对刺激物的感受能力，它是用感觉阈限的大小来度量的。

感觉阈限是指能引起感觉的、持续一定时间的刺激量。那种刚刚能够引起感觉的最小刺激量称为绝对感觉阈限。那种刚刚能反映最小刺激量的能力，叫做绝对感受性。刚刚能引起差别感觉的刺激物的最小差别量，叫做差别阈限，那种刚刚能反映刺激物最小差别的能力，叫做差别感受性。

感受性的变化主要包括感觉的适应和感觉的相互作用。

感觉的适应：适应是指在刺激物的持续作用下引起感受性的变化，一般情况下，弱刺激的持续作用可以提高感受性；强刺激持续作用下，感受性下降。

感觉的相互作用：一种分析器在其他分析器的影响下感受性的变化。

(6) 知觉的基本规律

知觉的选择性：在复杂的环境中，知觉有选择地把某一事物作为知觉的对象，其余部分作为背景的现象。对象与背景的差异，对象的运动、刺激物本身的特点以及人的主观状态会影响知觉的选择。

知觉的理解性：人们运用以前获得的知识经验来理解对象，并用词给予标志，称为知觉的理解性。

知觉的整体性：主体在知觉事物时，能从感知事物的某种属性或是某个部分而获得对该事物的整体反映，称为知觉的整体性。

知觉的恒常性：在知觉条件发生一定的变化时，被感知的对象仍然能够保持相对稳定不变，这就是知觉的恒常性。

2. 表象与想象

表象是从感知上升到理性认识的中间环节，是人们从事各种实践活动的必要条件，表象的积累和丰富可促进人的心理活动发展。

(1) 表象

表象的概念：表象是事物不在面前时，人们在头脑中出现的关于事物的形象。

表象的特征：直观性、概括性。

表象的种类：根据不同的感知分析器，分为视觉表象、听觉表象、嗅觉表象、运动表象（运动视觉表象、运动动觉表象）等。根据概括程度，分为个别表象和一般表象。

运动表象又称动作表现，它是人在脑中重现出来的动作形象。运动表象反映着动作的一定时间、空间、力量上的特点，如运动者的身体位置、动作的力量、幅度、方向、速度等。

运动表象主要包括运动视觉表象和运动动觉表象等。运动视觉表象主要反映客体的运动视觉形象。运动动觉表象又有肌肉动力感、速度感、重力感、加速度感、方位感和节奏感等等。

运动表象的确定：运动员在脑中能复现出的运动表象数量越大、结构越完整、清晰程度越高，运动员学习运动技术的能力就越强。运动表象的完整性，可以由被试运动员复述与复做观看过或实际操作过的准确程度来测定。复述法是让运动员在头脑中复现动作形成的同时，用言语表述技术动作及其外部联系，以表述的正确正误数量作为衡量变相完整性程度的定量指标。复做法是让运动员看过或模仿过技术动作后，重复做出实际动作，以复做动作与标准动作之间的误差数量作为测定运动表象完整性的指标。

（2）想象

概念：想象是人在头脑里对已储存的表象进行加工改造形成新形象的心理过程。

特点：想象是一种特殊的思维形式。想象与思维有着密切的联系，都属于高级的认知过程，它们都产生于问题的情景，由个体的需要所推动，并能预见未来。

想象的种类：

① 不随意想象与随意想象：不随意想象是没有预定目的，在一定的刺激影响下，不由自主地引起来的想象。随意想象是根据一定的目的自觉地进行的想象。

② 再造想象、创造想象和幻想：再造想象是依照词的描述或是根据图样、模型、符号等的描绘在人脑中构成事物新形象的心理过程。创造想象是根据一定的目的、任务，独立地创造出事物新形象的心理过程。幻想是与个人愿望相联系的并指向于未来事物的想象。

3. 思维和记忆

思维是人们认识客观世界的重要手段，在逐步认识和改造客观世界的活动中，人的思维会得到不断的完善和提高。科学思维是人类智力系统的核心，参与并支配人的一切活动。

（1）思维的概述

概念：思维是事物的本质属性和内部规律性在人脑中的反映。

特点：间接性、概括性。

（2）思维的分类

根据思维形态的不同，分为动作思维、形象思维和抽象思维。

根据思维过程中的指向性不同，分为聚敛式思维和分散式思维。聚敛式思维是指思维朝着单一的方向，确定的答案，集中式的思考。分散式思维是在思考问题时，从可能多的方向、不同的角度、不同的层次去思考，引出更多新信息，不拘泥于一个途径。

（3）思维与语言的关系

人类语言能力的发展是人类最重要的能力之一，也是与动物有所区别的主要因素之一。语言的发展是一种社会现象，遵循着一定的发展阶段和规律，是人类发展的必然产物。思维是心理活动，是一种心理过程，它的发展同样遵循着一定的发展阶段和规律。语言的发展促进了思维的发展，思维的发展同样对语言的发展产生重要的影响，两者是相互依存、相互促进的关系。

思维的发生是人类语言形成的动机、基础和必然结果。

语言是思维的工具：语言概念的形成是思维的内容和工具之一，思维的内容和方式是通过语言具体表现出来的。

语言的发展推动思维的发展。

思维的发展对语言的发展起着积极的作用：思维影响语言表达，思维的发展推动语言的发展。

思维与语言是人类进化和发展的共同的必然结果，没有思维，不会有语言的产生和发展；没有语言，也就没有失去内涵的具体思维；思维借助语言进行表述，语言所表述的内容就是思维的内容。在人类自身的成长和发展过程中，思维和语言是极为重要的内容，同时，思维和语言的正常发展，促进着人类的正常发展。

(4) 思维的过程

① 思维过程。

思维过程主要包括分析与综合、比较、抽象和概括、具体化四个环节。

② 思维的形式。

思维的形式主要有：概念，判断，推理。

③ 解决问题的思维过程。

解决问题的阶段：发现问题，明确问题，提出假设，检验假设。

影响解决问题的因素：动机状态，定势的作用（定势是指由于先前的活动而造成的一种心理准备状态），原型启发（以某种事物作为原型，因受到启发而找到解决问题办法的现象叫做原型启发），知觉范围的扩大，个性作用。

解决问题中的思维品质：思维的深度、思维的广度、思维的批判性、思维的逻辑性、思维的敏捷性、思维的灵活性。

(5) 记忆概述

记忆是联系"过去"和"现在"的纽带，是心理活动在时间上得以连续进行的基础，是心理活动的统一性与完整性的保证。

记忆的概念：记忆是人脑对经历过的事物的反映。它是以识记、保持、再认和回忆的方式对经验的反映。

根据人们经历过的事物头脑中保留时间的长短，分为瞬时记忆、短时记忆和长时记忆。

瞬时记忆是通过感官获得的信息，在头脑中储存时间只有 1~2 秒。

短时记忆是指 1 分钟以内的记忆。

长时记忆是指 1 分钟以上的记忆。

(6) 记忆过程的分析

记忆是在人脑中积累、保存和提取个体经验的心理过程。有了记忆，人才能积累经验，扩大经验。记忆过程包括识记、保持和遗忘、再认和回忆几个环节。

① 识记。

识记是一种反复认识某种事物并在脑中留下映象的过程。

根据识记是否需要意志努力，识记分为不随意识记和随意识记。不随意识记是指没有自觉目的、也不需要意志努力的识记。随意识记是有意的识记，服从于活动的目的和任务。

根据在识记时是否以理解为基础，分为机械识记和意义识记。机械识记是在对识记的材料没有理解的情况下，依据事物的外部联系，机械重复地进行的识记。意义识记是在对材料的理解的基础上的识记。

② 保持和遗忘。

保持是对识记过程的事物作为经验在头脑中的巩固过程。

遗忘是对于识记过的材料不能再认和回忆，或是错误的再认和回忆。

遗忘的原因：腐蚀作用，整合作用，抑制作用。

遗忘的规律（艾宾浩斯遗忘曲线）：遗忘的进程不是均匀的，在识记的最初时间遗忘很快，后来逐渐缓慢，到了相当时间，几乎不再遗忘。不同性质的材料有不同的遗忘曲线，有意义的、个体感兴趣的材料能够记得迅速、全面而牢固，并且遗忘得较慢；数量多的材料容易遗忘。

③ 再认和回忆。

再认是指对过去识记过的事物再次接触的时候能够识别。

回忆是指对事物的反映在脑中重现的过程。

(7) 记忆的个别差异

人和人的记忆具有明显的不同，主要表现在记忆类型和记忆品质的差异。

① 记忆类型。

根据个体的感知和反应模式，记忆可以分为：读者型、听者型、视者型、讨论者型、行动者型。

② 记忆品质。

A. 记忆的敏捷性：体现个体记忆速度的快慢，指个人在一定时间内能够记住的事物的数量。

B. 记忆的持久性：指记忆内容在记忆系统中保持时间的长短。

C. 记忆的正确性：指对原来记忆内容的性质的保持。

D. 记忆的备用性：是指能够根据自己的需要，从记忆中迅速而准确地提取所需要的信息。

(8) 训练与培养记忆的技术

记忆是学习的基础，掌握科学的记忆方法，能够有效提高记忆的效果，达到事半功倍的效果。

① 大脑功能正常是记忆术的前提。

充足的睡眠、适当的运动、新鲜的空气和丰富的蛋白质是大脑功能正常的保证。为了避免大脑疲劳降低记忆效率，应注意科学用脑，劳逸结合。

② 调动积极的思维是记忆的关键。

③ 在理解的基础上记忆。

首先应对识记的材料进行深刻的理解，并尽可能找到其中的规律，或是人为地赋予记忆对象意义，建立记忆对象和已掌握材料的关系，提高记忆的效率。

④ 科学地复习。

采用多样化的复习方法，动员多器官参与复习过程，做到眼到、口到、耳到、手到、心到；把反复阅读和尝试回忆结合起来；及时复习与经常复习结合；集中复习和分散复习结合。

第二节　学习要求和知识拓展

一、学习要求

(一) 学习要求

掌握感觉、知觉、空间知觉、时间知觉、运动知觉、错觉、感受性、感觉阈限、表象、想象、再造想象、创造想象、幻想、思维、定势、原型启发、记忆、长时记忆、短时记忆、瞬时记忆的概念；掌握感觉和知觉的区别与联系，理解感受性的变化规律。掌握知觉的基本规律。掌握思维和语言的关系，掌握解决问题的思维过程。熟悉思维的过程和形式，理解思维的分类。掌握记忆的过程，掌握遗忘曲线，掌握记忆术。

（二）重点和难点

① 重点：基本概念，感觉和知觉的区别与联系，知觉的基本规律，思维和语言的关系，解决问题的思维过程，记忆的过程，遗忘曲线，记忆术。

② 难点：基本概念的准确理解，解决问题的思维过程。

二、知识拓展

（一）视觉联觉的运用——家居色彩搭配法

1. 单一色的搭配

用同一种基本色下的不同色度和明暗度的颜色进行搭配，可创造出宁静、协调的氛围。此种搭配多用于卧室，如墙壁、地板上使用最浅的色度，床上用品、窗帘、椅子使用同一颜色但较深色度，杯子、花瓶等小物品上用最深的色度。同时选用一个对比的元素增加视觉趣味。

2. 互补色的运用

把红和绿、蓝和黄这样的两种颜色安排在一起，能产生强烈的对比效果。这种配色方案可使房间显得充满活力、生气勃勃。家庭活动室、游戏室甚至是家庭办公室均适合。

3. 类似色的运用

类似色则是色彩较为相近的颜色，它们不会互相冲突，所以在房间里把它们组合起来，可以营造出更为协调、平和的氛围。这些颜色适用于客厅、书房或卧室。为了色彩的平衡，应使用相同饱和度的不同颜色。

4. 黑白灰的运用

黑色、白色和灰色搭配往往效果出众。棕、灰等中性色是近年来装修中很流行的颜色，这些颜色很柔和，不会给人过于强烈的视觉刺激，是打造素雅空间的色彩高手。但为避免过于僵硬、冷酷，应增加木色等自然元素来软化，或选用红色等对比强烈的暖色，减弱原来的效果。

5. 色调平衡

对比色彩的成功运用依赖于良好的色调平衡。一种应用广泛的做法是：大面积使用一种颜色——冷色，然后用少量的暖色平衡。反之，以暖色为主，冷色点缀，效果同样理想，尤其是在较阴暗的房间里，这种设计更为合适。

6. 侧重色彩

对大面积地方选定颜色后，可用一种比其更亮或更暗的颜色以示渲染，如用于线角处。侧重色彩用于有装饰线的小房间或公寓，更能相映成趣。

（二）魔力之七

美国心理学家约翰·米勒曾对短时记忆的广度进行过比较精确的测定：测定正常成年人一次的记忆广度为 7±2 项内容。多于七项内容则记忆效果不佳。这个"七"被成为"魔力之七"或"怪数七"。这个"七"即可是七个字符，也可是七个汉字，或七组双音词，七组四字成语，甚至于七句七言诗词。由此可知，短时记忆广度的大小不是取决于被记忆材料的意义，而是取决于被记忆材料的数目！

我们在记忆时可利用这一特点，把需要记忆的内容分配在七组之内，而这七组中的每一组的容量可适当加大。这样每一组相当于一个集成块，加大了集成块的含量，记忆效率应会大大提高。比如百家姓，若是一个一个的记，就得记 100 组，若按"赵钱孙李，周吴郑王"即四个四个为一组记，则只需记 25 组，25 组与 100 组相比，记忆效率当然会提高了。

再如记忆电话号码 02224120416，一个一个记要记 11 项，若分成 022-2412-0416 这样 3 组，则记忆起来就快多了。再如记忆圆周率，若把圆周率小数点后的数依次分成若干小段，每一小段为 7 个数字，把每七段即 49 个数字作为一首七律诗一样背，就会感觉像背诗一样朗朗上口，不会再枯燥无味了。每次一口气背这样一大段，10 段就是 490 位，这已很可观了。古代诗词大多不超过七个字，我们觉得较易背诵，很大程度上是因在"魔力之七"的范围内的缘故。

（三）情景记忆

1972 年 E. Tulving 提出了情景记忆（episodic memory）的概念，现在，他把情景记忆定义为自我（self）、自我觉知（autonoetic awareness）和主观时间（sense of subjective time）三个要素组成的心理时间旅行—唯一指向过去的记忆，这一记忆主要定位在前额叶。而内隐记忆、工作记忆、语义记忆和程序性记忆都只表现在现在。

1983 年 Tulving 在《情景记忆的成分》一书中重新界定了情景记忆和语义记忆的分离。他提出情景记忆的一个独特之处在于从情景记忆中提取信息时伴随着一种温暖的、亲密的情感，而人们在主观上重新体验过去经历过的事件时，伴随着的这种具有个人色彩的意识状态就是自我觉知。而从语义记忆中提取信息时并不伴随着这种情感，语义记忆涉及的是关于这个世界的知识，这些知识是与其他人共享的，对回忆者来说并没有独特之处，没有情景记忆的个人色彩。因此，从这个意义上来说，自我觉知是界定情景记忆的一个重要标准。Tulving（2002）提出情景记忆是由自我、自我觉知和主观时间三个要素组成的一种认知神经系统，它是唯一指向过去的记忆系统（Tulving，1999）。

当前，对情景记忆的研究更偏重于它的脑机制。Stuss 等人（2002）综述了额叶的临床神经心理学研究后明确指出，情景记忆和自我意识（autonoetic consciousness）与额叶，特别是与右额叶有极为密切的关系。1994 年 Tulving 基于对正常被试的 PET 研究提出情景记忆的编码/提取非对称模型（the hemispheric encoding/retrieval asymmetry model， HERA），认为情景记忆的编码主要与左前额皮层的激活有关，与右前额皮层无关；情景记忆的提取主要与右前额皮层有关。由于情景记忆的编码以语义记忆的提取为基础，所以语义记忆的提取也与左前额皮层有关。

1997 年 Wheeler 根据来自神经心理学和认知神经科学的证据概括了一个情景记忆的初步理论模型，情景记忆的独特性主要表现在自我觉知上，以自我觉知为基础个体可以通过心理时间旅行主观地回到过去；而自我觉知是额叶的功能；情景记忆系统与自我有密切的联系，这是其他记忆系统所没有的，其他记忆系统包括的知识，甚至自我知识，都是客观存在的；其他记忆系统都无法使个体回忆客观的知识是如何得来的，因为这些记忆系统没有自我体验，只有情景记忆的提取需要自我体验，自我觉知需要自我的主观参与，因而才使个体能回到过去，能回忆起客观的知识是怎样在过去获得的。

情景记忆具有独特性，具体来说，情景记忆的独特性表现在自我觉知、自我、主观时间三个方面，情景记忆以主观时间为基础登记和存储个体经历，并且这些经历在自我意识觉知条件下进行提取。

尽管心理时间旅行与情景记忆有密切的关系，但以往研究记忆的文献中很少有人提到。大多数记忆理论和模型都集中在记忆的结构和过程上，很少有人关心个体回忆时的真正体验。实际上，情景记忆主要就是指个体经验，它涉及自我、自我觉知、主观时间等各个方面，因此，对情景记忆的研究可能成为记忆与自我、意识研究的一个独特角度。

(四) 情绪性记忆的主动遗忘

每个人在生活中或许都曾经历过一些痛苦的事情，这些痛苦的记忆是人们想尽办法想要忘记的，但无论如何努力，那些痛苦的记忆也很难从大脑中清除。有时，由于不能成功遗忘这些痛苦记忆，反而导致身心疾病。因此，主动遗忘痛苦的情绪性记忆的现象受到了越来越多的关注，理解情绪性记忆的主动遗忘不仅可以丰富记忆和遗忘的理论，而且对于临床上治疗很多由创伤经历引起的精神疾病也有重要参考价值。

情绪性记忆的主动遗忘，是指人们有意识地主动地遗忘掉带有情绪色彩的记忆内容，但更多的是那些带来痛苦的负性情绪性记忆。对于记忆的主动遗忘主要有两类：定向遗忘 (directed forgetting) 和压抑遗忘 (suppression forgetti-ng)。

定向遗忘，是指由主试的 "忘记" 指令引起的记忆内容受损 (Anderson，2003)。压抑遗忘即个体有意识地避免回想某一目标对象而导致的遗忘现象。

以往研究表明很多的因素会影响情绪性记忆的主动遗忘。这些因素包括实验因素 (如：实验范式和实验材料)，也有个体自身的因素 (如：个体认知策略的差异和人格特质的稳定差异)。对于每种因素是如何影响主动遗忘过程的还没有很统一且明确的解释。已有研究证明压抑型应对风格这种稳定人格特质对于情绪性记忆的遗忘有影响，可能还有其他的特质也会影响情绪性记忆的遗忘。认知策略的差异会对情绪性记忆主动遗忘造成不同影响，研究者们主要关注压抑策略，但是否还有其他策略会影响情绪性记忆主动遗忘，这些问题似乎都还需要严密的实验来探索和验证。

近年来灾难的频繁发生让人们对情绪性记忆的遗忘产生了强烈兴趣。但是，在这个研究领域还有许多迷惑和问题，关于情绪性记忆的主动遗忘过程的特点、心理机制、影响因素、脑机制，以及主动遗忘效果都没有得到一致的结论。这既有研究范式的影响，也有其他因素的影响，这些都是今后值得进一步探索的问题。

第三节 综合练习题

一、名词解释

① 感觉。

② 知觉。

③ 空间知觉。

④ 时间知觉。

⑤ 运动知觉。

⑥ 错觉。

⑦ 感受性。

⑧ 感觉阈限。

⑨ 表象。

⑩ 想象。

⑪ 再造想象。

⑫ 创造想象。

⑬ 幻想。

⑭ 思维。

⑮ 定势。

⑯ 原型启发。

⑰ 记忆。

⑱ 长时记忆。

⑲ 短时记忆。

⑳ 瞬时记忆。

㉑ 不随意想象。

㉒ 随意想象。

㉓ 聚敛式思维。

㉔ 分散式思维。

㉕ 前摄抑制。

㉖ 倒摄抑制。

二、填空题

① 感觉是在事物的直接影响下，脑对事物 _____ 的反应。

② 知觉是在事物的直接影响下，脑对事物 _____ 的反应。

③ 根据刺激物的来源不同和产生感觉的分析器不同，感觉分为 _____ 和 _____ 。

④ 运动知觉是指个体对物体 _____ 和 _____ 上位移的反映。

⑤ 想象是人在头脑里对已储存的表象进行 _____ 形成新形象的心理过程。

⑥ 思维是事物的 _____ 和 _____ 在人脑中的反映。

⑦ 根据思维过程中的指向性不同，分为 _____ 和 _____ 。

⑧ 根据人们经历过的事物在头脑中保留时间的长短，分为 _____ 、 _____ 和 _____ 。

三、单项选择题

① "夜来风雨声，花落知多少"反映了思维的 _____ 。

A. 概括性　　　　B. 间接性　　　　C. 深刻性　　　　D. 独立性

② "一叶知秋"属于知觉的 _____ 。

A. 理解性　　　　B. 选择性　　　　C. 恒常性　　　　D. 整体性

③ 听到尖锐的声音会产生冷的感觉，这种现象叫做感觉的 _____ 。

A. 后效　　　　　B. 适应　　　　　C. 联觉　　　　　D. 对比

④ 触景生情属于 _____ 。

A. 无意回忆　　　B. 有意回忆　　　C. 再认　　　　　D. 追忆

⑤ 阅读《红楼梦》时，关于黛玉形象的想象是 _____ 。

A. 无意想象　　　B. 有意想象　　　C. 再造想象　　　D. 创造想象

⑥ 小发明属于 _____ 。

A. 无意想象　　　B. 有意想象　　　C. 再造想象　　　D. 创造想象

⑦ 问题解决的第一阶段是 _____ 。

A. 发现问题　　　B. 明确问题　　　C. 提出假设　　　D. 检验假设

⑧ 在知觉中，对象和背景是 _____。

A. 相互作用的　　B. 相互转换的　　C. 彼此无关的　　D. 固定不变的

⑨ 《国际歌》不管是用什么乐器演奏，人们都会辨别它，这是由于知觉的 _____。

A. 理解性　　　　B. 恒常性　　　　C. 选择性　　　　D. 整体性

⑩ 用红笔画出书中重点是利用了知觉的 _____ 特性。

A. 整体性　　　　B. 选择性　　　　C. 理解性　　　　D. 恒常性

⑪ 进入商场，各人注意的东西总是不一样，这是知觉的 _____。

A. 选择性　　　　B. 理解性　　　　C. 整体性　　　　D. 恒常性

⑫ 记忆是人脑对 _____。

A. 客观事物的个别属性的反映　　　　B. 客观事物的概括的、间接的反映

C. 客观事物的超前反映　　　　　　　D. 过去经历过的事物的反映

⑬ 看同样一个人，由于距离远近不同在视网膜上视像大小相差很大，但我们总认为他并没有什么变化，这是 _____。

A. 知觉整体性　　B. 知觉选择性　　C. 知觉理解性　　D. 知觉恒常性

⑭ 所谓"潜移默化"是通过 _____。

A. 无意识记而接受的　　　　　　　　B. 有意识记而接受的

C. 无意回忆而接受的　　　　　　　　D. 有意回忆而接受的

⑮ 吃糖后接着吃橘子会觉得橘子酸，是感觉中的 _____。

A. 适应　　　　　B. 同时对比　　　C. 继时对比　　　D. 差别感受性

⑯ 学生只根据教师对"天苍苍，野茫茫，风吹草低见牛羊"诗句的描述，在头脑中也会浮现出一幅草原牧区的图景，这种心理现象是 _____。

A. 记忆　　　　　B. 想象　　　　　C. 注意　　　　　D. 思维

⑰ 思维的重要特征是 _____。

A. 间接性　　　　B. 直接性　　　　C. 形象性　　　　D. 概括性

⑱ 能说出某一事物的多种用途，这种思维是 _____。

A. 形象思维　　　B. 逻辑思维　　　C. 集中思维　　　D. 分散思维

⑲ 看到红、橙、黄色使人产生温暖的感觉的现象叫 _____。

A. 感觉对比　　　B. 感觉后象　　　C. 感觉适应　　　D. 联觉

⑳ 后学习的材料对保持和回忆先学习材料的干扰作用叫 _____。

A. 前摄抑制　　　B. 倒摄抑制　　　C. 正迁移　　　　D. 负迁移

㉑ 主体对一定活动有了某种预先的准备状态，它决定着后续同类心理活动的趋势，这种现象称为 _____。

A. 暗示　　　　　B. 定势　　　　　C. 定型　　　　　D. 期待

㉒ 造成短时记忆遗忘的因素是 _____。

A. 信息得不到注意　　　　　B. 抑制作用

C. 信息提取失灵　　　　　D. 信息受干扰

㉓ 从明亮处到黑暗处视觉感受性提高的过程是 _____。

A. 绝对感受性　　B. 明适应　　　C. 暗适应　　　D. 对比

四、简答题

① 感觉和知觉的区别与联系。

② 简述再造想象与创造想象有什么不同？

③ 什么是差别感受性与差别感觉阈限？二者的关系如何？

④ 简述记忆过程的三个环节及其相互关系。

⑤ 简述遗忘的规律。

⑥ 影响再认的因素是什么？

⑦ 简述思维的过程。

⑧ 简述思维的品质。

⑨ 浅析表象的特征。

五、论述题

① 结合自己实际谈谈在学习活动中如何防止遗忘？

② 知觉的选择性及影响因素是什么？在教学中如何利用？

③ 知觉的理解性及影响因素是什么？在教学中如何利用？

④ 知觉的整体性及影响因素是什么？在教学中如何利用？

⑤ 举例分析在体育教学中如何帮助学生形成运动表象。

⑥ 简析思维和语言的关系。

⑦ 试论述影响解决问题的因素。

第四节　参考答案

一、名词解释

① 感觉：感觉是在事物的直接影响下，脑对事物个别属性的反映。

② 知觉：知觉是在事物的直接影响下，脑对事物整体的反映。

③ 空间知觉：空间知觉是指物体距离、形状、大小、方位等空间特性在人脑中的反映，空间知觉包括形状知觉、大小知觉、距离知觉、立体知觉。

④ 时间知觉：时间知觉是反映客观事物运动和变化的延续性和顺序性的知觉。

⑤ 运动知觉：运动知觉是人脑对当前运动着的物体在空间和时间上位移过程的反映。

⑥ 错觉：错觉是对事物歪曲的知觉。

⑦ 感受性：感受性是指分析器对刺激物的感受能力，它是用感觉阈限的大小来度量的。

⑧ 感觉阈限：感觉阈限是指能引起感觉的、持续一定时间的刺激量。

⑨ 表象：感知过的事物不在面前，而在头脑中再现出来的事物形象称为表象。

⑩ 想象：想象在思维的参与下，人在头脑中创造出新形象的心理过程。

⑪ 再造想象：再造想象是依照词的描述或根据图样、模型、符号等的描绘在人脑中构成事物新形象的心理过程。

⑫ 创造想象：是根据一定的目的、任务，独立地创造出事物新形象的心理过程。

⑬ 幻想：幻想是创造想象的特殊形式，与个人愿望相联系并指向未来事物的想象。

⑭ 思维：思维是客观事物的本质属性和内部规律在人脑中的反映，是认识的高级形式。

⑮ 定势：定势是由于先前的活动而造成的一种心理准备状态，它使人以比较固定的方式进行认知或做出行为反应。

⑯ 原型启发：以某种事物作为原型，因受到启发而找到解决问题办法的现

象叫做原型启发。

⑰ 记忆：记忆是人脑对经验过的事物的反映。它是以识记、保持、再认和回忆的方式对经验的反映。

⑱ 长时记忆：长时记忆是指 1 分钟以上的记忆，它包括许多年甚至保持终身的记忆。

⑲ 短时记忆：短时记忆是指 1 分钟以内的记忆，它的记忆容量为 7±2 的组块或单元。

⑳ 瞬时记忆：瞬时记忆又称感觉记忆，它是通过感官获得一些信息，在头脑中储存至多只有 1~2 秒钟。

㉑ 不随意想象：不随意想象是没有预定目的、在一定刺激物的影响下，不由自主引起的想象。

㉒ 随意想象：随意想象是根据一定的目的，自觉进行的想象。

㉓ 聚敛式思维：聚敛式思维是指思维朝着单一的方向，确定的答案，集中式的思考，其主要功能是求同。

㉔ 分散式思维：分散式思维是指思考问题时，从可能多的方向、不同的角度、不同的层次去思考，引出更多新信息，不拘泥于一个途径，其主要功能是求异和创新。

㉕ 前摄抑制：已存于头脑中的旧知识对新知识的干扰作用，称为前摄抑制。

㉖ 倒摄抑制：新进入头脑中的资料信息，对已存的旧知识的干扰作用，称为倒摄抑制。

二、填空题

① 个别属性

② 整体

③ 外部感觉　　　　　内部感觉

④ 空间　　　　　　　时间

⑤ 加工改造

⑥ 本质属性　　　　　内部规律

⑦ 聚敛式思维　　　　分散式思维

⑧ 瞬时记忆　　　　　短时记忆　　　　　长时记忆

三、单项选择题

①B　　②A　　③C　　④A　　⑤C　　⑥D　　⑦A　　⑧B

⑨B　　⑩B　　⑪A　　⑫D　　⑬D　　⑭A　　⑮C　　⑯B

⑰D　　⑱D　　⑲D　　⑳B　　㉑B　　㉒D　　㉓C

四、简答题

① 感觉和知觉的区别与联系。

感觉和知觉的联系：感觉和知觉都是人脑对当前客观事物的反映，即都是客观事物直接作用于感觉器官时在人脑中所产生的对当前事物的反映。感觉是知觉的有机组成部分，是知觉的基础，而知觉则是感觉的深入和发展。

感觉和知觉的区别：第一，感觉是介于心理和生理之间的活动，它的产生主要来自于感觉器官的生理活动以及客观刺激的物理特性，相同的客观刺激引起相同的感觉。知觉是以生理机制为基础的纯粹的心理活动，它的产生是在感觉的基础上对物体的各种属性的综合反映的心理活动过程。第二，感觉是对个别属性的反映，知觉是对物体的不同属性、不同部分以及相互关系的综合的整体的反映。第三，从感觉和知觉的生理机制来看，感觉是单一分析器活动的结果，而知觉则比感觉复杂，它是多种分析器协同活动对复杂刺激物或刺激物之间的关系进行分析综合的结果。

② 简述再造想象与创造想象有什么不同？

再造想象与创造想象含义不同：再造想象是根据词语描述或图样示意，在人脑中形成形象的过程。创造想象是不根据责成的描述，在头脑中独立地创造新形象的过程。二者内容的创造性程度不同，再造想象的创造性在程度上不如创造想象。

③ 什么是差别感受性与差别感觉阈限？二者的关系如何？

刚刚能引起差别感觉的刺激物的最小差别量，叫做差别感觉阈限，那种刚刚能反映刺激物最小差别的能力，叫做差别感受性。二者呈反比关系，阈限低表明感受性高，感觉敏锐，反之，阈限越高，感受性越低。

④ 简述记忆过程的三个环节及其相互关系。

识记、保持和回忆是记忆过程的几个基本环节，它们之间有着密切的联系。

识记是保持和回忆的前提，保持是识记和回忆的中间环节，回忆是识记和保持的结果和检验，通过回忆，还有助于进一步巩固所识记的内容。

⑤ 简述遗忘的规律。

德国心理学家艾宾浩斯对遗忘现象进行了比较系统的研究，绘制了一条曲线，称为艾宾浩斯的遗忘曲线，曲线表明：遗忘的速度先快后慢，遗忘的内容先多后少。

⑥ 影响再认的因素是什么？

影响再认的因素主要有：对原有材料识记的巩固程度；当前呈现的材料同原来曾识记过的材料的相似程度；当前事物所处环境和该事物过去被识记时所处环境的类似程度。

⑦ 简述思维的过程。

思维的过程主要包括：分析与综合过程、比较与分类过程、抽象与概括过程、系统化与具体化过程。

⑧ 简述思维的品质。

思维的品质是指个体在思维活动中智力特征的表现，也就是人与人之间的思维活动上表现的差异。思维的品质主要有：思维的广阔性与深刻性、思维的独立性与批判性、思维的逻辑性、思维的灵活性与敏捷性。

⑨ 浅析表象的特征。

表象具有两个特征：一是直观性，它近似于知觉，但没有知觉那样鲜明、完整和稳定。它的直观性是相对的，近似的。二是概括性。因为表象中所反映事物的形象，是知觉的基本内容，但它忽略了事物的某些次要的特征和部分，保留了原来事物的轮廓，这就是表象的概括性，它标志着认识过程在感知的基础上深化了一步。

五、论述题

① 结合自己实际谈谈在学习活动中如何防止遗忘？

遗忘是对识记过的材料不能再认和回忆，或者是错误的再认与回忆。

A. 大脑功能正常是记忆的前提。

充足的睡眠、适当的运动、新鲜的空气和丰富的蛋白质是大脑功能正常的保证。为了避免大脑疲劳降低记忆效率，应注意科学用脑，劳逸结合。

B. 调动积极的思维是记忆的关键。

C. 在理解的基础上记忆。

首先应对识记的材料进行深刻的理解，并尽可能找到其中的规律，或是人为地赋予记忆对象意义，建立记忆对象和已掌握材料的关系，提高记忆的效率。

D. 科学地复习。

采用多样化的复习方法，动员多器官参与复习过程，做到眼到、口到、耳到、手到、心到；把反复阅读和尝试回忆结合起来；及时复习与经常复习结合；集中复习和分散复习结合。

② 知觉的选择性及影响因素是什么?在教学中如何利用?

A. 知觉的选择性是指人进行知觉时，从纷繁复杂环境中把某些事物或现象当做知觉对象，而把另一事物或现象当做知觉背景。

B. 知觉的选择性受一些客观条件的制约。首先是刺激物的强度。一般强度大的事物容易成为知觉的对象。其次，事物的活动性。活动或变化的事物容易成为人的知觉对象。再次，新异刺激容易被人选择出来予以反映。最后，知觉的选择性也受一些主观条件的制约。与人的需要、目的、兴趣有关的事物，容易被人优先选择出来予以反映。人的知识、经验、情绪也影响知觉的选择性。

C. 在教学中我们应自觉遵循知觉的特性，例如，有意使知觉对象和背景形成鲜明的对比；有意提高知觉对象的活动性等等。

③ 知觉的理解性及影响因素是什么? 在教学中如何利用?

A. 知觉的理解性是指人在知觉一些事物或现象时，不仅能形成关于它的知觉形象，还能根据自己已有知识、经验对事物加以解释或判断，即从不同方面对它加以理解。

B. 人的知觉的理解性与人的已有知识经验有密切的关系。知识经验不同，对知觉对象的理解程度也同，知识经验不同，对知觉对象的理解程度也不同，知识经验越丰富，理解就越深刻，对事物的知觉也就越完整、精确。人的已有知识、经验参与知觉，可促进对事物的理解。知识经验参与知觉不仅提高知觉的质量，还能提高知觉的速度。

C. 知觉的理解性对人的知觉既有积极的一面，又有消极的一面；教师在从事教学活动时，一方面要联系学生已有的知识经验，增进知觉的理解性，提高教学的效果；另一方面又要注意已有的知识经验对当前的知觉活动所产生的消极作用。此外，知觉的理解性不仅可提高知觉的效果，还是形成事物表象并转为科学概念的重要条件。

④ 知觉的整体性及影响因素是什么？在教学中如何利用？

A. 知觉的整体性是指把物体或现象的各种属性或各个部分作为一个统一的整体来反映。它是知觉对事物整体的反映，是知觉的基本特征。

B. 在形成对客观事物整体性知觉时，客观事物的各个组成部分所起的作用是不同的。强的部分所起的作用，要大于弱的部分。对象中强的部分决定知觉整体性的特点，而弱的部分被掩盖，加强学生清晰反映事物整体的能力。

C. 在教学中，由于知觉的整体性和物体组成部分的强和弱有关，因此，我们应防止事物弱的部分被掩盖，加强学生清晰反映事物整体的能力。

⑤ 举例分析在体育教学中如何帮助学生形成运动表象。

运动表象是指在人的头脑中重现出来的动作形象，它反映了动作在一定时间、空间和力量的特征。包括视觉表象和动觉表象。

视觉表象的形成：突出动作要点进行示范；采用整体示范与分解示范相结合的方法；用言语表示的方法巩固示范动作的特点。

动觉表象的形成：缓慢地做动作；采用不同重量的器械进行练习；分别完成所学的个别动作；给学生提示相应的肌肉运动感觉。（举例分析）

⑥ 简析思维和语言的关系。

思维和语言的联系：从语言方面：任何语言都是由词汇和语法规则构成的符号系统，而词汇和语法规则是思维的成果；从思维方面看：一是语言为人脑的活动带来了新的原则；二是思维活动总是借助于词而实现的对外部事物的反映；三是语言是思维（最合适）的物质外壳。

思维和语言的区别

思　　维	语　　言
观念的东西	物质的东西
人脑对客观事物的间接的、概括的反映	交际的工具、思维的工具
与客观现实是反映与被反映的关系	与客观现实是标志和被标志的关系
其间有直接的必然的联系	其间无直接的必然的联系
基本单位是概念	基本单位是词
思维规律的全人类性	语法结构的民族性

⑦ 试论述影响解决问题的因素。

A. 动机状态：动机水平的高低影响着人们解决问题的思维活动，进而影响着解决问题的效率。解决问题的动机保持高涨而适中的强度，有助于思维的开展和提高解决问题的效率。

B. 定势的作用：定势对解决情境类似或相同的课题，有一定的促进作用；但对变化了的情境或新的课题，则产生消极的阻碍作用。

C. 原型启发：原型对解决问题能否起启发作用，一是看原型与要解决的问题有无特征上的联系与相似性。相似性越强，启发作用越大；二是看主体是否处于积极的思维状态。

D. 个性：一个有远大理想、意志坚强、勇于进取、富于自信、有创新意识，顽强、坚韧、果断、勤奋的人常能克服各种困难，迅速而有效地解决问题。而一个鼠目寸光、意志薄弱、自负、自卑、畏缩、怯懦、拘谨而又优柔寡断的人，往往会使问题的解决半途而废。此外，一个人的智力水平、气质类型、认知风格、需要及兴趣特点等也都直接影响着解决问题的效率和方式。

E. 知觉范围的扩大：实践证明，在对事实进行观察思考时，积极、主动地改变、扩大观察知觉的范围，就可以加速问题的解决。

第三章 注 意

注意是人们从事学习、工作、体育活动必不可少的条件。它使人能及时地集中自己的心理活动，清晰地反映客观事物，更好地适应环境，并改造环境。20世纪50年代以来，心理学家们对注意这种心理现象进行了深入的研究，提出了许多有影响的理论模型，推动了认知心理学理论的发展。本章将从注意的基本概念和基本规律进行分析和阐述，有助于学习者能有效地运用注意规律组织体育教学和训练。

第一节 知识要点

一、知识点

注意的概念；注意的功能；注意与心理过程的关系；注意的生理机制和外部表现；注意的种类和规律；注意的品质。

二、主要内容

1. 什么是注意

注意是心理活动对一定事物的指向和集中。

这里的心理活动既包括感知觉、记忆、思维等认识活动，也包括情感过程和意志过程。心理过程的出现，都有一定的针对性和实质内容。认识活动有认识加工的对象，情感过程有所要表达的对象，意志过程也是有目的性地从事某种活动，朝向某个目标。这些心理活动的对象同时也是注意的对象。需要说明的是，注意的对象不仅仅是外部的活动和事物，人的内在心理活动和机体状态也可以成为注意的对象。感觉到机体的病痛、意识到自身情绪的变化和意志坚持的程度，都是注意指向内部对象的体现。

指向性和集中性是注意的两个基本特性。指向性是指心理活动在某一时刻总是有选择地朝向一定对象。因为人不可能在某一时刻同时注意到所有的事物，接收到所有的信息，只能选择一定对象加以反映。就像满天星斗，我们要想看清楚，就只能朝向个别方位或某个星座。指向性可以保证我们的心理活动去清晰而准确地把握某些事物。集中性是指心理活动停留在一定对象上的深入加工过程，注意集中时心理活动只关注所指向的事物，抑制了与当前注意对象无关的活动。比如，当我们集中注意去读一本书的时候，对旁边的人声、鸟语或音乐声就无暇顾及，或者有意不去关注它们。注意的集中性保证了我们对注意对象有更深入完整的认识。

2. 注意的功能

(1) 选择功能

注意使得人们在某一时刻选择有意义的、符合当前活动需要和任务要求的刺激信息，同时避开或抑制无关刺激的作用。这是注意的首要功能，它确定了心理活动的方向，保证我们的生活和学习能够次序分明、有条不紊地进行。

(2) 保持功能

注意可以将选取的刺激信息在意识中加以保持，以便心理活动对其进行加工，完成相应的任务。如果选择的注意对象转瞬即逝，心理活动无法展开，也就无法进行正常的学习和工作。

(3) 调节监督功能

注意可以提高活动的效率，这体现在它的调节和监督功能。注意集中的情况下，错误减少，准确性和速度提高。另外，注意的分配和转移保证活动的顺利进行，并适应变化多端的环境。古代教育家荀子在《大略篇》中说："君子壹教，弟子壹学，亟成。"这里的"壹"就是专一，意为只要教师一心一意地教，学生一心一意地学，就能保证学生最终学业有成。

3. 注意是一种心理状态

注意不是一种独立的心理过程，它不能单独存在，它是伴随着心理过程而存在的心理现象，注意的基本过程为：指向——集中——转移。

指向性和集中性统一于同一注意过程中，保证了注意的产生和维持。注意是心理过程的开端，它首先对一定的对象进行指向和集中，没有这种指向和集中任何心理过程也就无法进行了。心理过程开始以后，注意并不消失，而伴随着整个的心理过程，它能够维持某种心理活动向深层次发展。注意不能单独存在。例如，老师在课堂上说"注意看黑板上的挂图""注意听老师的讲解"，注意如果离开了"看"和"听"等心理过程，注意本身也就不存在了。

注意不仅表现在认识过程中，而且还表现在其他的心理过程之中。在情感体验中，如果没有注意的对象，情感的愉快与不愉快也就无从谈起。在意志行动中，如果没有注意的对象与内容，意志就没有办法执行，意志是坚强还是软弱也无从谈起。因此，注意也是与情感和意志相关联的一种意识活动状态。

4. 注意与心理过程的关系

(1) 区别

心理过程总要反映一定的事物，而注意本身没有特定的反映内容，只是帮助我们清晰地反映事物。

(2) 联系

注意是心理过程产生时不可缺少的心理条件；注意是心理过程的伴随者。

因此，注意不是独立的心理过程，而是各种心理过程的一种共同性。因为注意不能单独地、具体地反映客观事物，它本身没有特定的意义和内容，而心理过程的各种心理现象都要反映一定的事物。

5. 注意的生理机制和外部表现

(1) 注意的生理机制

① 注意从其发生来说是有机体的一种定向反射。

每当新异刺激物出现时，所引起有机体的一种反应活动，巴甫洛夫称为定向反射，或称探究反射、"是什么"反射。人与动物在周围环境发生变化的时候，都会以自己的感受器朝向新异刺激的方向，调整自己的行动，以适应环境的变化。定向反射是注意的最初形式，如从新生儿就可观察到，最初表现为觉醒反应，然后是注视外部刺激物，最后是主动地探索刺激物。但定向反射还不能说明注意过程的选择性和随意注意的全部复杂性，以及高级的注意具有新的条件反射的性质。

② 注意是在第二信号系统的调节下，由某种动因所引起的一种大脑皮质上的优势兴奋中心的负诱导。

首先，注意是大脑皮质上所形成的一个优势兴奋中心。正如前述，注意是人的心理活动对一定对象的指向和集中。从巴甫洛夫学说来看，所谓指向，就是大脑皮质上与有关对象的刺激作用的相应部位，由抑制状态转为兴奋状态；所谓集中，就是大脑皮质上与有关对象的刺激作用的相应部位，由原来的一般的兴奋中心变成了优势的兴奋中心。所以，从脑的活动来说，注意就是在大脑皮质上形成了一个优势的兴奋中心。

其次，注意是大脑皮质上所进行的一种负诱导。在人们注意时，由于大脑皮质上的有关部位形成了一个优势兴奋中心，因而对周围的其他部位就发生了负诱导，使它们处于或多或少的抑制状态。巴甫洛夫说："当思想集中的时候，当专一于某种工作的时候，我们就再听不到或看不到在我们身边所发生的事情了——这就是负诱导作用的一种明显现象。所以，从大脑活动规律来说，注意就是大脑皮质上的一种负诱导过程。

此外，人的注意是在第二信号系统的直接调节与支配下进行的。人的大脑皮质优势兴奋中心的引起、维持和转移，可按照自己或别人的语言的提示，去坚持稳定的注意，或分配自己的注意，使注意带有更多的随意性质。这些都说明大脑皮质在注意的生理机制系统中起着主导作用。

③ 网状结构在唤醒注意中的特殊作用。

由于对信息的选择和接受均以有机体觉醒状态为背景，所以注意和网状结构有密切的关系。现代神经生理学的研究表明，脑干网状结构的主要功能，就在于激发和维持大脑皮质的觉醒状态，使注意等心理现象的发生成为可能。网状结构与大脑皮质的联系称为"上行网状激活系统"，如果它受到损伤，不仅信息不能进行传送，而且有机体会陷入昏迷状态。而下行网状系统的功能则是对传入的感觉神经冲动行使一种控制的作用。经过脑干而通往大脑皮质的特殊传入通路上的神经冲动，可能被下行网状系统内的神经活动加以堵截或抑制，并且有可能使皮质对一定的感觉信息的专性。可见，由于网状结构的活动，使大脑皮质保持了觉醒状态，提高了兴奋性，又对向大脑皮质发送的感觉信息筛去、抑制某些冲动而加强其他的冲动，实现对刺激作用的选择，指向和集中于一定的客体。因此，网状结构的活动是唤醒注意的前提条件。

④ 注意神经元和额叶在人的高级随意注意中具有极为重要的作用。

从细胞水平上研究脑组织发现，在大脑皮质上有一种特殊类型的神经元（特别在脑的边缘叶部分的海马，还有额叶），它不是特定的感觉神经元，而是专司注意的神经元（新异物探测器）和定势细胞（期待细胞）。注意神经元仿佛将各种刺激物的作用加以比较，并且只对其变化、新异性发生反应，而定势细胞则是在发生作用的刺激物与期待的事物不相一致时发生反应。它们对注意的选择性有密切的关系。这些神经组织受到损伤，就会导致注意选择性的破坏。

在高级的随意注意形式的调节上，人类特别发达的额叶作用极大。鲁利亚和霍姆斯卡娅的实验表明：大脑额叶某些部位损伤的患者，皮质觉醒水平很低，对言语指示、定向反射几乎不能恢复；额叶严重损伤的患者，非常容易分心，不能根据预定的任务来集中注意，随意注意严重失调。

⑤ 十多年来，国际学术界关于诱发电位的研究，为进一步探索注意的生理机制带来了新的生机。

所谓诱发电位，是指在外界刺激作用下从头皮上记录到的电位波动反应。它在时间上与刺激有极严格的相应关系。研究表明，人的选择性注意与诱发电位有关。在唤起注意时，诱发电位的个别成分或诱发电位的整个振幅就增大；反之，振幅就下降。

根据注意所引起的诱发电位各个成分变化性质以及一系列心理学研究材料，可以把选择性注意划分为两个过程或两种水平：第一个过程是保证感觉信息有选择地通过某个通道；第二个过程是在已分出的通道"内部"选择某个具体的感觉特征。注意的这两个过程是一起"活动着的"。例如，第一个过程可保证分出空间内适宜刺激；第二个过程可以使反应的刺激易于分辨。可见，诱发电位是描记和区分各级注意水平的重要电生理指标，它对揭示不同的注意水平是有价值的。

同时，诱发电位也有助于阐明在各种形式的感觉分析中脑不同部位参与选择性注意的程度。例如，康斯坦多夫的研究材料证明，诱发电位两半球不对称的不同性质，有赖于注意的程度、方向以及采用的感觉指标。

总之，运用诱发电位的方法研究注意问题，将为研究注意的机制、个性特点、个体发育中注意的发展以及发展的可能性问题开辟了新的前景。

(2) 注意的外部表现

① 适应性动作出现。

人在注意状态下，感觉器官一般是朝向注意对象的。例如，人在注意观察某一客体时，往往全神贯注、举目凝视；人在注意听一个声音时，往往双目紧闭、倾耳静听；人在思考或想象某一事件时，往往眉头紧皱、两眼呆视等等，这些姿势与表情就是注意的适应性动作。当然，最明显的适应性动作就是个体能够跟随组织者的思路，配合做各种运算或操作等，这也说明个体正处于积极的有意注意状态。

②无关动作停止。

当人们集中注意时，就会高度关注当前的活动对象，一些与活动本身无关或起干扰作用的动作会相应减少甚至停止。例如，儿童在听老师讲故事时，听得出了神，一动不动地望着老师。

③呼吸运动变化。

人在专心致志地学习和工作的时候，呼吸会变得格外轻微和缓慢。呼与吸的时间比例也会发生显著的变化，一般是吸短呼长，当注意高度集中时，甚至会出现呼吸暂时停止的状态，即所谓"屏息"现象。人在紧张注意时，还会表现出心跳加快、牙关紧闭、握紧拳头等现象。注意外部表现的原因，是由于人对某些客体发生高度注意的时候，大脑皮质内的有关区域出现了优势兴奋中心，同时它对皮质内其他区域发生了负诱导作用的缘故。这样一来，一方面优势兴奋中心引起有关肌肉、骨骼的运动，从而产生凝视、倾听、皱眉、握拳等动作表现；另一方面由负诱导所引起抑制区域又抑制了某些无关动作的发生。所有这些表情动作，都是为了更好地接受来自主客观方面种种的刺激作用，以便更清晰、完善、深刻地反映事物。

6. 注意的种类

根据注意过程中有无预定目的和是否需要意志努力的参与，可以把注意分为无意注意、有意注意和有意后注意。

(1) 无意注意

无意注意是指没有预定目的，也不需要意志努力的注意。无意注意一般是在外部刺激物的直接刺激作用下，个体不由自主地给予关注。例如，正在上课的时候，有人推门而入，大家不自觉地向门口注视；大街上听到警笛鸣叫，行人会不由自主地扭头观望。

另外，无意注意的产生也与人对事物的需要、兴趣和需要，人当时的心境和情绪状态，健康状况等主题状态有关。例如，一个人在街头散步的时候，也可能无意间注意到许多事物。无意注意更多地被认为是由外部刺激物引起的一种消极被动的注意，是注意的初级形式。人和动物都存在无意注意。虽然无意注意缺乏目的性，但因为不需要意志努力，所以个体在注意过程中不易产生疲劳。

(2) 有意注意

有意注意是有预定目的，需要做一定的意志努力的注意，也称做随意注意。有意注意是一种主动地服从于一定的活动任务的注意，它受人的意识自觉调节和支配，它不仅指向于人乐意去做的事物，而且也指向于并不一定感兴趣但应当做的事物。我们工作和学习中的大多数心理活动都需要有意注意。工人上班、学生上课、交警指挥交通，都是有意注意在发挥作用。有意注意是一种积极主动、服从于当前活动任务需要的注意，属于注意的高级形式。它受人的意识的调节和控制，是人类所特有的一种注意。有意注意虽然目的性明确，但在实现过程中需要有持久的意志努力，这容易使个体产生疲劳。

(3) 有意后注意

有意后注意是指有预定目的，但不需要意志努力的注意。它是在有意注意的基础上，经过学习、训练或培养个人对事物的直接兴趣达到的。在有意注意阶段，主体从事一项活动需要有意志努力，但随着活动的深入，个体由于兴趣的提高或操作的熟练，不用意志努力就能够在这项活动上保持注意。例如，一个学习外语的人在初学阶段去阅读外文报纸，还是有意注意，很容易感到疲倦；随着学习的深入，外语水平不断提高，当他消除了许多单词和语法障碍，能够毫不费力地阅读外文报刊，可以说达到了有意后注意的状态。

有意后注意是一种更高级的注意。它既有一定的目的性，又因为不需要意志努力，在活动进行中不容易感到疲倦，这对完成长期性和连续性的工作有重要意义。但有意后注意的形成需要付出一定的时间和精力。

7. 无意注意与有意注意的关系

①两种注意虽各有不同的性质和特点，但在实际的工作和学习中两者都是需要的。

②两种注意是可以在活动中互相转化的，而这种转化是注意在活动过程中正常状态，并具有重要意义，可以大大提高工作和学习效率。

③两种注意相互转化的过程中，由开始的有意注意转化为不需意志努力的注意，叫"有意后注意"，有预定目的，不需要意志努力的注意，是注意的一种特殊形式。

8. 无意注意产生的原因（规律）

(1) 客观刺激物的特点

①刺激物的强度。这是引起无意注意的重要原因。一声巨响、一道强光，或者一股浓烈的气味，都容易引起人的无意注意。所谓"酒香不怕巷子深"，就

说明刺激物的绝对强度导致无意注意的产生。另外，刺激物的相对强度在引起无意注意中也有重要意义。喧嚣的闹市中，大声的叫卖未必能引起别人的注意，但在安静的阅览室中小声交谈就可能引起别人的注意。

② 刺激物的新颖性。外形新奇、功能独特的事物常会成为人们关注的焦点，是因为它们很容易引起人们的无意注意。当在我们以往生活中从未经验过的刺激物出现时，自然会引起注意，这是刺激物的绝对新颖性。如对于一个新设计的外星人模型，人们很容易注意到它。另外，各种已熟悉的刺激物的独特组合也是引起无意注意的因素。在一次新科技展览会上，一只背上长着人耳的老鼠吸引了众多人的目光，这是刺激物的相对新颖性在起作用。

③ 刺激物的对比。刺激物在形状、大小、颜色和持续时间等方面与周围环境和其他刺激物对比强烈、差异显著时，很容易引起无意注意，例如，"绿叶中的红花""鹤立鸡群"等。

④ 刺激物的活动和变化。处于活动和变化状态的刺激物常会成为人们注意的对象。都市夜晚闪烁的霓虹灯、音乐演出中乐团指挥的手势，以及大道上疾驰而过的车辆都容易引起人们的无意注意。

(2) 人的主观状态

客观刺激物并不是引起无意注意的唯一因素，有时在上述刺激物特点不明显的情况下，个体也容易产生无意注意，这与主体状态有关。

① 个体的需要和兴趣。人们总是不自觉地对自己急需的或感兴趣的事物产生注意。

② 个体的情绪和精神状态。一个人情绪稳定，心情舒畅，精神饱满，就会对平时不经意的事物产生注意；相反，情绪低落，精神萎靡，或身体处于疾病、疲劳状态，就很容易对许多事物视而不见。

③ 个体的知识经验。个体的职业和爱好使得各自的知识经验不同，与人的知识经验有联系的事物更容易进入人们的注意范围。

9. 保持有意注意的条件

(1) 活动的目的和任务

有意注意的重要特征是有明确的预定目的。对活动目的理解得越清楚、越深刻，完成任务的愿望越强烈，也就能更好地实现注意的维持和调节作用。心理学实验表明，当被试对活动要求不明确、目的不清楚，常容易分神，不能长时间维持有意注意。

(2) 活动过程的组织

心理学研究表明，形式单一、内容枯燥的活动容易使人疲劳厌倦，造成分心。因此，组织形式多样、内容活泼的活动是防止分心、维持有意注意的有效方法。这包括既要增加操作活动，手脑并用，又要增加讨论和竞赛，甚至用必要的言语提示来集中注意力。

(3) 内外因素的干扰

有意注意进行中常会有各种干扰，既有外部干扰，如与活动内容无关的声音和视觉刺激；也有内部干扰，包括主体生理上的疲劳、疾病以及心理上消极的思想和情绪，如有些学生上课时还在想与同学间的矛盾，自然会妨碍正常的学习活动。内外干扰越多，有意注意就越困难。因此，培养抗干扰能力，不受内外干扰因素的影响，对于维持有意注意是非常重要的。个体的意志力水平同抗干扰能力有密切关系。只有提高意志力，才能克服不良的注意习惯，抵御各种干扰，全身心地投入到学习和工作中去。

10. 运用无意注意的规律组织教学

无意注意主要是受外部事物的刺激作用不自觉地产生的，它缺乏目的性，又不需要意志努力，常会导致学生上课分心，干扰了正常的教学活动。这是无意注意在教学中的消极作用。但无意注意在教学中也有积极作用，那就是通过对某些服从于教学要求的刺激物的有意识的控制来引起学生的无意注意，为教学活动服务。在具体教学工作中，教师应该利用无意注意的特点加强教学过程，避免无意注意的消极影响。教师教学中应注重以下四方面。

① 在教学内容上，要设法激发学生的兴趣以吸引学生的注意。

② 在教学环境方面，要尽可能避免分散学生注意的因素。

③ 在教学方法上，教师要采取生动活泼多样的教学手段，以引起学生的注意。

④ 教师的语言是组织学生注意的一种重要工具。

11. 恰当运用有意注意规律组织教学

有意注意有明确的目的性，而且有意志努力的参与。它的主要缺点是容易使个体产生疲劳，从而导致分心。另外，有意注意的活动并不总是符合个体的兴趣和心理需要，有时不免产生厌倦。在教学中，教师要保证学生有良好的有意注意，应注重以下四个方面。

① 体育课上，要给学生提出明确的学习目的和任务，并指明完成任务的途径和方法。

② 教师经常向学生提出新问题、新任务和新要求，并坚持对学生一贯的严格要求。

③ 充分运用对事物和学习内容的间接兴趣来吸引学生的有意注意。

④ 正确地组织课堂教学，防止学生疲劳。

12. 注意的品质

(1) 注意的范围（广度）

① 概念：注意的范围又称注意的广度，是指一个人在同一时间内能够清楚地把握注意对象的特点和数量。它反映的是注意的空间特征。

② 影响注意广度的因素主要有以下三个方面。

注意对象的特点：注意的广度因注意对象的特点的变化而有所不同。一般说来，注意对象的组合越集中，排列越有规律，相互之间能成为有机联系的整体，注意的范围就越大。如下图所示，形状、大小、数量相同，规则排列的对象要比大小不一、排列无序的对象更容易清晰把握。

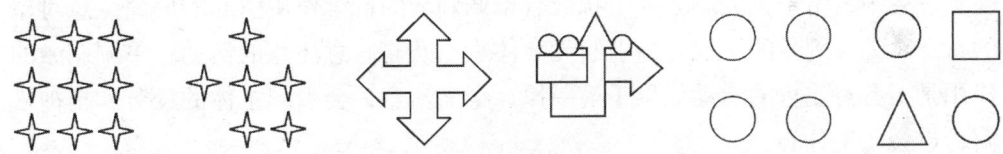

注意对象的特点影响注意的范围

活动的性质和任务：用速示器呈现一些英文字母，其中有些存在书写错误，要求一组学生在短时间内判断哪些字母书写有误，并报告字母的数量；要求另一组学生报告所有字母的数量。结果，前者知觉到的字母数量要比后者少得多。可见，活动任务越复杂，越需要关注细节的注意过程，注意的广度会大大缩小。

个体的知识经验：一般来说，个体的知识经验越丰富，整体知觉能力越强，注意的范围就越大。专业素养深厚的人在阅读专业资料时可以做到"一目十行"，非专业人士即使逐字逐句阅读也不见得能正确理解。我们知道，围棋高手扫视一下棋盘，就能把握双方的形势和局面变化，这就借助了良好的注意广度；一个初学者由于经验欠缺，就只能一部分一部分来关注棋势。

(2) 注意的稳定性

① 概念：注意的稳定性也称为注意的持久性，是指注意在同一对象或活动上所保持时间的长短。这是注意的时间特征。但衡量注意稳定性，不能只看时间的长短，还要看这段时间内的活动效率。

② 注意的稳定性有狭义与广义之分。

狭义的稳定性是指注意在某一事物上所维持的时间，如长时间看电视、读一本书等。但人在注意同一事物时，很难长时间地对注意对象保持固定不变。例如，把一只表放在耳边，保持一定距离，使他能隐约听到表的滴答声。结果被试时而听到表的滴答声，时而又听不到。注意这种周期性变化的现象，叫做注意的起伏。

广义的稳定性是指注意在某项活动上保持的时间。在广义的稳定性中，注意的具体对象可以不断变化，但注意指向的活动的总方向始终不变。例如，学生在听课的时候，跟随教师的教学活动，一会儿看黑板，一会儿记笔记，一会儿读课文，虽然注意的对象不断变换，但都服从于听课这一总任务。在许多学习和工作中，我们都强调广义的注意的稳定性。

同注意的稳定性相反的表现是注意的分散。注意的分散，又称分心，是指在注意过程中，由于无关刺激的干扰或者单调刺激的持续作用引起的偏离注意对象的状态。无关刺激的干扰容易引起无意注意，妨碍有意注意的活动；单调刺激的作用是指有意注意的活动如果千篇一律，毫无新意，会引起主体的疲劳和精神松懈，也会产生分心。

③ 影响注意的稳定性的因素有三个方面。

A. 注意对象的特点：注意对象本身的一些特点影响到注意在它上面维持的时间长短。一般来说，内容丰富的对象比单调的对象更能维持注意的稳定性。相对于一个透明的玻璃茶杯，人们可能会花更多时间来关注一幅色彩丰富的图画。此外，活动的对象比静止的对象更能维持注意的稳定性。相对于一幅画，人们又可能花更多时间关注活动的电视画面。对新生儿研究表明，他们注视人脸和复杂图形的时间远比注视墙壁和灯光的时间长。但并不是说事物越复杂，刺激越丰富，注意力就越稳定。过于复杂、变幻莫测的对象反而容易使人产生疲劳，导致注意的分散。

B. 主体的精神状态：除了外部刺激物的特点之外，个体的主观状态也影响注意的稳定性。一个人身体健康，情绪良好，精力充沛，就会在学习和工作中全力投入，不知疲倦。相反，一个人处于失眠、疲劳、疾病状态，或者情绪受挫的情况下，注意无法保持稳定，活动效率也会大大降低。

C. 主体的意志力水平：注意的稳定性实际上就是保持良好的有意注意，因此也需要有效地抗拒各种干扰。主体具备坚强的意志力，就可以战胜各种困难，克服自身缺点和不足，始终如一地保证活动的进行和活动过程的高效率。

(3) **注意的分配**

① 概念：注意的分配是指在同一时间内把注意指向不同的对象和活动。如教师需要一边讲课，一边注意学生的课堂反应；司机需要一边驾车，一边观察路况。事实证明，注意的分配是可行的，人们在生活中可以做到"一心二用"，甚至"一心多用"。

② 注意的分配的条件。

同时进行的几种活动至少有一种应是高度熟练的：当一种活动达到自动化的熟练程度时，个体就可以集中大部分精力去关注比较生疏的活动，保证几种活动同时进行。我们可以做到边听报告边记笔记，显然是由于写字已经达到熟练甚至自动化的程度。驾驶技术高超的司机可以边驾车边为乘客报站名，也是这个道理。

同时进行的几种活动必须有内在联系：有联系的活动才便于注意分配。这是因为活动间的内在联系有利于形成固定的反应系统，经过训练就可以掌握这种反应模式，同时兼顾几种活动。例如，歌唱演员有时自弹自唱同一首歌，甚至能够边唱歌边剪纸，也是借助了活动间的内在联系或人为建立起活动间的联系，以达到注意的分配。

(4) **注意的转移**

① 概念：注意的转移是指根据活动任务的要求，主动地把注意从一个对象转移到另一个对象。

注意的转移不同于注意的分散。前者是根据任务需要，有目的地、主动地转换注意对象，为的是提高活动效率，保证活动的顺利完成，如看完一堂录像教学课，要求学生转而互相讨论。后者是由于外部刺激或主体内部因素的干扰作用引起的，是消极被动的。注意的分散违背了活动任务的要求，偏离了正确的注意对象，降低了活动效率。如果两个学生在看教学录像的过程中交头接耳，互相说笑，而没有关注录像的内容，显然是注意分散的表现。

② 影响注意转移的因素。

对原活动的注意集中程度：个体对原来活动兴趣越浓厚，注意力越集中，注意的转移就越困难。一个沉迷于电脑游戏的孩子很难让他转移注意力，去拿起书本温习功课。当然，如果对原活动的注意力本来就不够集中，就比较容易随活动任务的要求而转移。

新注意对象的吸引力：如果新的活动对象引起个体的兴趣，或能够满足他的心理需要，注意的转移就比较容易实现。假如那个正玩电脑游戏的孩子，听到自己喜欢的电视动画片开演了，可能会离开电脑，将注意力转移到看电视上。

明确的信号提示：在需要注意转移的时候，明确的信号提示可以帮助个体的大脑处于兴奋和唤醒状态，灵活迅速地转换注意对象。文艺演出中报幕员的角色，其实也发挥着这方面的作用。这种提示信号，既可能是物理刺激（如铃声、号角），也可以是他人的言语命令，甚至是自己的内部言语的提醒。

个体的神经类型和自控能力：神经类型灵活性高的人比不灵活的人更容易实现注意的转移，自控能力强的人比自控能力弱的人更善于主动及时地进行注意的转移。

主动而迅速地进行注意的转移，对各种工作和学习过程都十分重要。有些工作要求在短时间内对各种新刺激作出迅速准确地反应，对注意转移的要求尤其高。例如，一个优秀的飞行员在起飞和降落时的五六分钟之内，注意的转移就达200 次之多。

13. 教学过程中学生良好注意品质的培养

良好的注意品质是学习活动的重要条件。一个学生如果有较大的注意广度、持久的注意稳定性、较强的注意分配和注意转移的能力，就可以保证心理活动顺利有效地进行。

要扩大注意的广度，需要学生积累本学科相当的知识经验和一定的素养。教师应该指导学生迅速增加知识储备，勤学多练。如在外语教学中要提高学生的阅读水平，就要指导学生扩大词汇量，熟练掌握语法规则，大量进行阅读训练。此外，使学生了解当前活动的性质和要求，适当安排教学任务，也可以扩大注意范围。注意广度还受注意对象特点的影响，如果需要学生注意较大范围内的教学对象，就应该使它们在排列组合上集中有序，或能成为相互联系的整体。

要增强注意的稳定性，就要防止注意的分散。一方面要保证整洁、安静的教学环境，防止外部无关刺激的干扰，另一方面就要注重学生良好学习习惯的形成和意志力的锻炼，克服内部干扰。此外，加强学习目的性教育，端正学习态度，组织内容丰富、形式多样的教学活动，也是提高注意稳定性的重要手段。

注意的分配在教学中有实践意义。为提高课堂效率，教师需要学生边听课边记笔记，有时需要学生一边动手操作，一边观察教师的演示。根据注意分配的条件，需要增强学生的听讲、书写、表达等基本学习能力的训练，当它们达到高度熟练的程度时，就可以在课堂上做到"一心二用"。另外，对于一些特殊技能的分配，需要特别的训练，增强技能间的协调性。

注意的转移同人的先天的神经活动类型有关，但也可以通过对外在因素的控制和后天训练加以改善和提高。教学活动中经常需要学生进行注意的转移，在两种活动之间一定的信号或言语提示是必要的，在低年级课堂中甚至要给予命令式的要求。另外，活动安排也要力求合理，把能够引起学生浓厚兴趣、易使其过于兴奋的活动安排在前就可能妨碍学生对后继活动的投入。所以，先上体育课，再上文化课是不合适的。当然，提高注意转移能力，根本上是提高学生的自我行为的监控能力，使他们能够积极主动地服从教学安排，及时转换注意的对象。

第二节　学习要求和知识拓展

一、学习要求

(一) 学习要求

通过本章的学习，熟练掌握注意的定义、基本过程；明确注意与心理过程的关系；理解保持有意注意的条件、注意的品质；重点掌握注意的规律在体育教学中的应用。

(二) 重点和难点

① 重点：注意与心理过程的关系、注意的规律及其在体育教学中的应用、注意的品质。

② 难点：注意的生理机制、如何运用注意的规律组织体育教学、教学过程中如何培养学生良好的注意品质。

二、知识拓展

(一) 注意的几种学说

近二十年来，国外心理学家以信息加工理论为基础，提出了一些选择性注意加工的学说，概括起来有下述四种模型。

1. 过滤说

布罗德班特 (Broddbent) 是过滤说的主要代表。这一学说认为，注意是一个过滤器，它的基本作用是对感觉到的信息进行过滤。因为人在注意时，在信息加工系统的不同水平上，在某一特定的时间内，只能允许一些有意义的、与当前有关的信息输入脑中，同时将一些无意义的、无关的信息筛选掉。那么，由什么因素来决定信息的过滤和阻断呢？决定的因素是看信息总量是否超过了单一的"中心通路"的能力限度。因为输入通路经常与频率、强度、空间定位等特性联系着，所以一些强烈的、新异的刺激容易通过过滤器；相反，一些弱的、缺乏新异性的信息容易被筛选掉。

2. 衰减说

特瑞斯曼 (Tretisman) 是衰减说的主要代表。这一学说和前一学说的共同之处，二者都把注意看成是一个控制系统，即负责对信息进行一定的处理工作。二者的区别是，过滤说把信息通过的信息控制看成是"全或无"型式的开关控制。信息通过过滤器时，要么通过，要么阻断，除此之外别无它路。而衰减说则认为，信息在通路中并不是完全被阻断，而只是被减弱，只有那些最重要的信息才能顺利通过而反映在人的意识中。由于容量有限，其他通道上的信息加工便衰减了。特瑞斯曼及其同事对这种观点提出了实验证明。他们设想，如果同时向被试的双耳分别呈现不同的信息，在尾随耳 (即在听音时，他报告出从这只耳朵中的听到的话) 和非尾随耳中材料都得到完全加工，那么被试无论在哪只耳朵中觉察目标的能力都不会有差别。但实验结果证明，被试能觉察尾随耳中 87% 的目标词，而只能觉察非尾随耳中的 8% 的目标词。这就证明，在未被注意的通道只有有限的、部分加工；对信息注意的选择，是发生在对环境信息有了某种不完全加工之后。可见，衰减理论虽承认个体加工信息的容量有限，但又认为信息的各条通道能同时使用这种容量，只是在这些通道上信息加工会出现衰减的趋势。

3. 完全加工说

这个学说主要是一种对注意进行信息加工的理论。他们认为，选择注意的依据是经过分析的信息类型。为了证明这个理论的正确性，希弗林（Shiffrin）、皮索尼（Pisoni）和卡斯泰纽达—孟德茨（Casteneda—Mendez）做了如下的实验：在有噪音的背景上（即随机的背景噪音）向被试呈现一些辅音。被试的任务是指出他是否听到一特殊的辅音；研究者的任务是控制辅音呈现的方式，以使被试知道辅音来自哪一只耳朵或不知道辅音将出现在哪只耳朵中。这种控制的目的是了解如果被试不知道出现在哪只耳朵，他们便不得不加工两只耳朵中的信息，在单耳条件下，他们只需要加工一半信息。按照前面的衰减说，这个实验的结果应该是单耳比双耳条件下好。完全加工说则预言，由于在两只耳朵中分析是自动完成的，所以单耳和双耳两种条件下好坏是相等的。实验结果支持了完全加工的理论。这个实验证明了：人能够不受限制或很少受限制地同时对信息进行大量的分析，如信息加工受阻的话，是一种记忆堵塞而不是加工堵塞。

4. 资料限制和智源限制说

这种学说是在衰减说和完全加工说之间出现难以调和的矛盾情况下提出来的另一种理论。智源限制是指由于智源是有限的，所以干了这项工作后，再干另一项任务就会受智源的限制；而资料限制是指执行这些任务的作业受到限制不是因为智源的限制，而是因为资料的质量问题造成的。例如，让一个人在有噪音的房间里觉察一种音调，给予低限度的智源，这样就使他必须依赖资料的质量。如果该音调很难与背景的噪音相区别，那么既使增加多少智源也无济于事。

根据这种理论，就可以对衰减说和完全加工说之间的矛盾作出解释。在衰减说中，由于尾随一只耳朵的信息使用了大量的资源，那么受智源限制，附加的任务只能有少量的智源，可是研究者给被试的第二项任务仍需要大量的智源，结果由于没有足够的智源去获得满意的作业，所以完成任务的水平是很低的。

但是在加工说的研究中，却是另一番情景。由于被试只需要对某些听觉信息进行加工，不像衰减说那样要求加工语义信息，所以这项任务只需较少的智源就能做好。这也就是在完全加工说的实验中为什么两只耳朵都能很好地觉察辅音的原因。

此外，现代认知心理学在研究注意的同时，还涉及到自动化加工的问题。例如，对于一个加工所需要的注意总量有赖于加工的熟练程度，加工越熟练，所需注意就越少；高度熟练的加工则只须很少注意或者不用注意就达到自动化的程度。

上面从信息论角度介绍的几种注意加工模型，是近年来有关注意的几种主要假说。它们的正确与否还有待于进一步验证。但是这些假说可以给我们一些有益的启示，为我们从理论与实践的结合上进一步探索注意的实质开拓了一条路子。

(二) 电视对儿童注意的影响

今天的儿童是在电视机旁成长的一代，各种各样电视节目的"过度刺激"对他们会有怎样的影响呢？心理学家通过各种实验发现，过多观看电视会缩小儿童的注意范围；降低儿童的阅读能力。电视节目节奏过快是导致注意范围缩小的主要原因，"摄影机和焦距不停地变化使得收看者的注视点每秒都在改变，久而久之注意的范围便会缩小。"一位有影响的学前教育家科恩（D.Cohen）认为：那些周围环境中充满狂乱节奏和电视速度的儿童，也就是易受干扰的儿童，对他们来说，集中注意是一个严峻的考验。

(三) 注意力缺乏综合症的神话

注意力缺乏综合症（以下简称 A.D.D.），在我国常被译为多动症。这种疾病被认为正在折磨着大约 200 万美国儿童。

A.D.D.被认为具有三个主要特征：活动过度（烦躁、过多的奔跑、在教室的座位上爬上爬下）、冲动（在班级里脱口说出答案、打断别人说话、排队等待时不耐烦）、漫不经心（健忘、丢三落四、不守秩序、由于疏忽出差错）。

近年来，遍及美国各地的精神病医生们给所谓的 A.D.D.开了几百万份利他林，这种药原本被允许用来控制成人的轻度抑郁症和衰老。

没有人会否认有许多孩子有规律地出现活动过度、冲动和漫不经心三种现象。

但是，多年来一直研究各种不同学习类型的托马斯·阿姆斯特朗博士明确指出："A.D.D.不存在。"他在《A.D.D.赢儿童的神话》中写道："这些孩子不是不正常。他们可能用另一种方式来思考、注意和行动，是普遍的社会和教育成见造就了这种不正常，而不是孩子们的问题。"

他认为，帮助这些孩子的最佳方法不是强加给他们医学标签和药物疗程，而是"给他们提供各种充满关怀、刺激和鼓励的活动，那对所有孩子都是有利的"。例如，"一个孩子可能在集中注意力或行为上有困难，因为他的家庭陷入了一场危机，因为他的学习方式与学校的教育方式不一致，因为他对牛奶过敏，因为他的性格与他的父母合不来，或者因为他焦虑和忧郁"。

阿姆斯特朗博士指出了"50 种不用药物、标签或压制的手段，来改善孩子的行为和注意时间的方法。那些方法涉及的内容从饮食习惯到体能教育，从武术课程到轻音乐的演奏，从把能量引向艺术创造到计算机训练"。

〔资料来源：珍尼特·沃斯，戈登·德莱顿；顾瑞荣，等译. 学习的革命. 上海三联书店，1998〕

第三节 综合练习题

一、名词解释

① 注意。

② 无意注意。

③ 有意注意。

④ 注意的分配。

⑤ 注意的广度。

⑥ 注意的稳定性。

⑦ 注意的转移。

二、填空题

① 注意从发生的方式来看，是有机体的一种 _____。

② 一切心理过程都是在一定的 _____ 状态下进行的。

③ 注意的外部表现：_____、_____、_____。

④ 注意的功能有 _____、_____、_____。

⑤ 注意的范围也叫做 _____。

⑥ 体育运动中的注意有三个特点：_____、_____、_____。

⑦ 注意的强度包括：_____、_____。

⑧ 根据注意是否有预定目的和是否需要意志努力，可将其分为 _____、_____、_____。

三、单项选择题

① 注意有两个特点 _____。

A. 指向性和选择性　　　　　　B. 集中性和紧张性

C. 指向性和集中性　　　　　　D. 集中性和保持性

② 注意是 _____。

A. 一种心理过程，也是一种心理状态

B. 任何心理活动共有的状态

C. 一种个性心理特征

D. 一种独立的心理活动

③ _____ 是指注意在同一对象或活动上所保持时间的长短。

A. 注意的分散　　B. 注意分配　　C. 注意转移　　D. 注意稳定性

④ 运动员在每一瞬间的心理活动只能优先选取需要加工的对象，而忽略了其余的信息。这属于注意的 _____。

A. 选择性　　　　B. 资源有限性　　C. 强度　　　　D. 阈限性

⑤ 注意对运动表现的主要作用是 _____。

A. 选择信息　　　B. 加工信息　　　C. 激活　　　　D. 唤醒

⑥ 足球运动员将注意有目的地从进攻及时的转移到防守上的能力属于 _____。

A. 注意的稳定性　　　　　　　B. 注意分配

C. 注意转移　　　　　　　　　D. 注意维持

四、简答题

① 注意的功能是什么？注意有哪些外部表现？

② 注意的品质有哪些？影响注意品质的因素是什么？

③ 保持有注意的条件是什么？

④ 引起无意注意的原因有哪些？

⑤ 注意分配的条件是什么？

⑥ 为什么说注意是一种积极的心理活动？

⑦ 在教学过程中，如何运用注意的规律组织教学？

五、论述题

① 结合实际谈谈如何培养学生的有意注意。

② 什么是无意注意、有意注意和有意后注意？如何在体育教学中引导学生有效地运用这三种注意。

第四节　参考答案

一、名词解释

① 注意：注意是心理活动对一定事物的指向和集中。

② 无意注意：无意注意是没有预定的目的，也不需要任何意志努力，而实现的注意。

③ 有意注意：有意注意是有预定目的，必要时还需意志努力的注意。

④ 注意的分配：注意的分配在同一时间内把注意分配到两种以上的对象和活动上去。

⑤ 注意的广度：注意的广度又称注意的范围，是指一个人在同一时间内能够清楚地把握注意对象的数量。它反映的是注意品质的空间特征。

⑥ 注意的稳定性：注意的稳定性也称为注意的持久性，是指注意在同一对象或活动上所保持时间的长短。这是注意的时间特征。但衡量注意稳定性，不能只看时间的长短，还要看这段时间内的活动效率。

⑦ 注意的转移：注意的转移是指根据活动任务的要求，主动地把注意从一个对象转移到另一个对象。

二、填空题

① 定向反射

② 注意

③ 适应性的运动　　　无关运动的停止　　　呼吸运动的变化

④ 选择　　　　　　　保持　　　　　　　　监督和调节

⑤ 注意的广度

⑥ 选择性　　　　　　强度　　　　　　　资源的有限性

⑦ 警觉性　　　　　　集中性

⑧ 无意注意　　　　　有意注意　　　　　有意后注意

三、单项选择题

① C　　② B　　③ D　　④ A　　⑤ B　　⑥ C

四、简答题

① 注意的功能是什么？注意有哪些外部表现？

注意的功能有：选择功能、保持功能、调节监督功能。

注意的外部表现有：适应性动作出现、无关动作停止、呼吸运动变化。

② 注意的品质有哪些？影响注意品质的因素是什么？

注意的品质有：注意的范围（广度），注意的稳定性，注意的分配，注意的转移。

影响注意品质的因素有：

A. 注意的范围（广度）：注意对象的特点、活动的性质和任务、个体的知识经验。

B. 注意的稳定性：注意对象的特点、主体的精神状态、主体的意志力水平。

C. 注意的分配：同时进行的几种活动至少有一种应是高度熟练的、同时进行的几种活动必须有内在联系。

D. 注意的转移：对原活动的注意集中程度、新注意对象的吸引力、明确的信号提示、个体的神经类型和自控能力。

③ 保持有注意的条件是什么？

对目的任务的理解程度；依靠间接兴趣的支持；用坚强的意志克服内外干扰，与注意的分散作斗争。

④ 引起无意注意的原因有哪些？

A. 客观刺激物的特点：刺激物的强度、刺激物的新颖性、刺激物的对比、刺激物的活动和变化

B. 人的主观状态：个体的需要和兴趣、个体的情绪和精神状态、个体的知

识经验。

⑤ 注意分配的条件是什么?

在同时进行几种活动中,如果其中只有一种是不熟悉的,需要集中注意观察或思考它,而其余动作已经成为熟练动作,达到了自动化的程度,在这种情况下,才能实现注意的分配。

⑥ 为什么说注意是一种积极的心理活动?

首先,注意是心理活动具有选择意义,这就保证了心理反应的清晰,从这点去分析,注意是心理活动正确进行的保证因素。第二,注意是心理活动具有维持功能,这种保持一直到完成行为动作、完成认识活动、达到目的时为止。第三,注意对活动有调节与监督这一重要的作用。

⑦ 在教学过程中,如何运用注意的规律组织教学?

A. 无意注意主要是受外部事物的刺激作用不自觉地产生的,它缺乏目的性,又不需要意志努力,常会导致学生上课分心,干扰了正常的教学活动。这是无意注意在教学中的消极作用。但无意注意在教学中也有积极作用,那就是通过对某些服从于教学要求的刺激物的有意识的控制来引起学生的无意注意,为教学活动服务。在具体教学工作中,教师应该利用无意注意的特点加强教学过程,避免无意注意的消极影响。教师在教学中应注重:在教学内容上,要设法激发学生的兴趣以吸引学生的注意;在教学环境方面,要尽可能避免分散学生注意的因素;在教学方法上,教师要采取生动活泼多样的教学手段,以引起学生的注意;教师的语言是组织学生注意的一种重要工具。

B. 有意注意有明确的目的性,而且有意志努力的参与。它的主要缺点是容易使个体产生疲劳,从而导致分心。另外,有意注意的活动并不总是符合个体的兴趣和心理需要,有时不免产生厌倦。在教学中,教师要保证学生有良好的有意注意,应注重:体育课上,要给学生提出明确的学习目的和任务,并指明完成任务的途径和方法;教师经常向学生提出新问题、新任务和新要求,并坚持对学生一贯的严格要求;充分运用对事物和学习内容的间接兴趣来吸引学生的有意注意;正确地组织课堂教学,防止学生疲劳。

五、论述题

① 结合实际谈谈如何培养学生的有意注意。

有意注意是指有预定目的的、需要一定意志努力的注意。有意注意是一个主动、积极的过程。由于有意注意是有预定目的的注意，在体育教学中，学生对活动的目的认识的越明确、越具体，越容易引起和维持有意注意。同时，体育教师还应重视学生对体育活动兴趣的培养。例如，在体育教学中，教师可以将一些技术动作的要领编成朗朗上口的口诀，利用学生的学习兴趣来引起和维持注意。另外，建立严明的课堂纪律和主动探究的课堂气氛是学生集中注意力的保证。在学习运动技术的过程中，学生经常会利用一些过去生活、学习或锻炼经历中所获得的知识经验来指导自己有效的学习，教师应引导他们及时总结，培养学生坚强的意志品质。

②什么是无意注意、有意注意和有意后注意？如何在体育教学中引导学生有效地运用这三种注意。

根据注意是否有预定目的和是否需要意志努力，可将其分为无意注意、有意注意、有意后注意。

无意注意是指没有预定的目的，也不需要作意志努力的注意，也称作不随意注意。引起人们无意注意的原因包括刺激物的意义（强烈的刺激物；新异的刺激物；刺激物的对比；刺激物的运动和变化）和自身特点（人对事物的需要、兴趣和需要；人当时的心境和情绪状态；健康状况）。学生们对教学内容所产生的兴趣和期待等心理状态都会引起他们对教材内容的无意注意。无意注意既有助于学生对新鲜事物做出定向，是他们进一步认识有关事物，也能使人们从当前进行的活动中分散注意力，因此，它对人们的认知活动具有积极和消极的影响。

有意注意是有预定目的，需要作一定的意志努力的注意，也称作随意注意。有意注意是一种主动地服从于一定的活动任务的注意，它受人的意识自觉调节和支配，它不仅指向于人乐意去做的事物，而且也指向于并不一定感兴趣但应当做的事物。在体育教学过程中，学生对活动目的的认识、兴趣、过去的知识经验、人格特点以及课堂纪律、课堂气氛等因素都会影响学生随意注意。

有意后注意是在有意注意的基础上发展起来的，有着自觉的目的，但不需要意志努力的一种特殊的注意形式。有意后注意对学生而言，在学习系统的、持续时间长的运动技能时，既有助于他们将心理活动服从于当前的活动任务，同时，又能节省很多心理资源。

在体育教学工作中，掌握并在实践中充分利用各种注意产生的条件和注意规律，发展和培养学生的注意，是教师的一项重要任务。

第四章　情感和意志

情绪和情感是人类心理活动的一个重要方面，它对于人们的认知和意志行为有着重要影响。意志品质则是一个人做事是否成功的重要心理素质。对情感和意志的学习，有助于完整地理解知、情、意整个心理活动过程。

第一节　知识要点

一、知识点

情感概述；情感与情感；情感的分类；情感的表达与辨认；情绪情感与生活。意志的概述；意志行动过程；意志品质及其培养。

二、主要内容

1. 情绪和情感的概念

情绪（emotion）和情感（affection、feeling）常常作为同名词使用。情绪和情感是人对客观事物是否符合自身需要而产生的态度的体验和伴随的身心变化。

人在认识世界的过程中，对客观事物常常经由认知而产生好恶或肯定与否定的态度。如对美好事物常常会产生喜爱、满意、肯定、接受的态度，对丑恶现象产生憎恶、讨厌、不满、否定、拒绝的态度。而人们对事物的态度又总是以体验的形式被个体主观感受着。如成功时的喜悦、愉快、幸福，失败时的痛苦、难过等。人们也常常说"我感到快乐""我觉得丢脸""我对他一点儿感觉都没有"。这些都是在说情绪、情感的体验特性，或感觉特性。

人对客观事物的态度总是与事物是否符合人的需要相联系。凡是符合个体需要的事物，个体就产生满意、喜悦、高兴、愉快、肯定的态度；凡是不符合个体需要的事物，个体就产生不满、痛苦、厌恶、否定的态度；凡是与需要无关的事物，个体就产生无所谓的、中性的态度。可见，情绪和情感是以人的需要为中介的一种心理活动，它反映的是客观外界事物与主体需要之间的一种关系。

情绪和情感产生时，不仅有主观的内心体验，同时还伴随着一系列躯体生理和行为的变化。如激动、愤怒、恐惧时心跳加快、血压升高，恐惧、紧张、激动时手足颤抖，害羞时面红耳赤，生气时吃不下饭，悲伤时痛哭流涕，高兴时笑逐颜开、手舞足蹈等。

所以，情绪和情感是人对客观事物是否符合自身需要而产生的态度的体验和伴随的身心变化。

2. 情绪与情感的区别与联系

情绪和情感虽然经常作为同名词在使用，但在普通心理学中它们是既有区别又有联系的两个不同的概念。情绪是比较原始的、人和动物共有的心理活动过程，它更多的反映脑的神经机制活动的过程。而情感是人类才具有的高级心理现象，更多的代表个体内心体验和感受。

从需要的角度看，情绪往往同生理性需要相联系，而情感则是与社会性需要相联系。从反应的强度来看，情绪对机体的唤起较强烈，整个身心都可能被唤起、卷入，使外部表现十分强烈和明显，让人一眼就能看出来；而情感对机体的唤起则比较弱，具有内隐的特点，外在表现不明显，让人看不出来，使人难以琢磨。从反应持续的时间来看，情绪具有较大的情境性、冲动性和短暂性的特点；而情感则具有深刻性、稳定性和持久性的特点。

但是情绪和情感的区别是相对的，它们之间存在着密切的联系。从某种意义上可以说，情绪是情感的外在表现，情感是情绪的本质内容。情感常常需要通过具体的情绪来表达，离开了具体的情绪，情感就很难表达。同样的情感可以由不同的情绪来表达，如同样是"爱国"的情感，当祖国体育健儿取得金牌的时候，我们会表现出"欢欣鼓舞"的情绪，而当敌人侵犯我边疆的时候，我们则会表现出"愤怒"的情绪。又比如，同样是父母之爱，当孩子取得进步时表现出"高兴""喜悦"的情绪是爱的表现，当孩子犯错误时表现出"生气""发怒"的情绪也是爱的表现。但现实生活中情绪和情感往往很难被划清界限，有人干脆用"感情"，甚至用一个"情"字来代替情绪和情感。

3. 情绪与情感的分类

情绪和情感是非常复杂的心理现象，人类对其研究还很肤浅，甚至在分类方面都还没有统一。我国古代就有两种"七情"的划分：喜、怒、忧、思、悲、恐、惊（《内经》）；喜、怒、哀、惧、爱、恶、欲（《礼记》）。

现代学者的分类更是五花八门。前苏联学者把情绪和情感分别进行分类。把情绪根据不同的状态，即在特定的时间内情绪活动在强度、紧张性和持续性方面的综合表现，分为心境、激情和应激。心境是一种微弱的、持久的、影响整个精神活动的情绪状态。而激情则是一种强烈的、短暂的、爆发式的情绪状态。应激是在出乎意料的、紧急情况下出现的一种紧张的情绪状态。把情感或称高级情感、社会性情感，分为道德感、理智感和美感。道德感是个体根据一定的社会道德行为标准来评价人的行为举止、思想意图时的情感体验，或者说是道德需要是否满足而产生的情感体验。理智感是认识活动中对真理需要是否满足有关的情感体验。美感是对事物美的体验，或者说是人的审美需要是否满足而产生的情感体验。高级情感是社会性需要是否满足有关的态度体验。高级情感是在社会生活中形成和产生的，是人类所特有的，也是人与动物的一个主要区别。

美国著名情绪心理学家普拉切克（R.Plutchik）根据情绪的强度、相似性和两极性提出了一个情绪的三维复合倒锥模型。在情绪的三维复合倒锥模型中，顶部有八种基本情绪——悲痛、恐惧、惊奇、接受、狂喜、狂怒、警惕、憎恨。这八种基本情绪最强烈，每一类情绪中都有一些性质相似、强度依此递减的情绪，位于模型的底部。

克雷奇（Krech）等人在所著的《心理学纲要》一书中，把情绪分为以下几类：① 原始情绪，包括快乐、愤怒、恐惧和悲哀，常具有较高的紧张性。② 与感觉刺激有关的情绪，包括疼痛、厌恶、轻快等。③ 与自我评价有关的情绪，包括成功和失败、羞耻与骄傲等，主要决定于一个人对自己行为与各种行为标准关系的知觉。④ 与他人有关的情绪，包括爱与恨等。

4. 情绪和情感的作用

情绪和情感作为人对客观事物的一种反映形式，是心理活动的重要组成部分，对人的精神生活和现实生活有着重要的作用。

(1) 适应功能

情绪和情感是个体生存、发展和适应环境的一种重要方式。人在婴儿时期，还不具备独立生存能力和语言沟通能力，此时主要依赖情绪来传递信息，成人也正是通过婴儿的情绪反应来提供照料和帮助。在成人生活中，人们常常根据自己的情感体验或他人的情绪反应来调整自己和他人的人际距离，或向他人发出情绪信号，主动调整自己与他人的人际关系，从而更好地适应社会。特别是在紧急情况下，情绪和情感通过动员、组织全身各系统的活动以及向他人发出情绪信号，迅速作出战斗或逃跑的行为反应，使个体获得生存的机会。

(2) 动机功能

人的一切行为都是受需要驱使的，需要是人活动的动力，而情绪和情感是需要是否获得满足的主观体验，它们激励或削弱着人的行为，改变行为的效率。积极的情绪常常成为行为的积极诱因，驱使我们的驱近行动，而消极的情绪则成为行为的消极诱因，驱使人们回避导致消极情绪的目标，从而发动或制止行为。同时，积极的情感起着增力的作用，使人精力充沛、干劲倍增，而消极的情感则起着减力的作用，使人心灰意懒，浑身无力。因此，我们说情绪和情感具有动机的功能。

(3) 组织功能

情绪和情感具有"一键式"动员、影响其他身心活动的作用，它们仿佛是一个组织者、指挥者，其他身心活动都听它们的指挥和影响。

情绪和情感影响着人们的认识活动。我们的知觉选择、工作记忆、思维判断总是要受着情绪的影响。人们总是对自己感兴趣的事情给予优先注意，并且也容易记起。心情高兴时，山也乐来水也乐，心情不高兴时，云愁月惨，蜡炬垂泪。"感时花溅泪，恨别鸟惊心""情人眼里出西施"，这些均是情绪影响思维的典型例子。

情绪和情感不仅影响着认识活动，还影响着行为活动和生理活动。心情高兴时，不仅自我感觉良好，而且感到精力充沛，浑身是劲，吃饭也香，睡觉也甜；而心情不好时，不仅感到事事不顺，浑身无力，吃饭不香，彻夜难眠。愤怒时，心跳加快，血压升高，常常使人冲动而导致不计后果的行为。恐惧时，脸色苍白，使人畏惧不前。

(4) 信号功能

情绪具有信号的作用，向他人传递着各种情感的信息。情绪具有明显外部表现的特征，即表情。表情犹如无声的语言，是人际交往的主要工具。而且具有跨种族、跨国界的特性，不同语言的人们之间常常可以通过表情识别或表达情感信息。如微笑表示欢迎，愤怒表示拒绝，惊恐表示惧怕。甚至人与动物之间也可以通过情绪反应进行交流。

(5) 感染功能

情绪不仅具有信号功能，被他人阅读，同时情绪还会感染他人，引起他人的情感反应，产生情感的共鸣。这种感染与共鸣常常是相互作用、相互影响的，从而使情绪的强度不断加强。理解情感感染功能的一个最好例子是看球赛，我们常常喜欢和大伙儿凑在一起看，而不是一个人独自看，因为大伙儿凑在一起看时的情感气氛会更加浓烈。另外一个常见的情况就是，当我们看见别人悲伤时，我们的心情也变得很沉重，甚至也会跟着落泪。

5. 情感的表达与辨认

由于情绪具有信号的作用，在人际交往中，人们常常通过情绪的外在表现来表达和识别他人的情感。从主观来说，我们需要向他人表达自己的情感信息，而从客观来说，我们则需要辨认他人的情感。人际交往中的许多问题常常由于表达不准确或辨认错误所造成。人们经常感到困难的是如何识别、辨认他人情感的问题。人们常说"知人知面不知心""你不懂我的心"，其实应该是"知人知面不知情""你不懂我的情"。因为"情"才是对他人态度的体验。人们常常通过以下途径来表达和辨认他人的情感。

(1) 自我报告

情感是人对客观事物的态度的主观体验，只有本人自己才真正知道他究竟是幸福还是痛苦，喜欢还是讨厌。任何人只要他愿意都可以把自己的这种主观的体验通过语言说出来。"我今天好高兴啊！""我感到紧张""我很害怕""我喜欢海南""我不喜欢冬天""我爱你！""我恨你！"这些都是自我报告自己情感的典型例子。然而，从辨认的角度看，单凭自我报告并不可靠。他可能口是心非，可能故意撒谎掩饰，也可能言不由衷、词不达意，他也可能不动声色、暗暗地喜欢你。因此，我们还必须结合其他途径来综合判断。

(2) 表情动作

表情动作是情绪的外部表现形式，是一种独特的情感语言。表情动作主要有三种：面部表情、身段表情、言语表情。

① 面部表情：情绪发生时常常伴随着明显的面部变化。面部表情是人类最主要的一种表情动作。人们的情绪总是写在脸上，面部的眼睛、眉毛、嘴的不同变化，常常反映着不同的情绪。人们还在婴儿时期就懂得识别他人面部表情，当大人对着他笑时婴儿也会对着大人笑，大人做出哭丧的面部表情时，婴儿也会

哭。人们常说"出门看天色，进屋看脸色"，学会识别他人的面部表情，是个体生存和适应社会的基本能力。当自我报告和面部表情发生矛盾时，往往面部表情更能真实地反映其内心情感。但面部表情也可能被伪装，他可以不动声色，可以皮笑肉不笑，可以假装发怒、假装生气、假装哭泣。因此，我们还必须结合其他途径来进行判断。

②身段表情：又称体语（body language），是指情绪发生时所伴随的身体动作、姿势的变化。如人们在高兴、得意时常常昂首挺胸、走路轻快，而在心情不好时常常埋头含胸、走路缓慢。表示同意时常常点头，不同意时常常摇头。又如，人们在紧张时常常手足无措、做出各种不自主的小动作，如抓耳挠腮、扯衣角。紧张时，手足颤抖，胆怯时，坐着不动，双腿夹紧，手夹在两腿之间。友好喜欢时，握手、拥抱，憎恨、愤怒时，拳打足踢。两人喜欢时，身体靠近，不喜欢时身体离开，甚至走路还要绕开。由于身段表情的许多身体动作常常是下意识的习惯性动作，常常最能真实地反映当事者的情感，比面部表情更真实，更不易伪装。

③言语表情：是指情绪发生时说话的声音、语气、语调的变化。如高兴、激动时，声音洪亮、语流速度增快、抑扬顿挫，高低差异大，情绪低落时，语流缓慢、声音细小、低平，高低差异小。恐惧、害怕时，声音颤抖、嘶哑，愤怒时嗓门拉大，动情时，声音变得甜美、温柔。同样的话，不同的语气、语调说出来，可能表达完全不同的情感。如"讨厌"用升调和用降调说出来就完全不一样。

(3) 行为表现

人们常常通过行为来表达自己的情感。比如见到自己喜欢的人或熟人时主动打招呼、给人倒杯茶、递上一支烟、送上一份礼物、主动让个座，这些都是表示友好的行为。愤怒时，人们可能通过扔东西、踢门、寻衅滋事等行为来发泄自己的不满和愤怒。伤心难过、情绪低落时，懒于化妆梳洗、茶饭不思、闭门谢客、拥被而卧，而心情高兴舒畅时，常常打扮得花枝招展、胃口大开、干这干那、忙个不停。所以，人们可以通过各种行为来表达自己的情绪和情感，也可以通过观察他人的行为来识别他人的情绪和情感。

(4) 生理反应

情绪发生时常常伴随着一系列生理反应，如心跳、呼吸、脉搏、血压、皮肤温度、皮肤电阻、心电图、脑电图等的改变。这些变化，有些可以肉眼观察到或用手摸到，如恐惧、紧张时心跳会加快、脸色苍白、手足冰凉，害羞时脸会通红，愤怒时呼吸会加快、血压会升高，忧郁、思念时消化不好、不思饮食，惊吓时身体出冷汗、屁滚尿流，悲痛伤心时，泪水止不住地往下流。有的肉眼看不见，但通过仪器却可以发现，如血压、心电、脑电、皮肤电阻等的改变。生理变化，由于不是个体主观有意识的情绪表达（或许是一种潜意识的表达），但从客观的角度讲，他人是可以辨认、通过仪器捕捉到的（如测谎仪），因此是比较真实可靠的。

6. 情绪情感与生活

(1) 情绪情感与工作

高兴、满意、愉快的情绪使人干劲倍增，工作积极努力，效率也高，而心情不舒畅、情绪低落时，浑身没劲，工作消极，效率也低。过度焦虑、紧张会影响人的工作和学习效率的发挥，适中的焦虑能发挥人的最佳学习、工作效率。低焦虑者在压力下可提高学习、工作效率，而高焦虑者则相反。对于简单工作，增加压力可以提高工作效率，而对于复杂的工作，则因压力而降低工作效率。

(2) 情绪情感与健康

俗话说，笑一笑，十年少，愁一愁，白了头，这充分说明了情绪对健康的影响。心情愉快、高兴、满意、幸福等积极情绪有利身心健康，而不满、抑郁、焦虑、紧张、仇恨、嫉妒、痛苦、悲伤、忧愁、愤怒等消极情绪则不利于身心健康。情绪主要通过影响植物神经功能、影响内分泌功能和影响免疫功能三个中介途径而影响机体的生理功能而影响机体的健康。

我国古代医书《内经》中就有"怒伤肝，喜伤心，思伤脾，忧伤肺，恐伤肾"的记载。有许多心因性疾病与人的情绪失调有关，如溃疡、偏头痛、高血压、哮喘、月经失调等。有些人患癌症也与长期心情压抑有关。一项长达30年的关于情绪与健康关系的追踪研究发现，年轻时性情压抑、焦虑和愤怒的人患结核病、心脏病和癌症的比例是性情沉稳的人的四倍。所以，积极而正常的情绪体验是保持心理平衡与身体健康的条件。曾有人说过，一个小丑进城胜过一打医生，就非常形象地说明了情绪对人身体健康的影响。

(3) 情绪情感与人际关系

情绪影响着人们的人际关系，调节着人们的人际交往行为。那些经常给人带来愉快和欢乐的人，总是受人欢迎，而那些总是给人带来不快和痛苦的人，总是让人避而远之。人际关系中有个对等原则：你喜欢我，我也才喜欢你，你不喜欢我，我也不会喜欢你。你对我不仁，我也会对你不义。我们总是喜欢那些喜欢我们的人，不喜欢那些不喜欢我们的人。能够做到以德报怨的圣人毕竟不多。人际关系也会影响人们的情绪，有良好人际关系的人，心情也常常感到开心、愉快，幸福指数也较高。缺乏人际关系或人际关系不良的人，容易感到孤独、苦恼、抑郁、生活不幸福。

(4) 情绪情感对认识的影响

认识影响情绪，情绪也影响认识。认识到其好时，我们才产生喜爱之情，认识到其坏时，我们就产生憎恨，这是认识对情感的影响。反过来，心情高兴时，觉得什么都是美好的，山也乐来水也乐，心情不高兴时，觉得什么都不好，蜡炬垂泪，云愁月惨。喜欢一个人时，觉得他什么都好，真是"情人眼里出西施"，而一旦不喜欢时，则又觉得他什么都不好。这些都说明情绪对认识的影响。所以，为了不让情绪影响我们对问题的客观判断，我们要尽量让自己冷静，以便不让情绪影响我们的认知。

7. 意志的概念

(1) 意志的概念

意志（will）是自觉地确定目的，并根据目的来支配、调节自己的行动，克服种种困难，实现预定目的的心理过程。受意志支配的行动叫意志行动，意志行动是有意识、有目的的行动，行动的目的要通过克服困难和挫折才能达到。有些行动是习惯性的、无意识的，这样的行动不是意志行动。

意志的重要作用主要表现在对行为发动和制止的功能上。发动功能：意志可推动人，激励人去行动。制止功能：抑制那些和预定目标相背的愿望和行为，以保证目标的实现。

意志是一个人实现行为目标、取得事业成功的重要心理品质。如果没有坚强的意志品质，再聪明的人也终将一事无成。

(2) 意志行动的基本特征

① 意志行动是有目的的、自觉的行动。

意志行动的目的性特征是人与动物的本质区别。人在活动之前，活动的结果就已经作为行动的目的而存在于头脑中了，个体清楚地觉知到自己要干什么，要达到什么目的。在活动过程中始终以预先确定的目的作为标尺来评估自己活动的结果。因此，没有自觉目的的行动，就不是意志行动。

② 随意运动是意志行动的基础。

随意运动是意志行动的基础，是意志行为的基本单位。随意运动是受意识调节支配的、有目的的行动。一连串的随意运动组成有目的的意志行为，没有随意运动，就不会有意志行为。也可以说，意志体现在有意识的行动之中，没有行动就不是意志，只能是意图、打算。

(3) 意志行动与克服困难相联系

任何有意识、有目的的行动，总会遇到或多或少的困难。从意志目的的确定，到行动方案的选择，再到目标的实现，都可能遇到困难，如果不能克服困难，就很难实现意志目标。因此，人们常常把在意志活动中克服困难的大小，作为衡量意志强弱的标志。

8. 意志行动的基本阶段

意志行动既然有意识、有目的行动，那么意志行动就必然包括对行动目的的确立和对行动计划的制定的准备阶段，和在目的、计划确立之后，就要采取行动保证达到目的的执行决定阶段。

(1) 准备阶段

在意志行动的准备阶段里，需要在思想上确立行动的目的，选择行动的方案并要作出决策。确立目的是意志行动的前提，但在确立目的的过程中，往往会遇到动机的冲突。因为行为都有其动机，都有预想达到的目的。而人们想要达到的目的有时并不是一个，而是多个。这些动机之间往往会有矛盾和冲突。动机冲突一般有如下四种形式：

① 双趋式冲突：两个具有同样吸引力的目标，两个动机同样强烈，但不能同时获得时所遇到的冲突叫双趋式冲突。"鱼和熊掌不可兼得"这种只能选择其一的矛盾冲突就是双趋式冲突。

② 双避式冲突：两个目标都想避开，但只能避开一个目标的时候，人们只好选择对自己损失小的，避开损失大的目标，这种冲突叫双避式冲突。怕货币贬值存钱会带来损失，花钱买东西又没值得买的东西。选择哪个损失会小一些？难以作出抉择的矛盾心情就是双避式冲突。

③ 趋避式冲突：想获得一个目标，它对自己既有利又有弊时所遇到的矛盾就是趋避式冲突。想吃糖又怕胖的矛盾心理就是趋避式冲突。

④ 双重趋避式冲突：如果有多个目标，每个目标对自己都有利也都有弊，反复权衡拿不定主意时的矛盾心情就是双重趋避式冲突。如春运时期，火车票紧张，想除夕到家，火车票贵；避开高峰期，火车票不涨价，但是回家的日期就不如意了。反复权衡拿不定主意时体验到的冲突就是双重趋避式冲突。

(2) 执行决定阶段

执行所采取的决定的阶段是意志行动的第二个阶段，即执行阶段。在这个阶段中既要坚定地执行既定的计划，又要克服那些妨碍达到既定目标的动机和行动。在这一阶段还要不断审视自己的计划，以便及时修正计划，保证目标的实现，同时还要克服重重困难和阻力，最终才能实现目标。

意志行动的准备阶段和执行阶段是密切联系的，相互制约的。如果在准备阶段动机冲突解决得好，目的明确，对行为的意义认识深刻，计划考虑得周全，切合实际，执行阶段就会比较顺利，遇到困难和挫折也会更有决心和勇气去克服。否则就容易缺乏勇气和信心，甚至出现半途而废的结果。

9. 意志品质和培养

(1) 意志品质

① 意志的自觉性。

意志的自觉性是指对行动的目的有深刻地认识，能自觉地支配自己的行动，使之服从于活动目的的品质。具有自觉性品质的人，是在对行为的目的深刻认识的基础上采取决定的，他不随波逐流，不屈服于外界的压力，能独立地判断，独立地作出决定和执行决定。

与自觉性相反的是受暗示性和武断从事。易受暗示的人，遇事不独立思考，容易受别人的影响，随大流，跟别人跑。有些人虽然自己拿主意，但对问题不作深入细致的分析，武断从事。这种人不能算是有自觉性的人，他们遇到问题时也容易动摇。

② 意志的果断性。

意志的果断性是指善于明辨是非，迅速地、不失时机地作出决定的品质。遇到机会能当机立断，不失时机，不是碰运气的巧合，而是有强烈的愿望，有深入的思考，因此对机会特别敏感，善于观察，能够抓得住机会。

③ 意志的自制性。

自制性又叫自制力，意志的自制性是指善于管理和控制自己情绪和言行的能力。一个人的精力有限，要想达到一定的目的，就必须放弃一些妨碍这一目标的其他目标，或影响这一目标的其他活动，有所得就必有所失，有所为就必有所不为，否则所有的目标都会受到影响，该达到的目标也会力不从心，难于达到。

有些人不是认识不到这一点，而是管不住自己。读书要紧，过几天就要考试，但碍于面子，宁肯耽误读书也不愿拒绝朋友看电影、玩要的邀请，这是管不住自己。不管目的，只是凭兴趣，想干什么就干什么，这是任性；看到困难没有勇气去克服，这是怯弱。所有这些都是缺乏自制性的表现。

④ 意志的坚韧性。

意志的坚韧性是指以顽强的毅力、充沛的精力，坚持不懈地克服困难，永不退缩，不达目的誓不罢休的品质。这种品质又叫毅力或者顽强性。目标越远大，需要付出的努力越多，需要花费的时间也越长。如果没有坚持不懈的意志品质很难达到远大的目标。有时解决问题的条件还不太成熟，需要等待，需要坚持，如果放弃了努力就等于前功尽弃。

有些人遇到困难就退缩，只有三分钟的劲头，虎头蛇尾，这些都是缺乏坚韧性的表现。有些人表面看起来有坚持性，但情况发生了变化还要墨守成规，不去适应改变了的环境，一味地钻牛角尖，这是执拗，是和坚韧性相违背的。

(2) 意志的培养

意志的动力来源于人的崇高理想，远大的抱负，对所热爱事业的追求和对美好生活的向往。而理想、抱负、追求和向往是人坚定信念的支撑，它们不是虚无飘渺，而是通过一个个的目标得以体现的。而人实现预定目标的过程就是不辞劳苦、不畏艰险、勇于探索、奋发向上的磨炼意志的过程。

意志品质的培养和锻炼往往需要从点滴的小事做起，要养成个人生活、学习和工作的良好习惯。第一，对于意志自觉性的培养，是要培养人们时刻清楚自己的行为目的，避免盲目行事。可以采用经常自我询问自己正在做什么、自己行为的目的是什么、目前的行为是在朝向自己的目标吗等自我追问方式来让自己觉悟。第二，对于意志果断性的培养，主要要培养人们处事的快速决断能力，避免犹豫不决、优柔寡断、行事拖拉的习惯。可以采用给予时间设限的方法。第三，意志自制性的培养，是要培养人们为了自己的根本利益、为了自己的长远目标，克服眼前诱惑、克制情绪冲动，学会克制、忍耐。第四，意志坚韧性的培养，着重在于培养善于坚持自己已经采取的决定、不怕困难、不怕艰苦、不达目的誓不罢休的精神。

此外，在选择意志行动的目标时要切合实际。因为目标过高时，难度太大，超出自身承受范围时就容易造成失败；反之，目标过低时，太容易达到，也会使得目标难以调动人的积极性。因此，目标适中，最容易调动人的主观能动性，有利于克服阻力和困难，从而实现目标。

第二节 学习要求和知识拓展

一、学习要求

（一）学习要求

通过本章的学习，掌握情绪、情感和意志的定义，情绪的表达与辨认，意志的品质；熟悉情绪和情感的作用，情绪情感与生活，意志行动的基本特征，意志的培养；了解情绪和情感的区别与联系，情绪情感的分类，意志行动的基本阶段。

（二）重点和难点

①重点：情绪情感和意志的概念、情绪的表达与辨认、意志的品质。
②难点：情绪情感和意志的概念、情绪和情感的区别、情绪情感的分类、情绪情感的表达和辨认、意志行动的基本阶段。

二、知识拓展

（一）关于情绪的理论演变

1. 詹姆斯—兰格理论

美国心理学家詹姆斯（W.James）于 1884 年提出了情绪就是人体对于自身机体变化的知觉。他认为，情绪只是一种人们对于自身身体状态的感觉。当某个情绪刺激物作用于我们身体的感官时，会立刻引起我们身体内部的某种变化，其所激起的神经冲动传至中枢神经系统，从而产生了所谓的喜怒哀乐。无独有偶，丹麦生理学家兰格（C.Lange）于 1885 年提出，情绪是人们自身内脏活动所导致的结果。他特别强调了情绪与血管变化的关系。他认为血管运动的激烈、血管宽度的改变，以及与此同时各个器官中血液量的改变，乃是导致激情真正产生的原因。詹姆斯和兰格在情绪产生原因的具体描述上虽然有所不同，但是他们的基本观点是相同的，即他们都认为：人体处于受某种情绪刺激的情境→人的身体发生生理反应→人们获得情绪体验。詹姆斯和兰格看到了情绪与机体变化的直接关系，但是他们却忽视了人们自身的中枢神经系统的对于自身情绪的调节作用。

2. 坎农—巴德学说

1927 年，坎农（W.Cannon）和巴德（P.Bard）就对詹姆斯—兰格理论提出了批评。他们提出人们的情绪中心，并不是在人们的外周神经系统，而是在人们的中枢神经系统中的丘脑部位。他们认为，情绪是由大脑皮质解除丘脑抑制，由丘脑负责对激发情绪的刺激进行加工，同时把所加工出来的信息输送到大脑及机体的其他部位。输送到大脑皮质的信息令人们产生情绪体验，输送到内脏和骨骼肌的信息令人们产生生理反应。因此他们认为，情绪感觉是由大脑皮质和植物性神经系统共同激起的结果。这一学说强调大脑皮质解除丘脑抑制的机制。但它过分强调了丘脑在情绪产生中所起的作用，反而忽视了大脑皮质本身对于情绪的作用，并且完全否定了外周神经系统在情绪产生中所起到的作用，这是片面的。

3. 情绪的认知理论

美国心理学家沙赫特（S.Schachter）提出，个体的生理唤醒和个体的认知评价之间的密切关系和相互作用决定着人们最终产生的情绪。这其中，个体的认知起到主导的作用。他认为，情绪既来自于个体的生理反应的反馈，也来自个体对导致这些反应情境的认知评价。因为人们对于事件原因的鉴别不同，人们对于同一生理唤醒也可以作出不同的归因，从而产生不同的情绪。当情绪被唤醒时，他们可能会把自己的情绪标记为快乐，也可能标记为有趣或者愤怒，这取决于人们可能得到的有关对照的信息，人们往往通过与周围的人进行比较来评价自己的情绪。有不少实验结果支持了沙赫特的观点，因此这一观点在现代有着较大的影响。

（二）我们该如何实现情绪的自我调控

每个人总有情绪低落的时候，这也许是因为一个人，又也许是因为一件事，便使得自己久久不能释怀。长期低落的情绪，会影响人们正常的生活起居，也会影响人们的日常学习工作。当你感觉正在被一些问题所困扰的时候，读读下面的话，也许你的心情会豁然开朗起来。

1. 对原来引起你某种不良情绪的刺激，尝试作出不同的解释

"横看成峰侧成岭"，对于相同的一件事情，站在不同的角度去看，也许会有另一番见地。而且对于同一件事情的看法，也可能因为时间的改变而有所不同，当时对你来说很痛苦的一件事，在经过一段时间之后，你也许会发现，痛苦并不像你想象的那样真实。

2. 对于某些不能改变的事实，那就全心地接受它

总有一些事情是人们无法改变的。既然已经成为了事实，就不要总懊恼着它的发生。现实注定无法变为虚无，还不如尝试去接受它。我们所能做的，就是适应这个世界，适应所发生的一切。正所谓物境天择，适者生存。想让自己开心，第一件要做的事情就是让自己不要那么极端，不要去钻牛角尖。

3. 原谅别人就当做原谅自己

宽容是一种美德，是对犯错误的人的一种救赎，也是对自己心灵的升华。想想对方是不是值得你如此生气。有时候背负怨念，也是一种痛苦。还不如选择原谅，给对方一个机会，也给自己一个机会。也许他/她只是一念之差，也许他/她其实有不得已的苦衷。"人非圣贤，孰能无过"，每个人都有犯错误的时候，不要对别人过于苛刻。

4. 若要改变别人，请先试着改变自己

每个人都有自己的个性，你喜欢方的，他喜欢圆的，我喜欢竖的。从来就没有绝对的对错之分。如果你无法忍受某人身上的一些毛病，想纠正对方，那么请你先反思一下，自己身上是否也有一些为对方所不能容忍的毛病。严于待己，宽于待人。你可以从自身做起，严格改正那些毛病。那么有天你也许会突然惊奇地发现，对方身上那些你所不能忍受的毛病突然也消失不见了。要用发展的眼光去看待他人。

5. 不要要求十全十美，世界上本没有完美

小时候，每个人的梦想都是追求完美的人生。但是，真的有人做到了完美吗？答案是否定的。每个人的人生总有缺憾，总是失落。这样的人生也才是完整的人生。正如每个人都有缺点，每件事都会有不足。看人看事，我们应该全面。

如果你认为这个人值得你去付出，这件事情值得你去做，那么就不要纠结于人和事件的负面。不要总把目光盯在丑恶的那一面，你要多去挖掘生活中的真、善、美，那样你就会快乐，心情也会阳光起来。

6. 不强求，不追悔，凡事试着顺其自然

一个成熟的人，应该勇于对自己做过的事情负责。对于那些自己做过的事情不要后悔，因为这是你自己的选择。这样的选择，是被当时的你所认可的。不要总是想着也许我那样做就不会有这样的后果了。要知道，如果你当初做出了另外一个，那么可能选择导致的结果比现在还糟糕。只要自己尽力了，其他的一切，就让它自然发展吧。只要自己努力了，就无怨无悔了。与其总想着自己会得到什么样的结果，还不如用心去欣赏自己努力的过程，这才是最值得你记住的。

7. 确信任何痛苦和逆境都是有意义的，并尽量去找出它的意义

人生不如意，十之八九。人这一辈子都会碰上许许多多的痛苦，这是我们无法避免的。痛苦可以让一个人颓废，也可以激发一个人的斗志。因此，如果你现在正遭受痛苦或者身处逆境，都请你告诉自己，你现在所受的痛苦，不是毫无意义的。至少，痛苦可以磨炼你的意志，让你不会轻易地被困难所打倒。

8. 生活要简单而有情趣

不要总是对你现在的生活感到不满，不要总是去和别人攀比。幸福的生活不是说谁赚的钱多，谁家的房子豪华，谁开的车稀有来衡量的。幸福有时候像冬日里的一杯热茶，夏日里的一缕凉风这么日常。简单，即是幸福。我们要学会在日常生活之中享受一般人视为平凡的事物。现实不是童话的世界，是残酷的，也是美好的。用有爱的心灵去经营自己的生活，平凡的事情也能带给人感动。

9. 快乐是一种内在的涌现、真正的快乐是不假手于任何外在的人和事物的

人总会有心情低落的时候，不管是因为爱情，还是因为友情，或是其他的因素，让你痛苦，让你找不到人生的乐趣。但是，请不要放弃对美好事物的渴望，敢于面对困难，才有可能摆脱目前的困境。一味逃避，只会让自己痛苦之路更加漫长。真正的快乐，发自于人的内心。永远不要把自己的快乐建立在别人的痛苦之上。那样的快乐不会长久，很快就会被无边的痛苦所取代。

10. 确定几件你认为一生中最值得你去做的事情，然后专心去做

每个人处于低潮的时候，都对任何事情提不起兴趣。总是想着那些伤心的往事。要想摆脱这种情绪，首先应该让自己不要总是去想这些问题，转移注意力。假设你只剩三天光明，你会去做什么？你肯定有一些认为自己必须要去做的事情。那么，不妨把它们一一列出来，然后专心去做这些你认为一生中最值得你去做的事情。每当你完成了一件，你势必会感到满足和成就。即使没有，你也享受了这个过程。那么以前令你头疼的事情，在这个过程中，好像也变得越来越无足轻重起来。

第三节　综合练习题

一、名词解释

① 情绪、情感。

② 心境。

③ 激情。

④ 表情动作。

⑤ 身段表情。

⑥ 意志。

二、填空题

① 高级情感主要有：_____、_____、_____。

② 情绪是 _____ 的外在表现，情感是 _____ 的本质内容。

③ 意志行动的基本阶段包括 _____ 和 _____。

④ 动机冲突的几种形式：_____、_____、_____、_____。

三、单项选择题

① 人对客观事物的态度总是与事物是否符合 _____ 相联系。

A. 人的本性　　　B. 人的需要　　　C. 人的喜好　　　D. 人的审美

② 从反应持续的时间来看，情绪具有较大的情境性 _____ 和短暂性的特点。

A. 冲动性　　　B. 波动性　　　C. 瞬时性　　　D. 迅速性

③ 人们在 _____ 时常常手足无措、做出各种不自主的小动作，如抓耳挠腮、扯衣角。

A. 兴奋　　　B. 难过　　　C. 紧张　　　D. 恐惧

④ 意志行动的 _____ 特征是人与动物的本质区别。

A. 持续性　　　B. 坚定性　　　C. 目的性　　　D. 整体性

四、简答题

① 表情动作包括哪几种？
② 情绪和情感的作用主要有哪些？
③ 意志品质主要有哪几种？

五、论述题

① 我们如何识别他人的情绪？
② 试述情绪情感对生活的影响。
③ 试述意志品质的培养。

第四节　参考答案

一、名词解释

① 情绪、情感：情绪和情感是人对客观事物是否符合自身需要而产生的态度的体验和伴随的身心变化。是主体的一种主观感受，或者说是一种内心的体验。

② 心境：心境是一种微弱、持久而又具有弥漫性的情绪体验状态。心境并不是对某一事件的特定体验，而是以同样的态度对待所有的事件，让所遇到的各

种事件都具有当时心境的性质。

③ 激情：激情是一种强烈的、爆发式的、持续时间较短的情绪状态，这种情绪状态具有明显的生理反应和外部行为表现。激情往往由重大的、突如其来的事件或激烈的意向冲突引起。激情既有积极的，也有消极的。

④ 表情动作：表情动作是情绪的外部表现形式，是一种独特的情感语言。表情动作主要有三种：面部表情、身段表情、言语表情。

⑤ 身段表情：身段表情又称体语（body language），是指情绪发生时所伴随的身体动作、姿势的变化。

⑥ 意志：意志是自觉地确定目的，并根据目的来支配、调节自己的行动，克服种种困难，实现预定目的的心理过程。

二、填空题

① 道德感　　　理智感　　　　　美感
② 情感　　　　情绪
③ 准备阶段　　执行决定阶段
④ 双趋势冲突　双避式冲突　　　趋避式冲突　　　双重趋避式冲突

三、单项选择题

① B　　② A　　③ C　　④ C

四、简答题

① 表情动作包括哪几种？

表情动作主要有三种：

A. 面部表情：情绪发生时常常伴随着明显的面部变化。面部表情是人类最主要的一种表情动作。

B. 身段表情：又称体语，是指情绪发生时所伴随的身体动作、姿势的变化。

C. 言语表情：是指情绪发生时说话的声音、语气、语调的变化。

② 情绪和情感的作用主要有哪些？

情绪和情感的作用主要有：

A. 适应功能：情绪和情感是个体生存、发展和适应环境的一种重要方式。

B. 动机功能：人的一切行为都是受需要驱使的，需要是人活动的动力，而情绪和情感是需要是否获得满足的主观体验，他们激励或削弱人们的行为，改变行为的效率。

C. 组织功能：我们的知觉选择、工作记忆、思维判断、活动动力总是要受着情绪的影响。

D. 信号功能：情绪具有信号的作用，向他人传递着各种情感的信息。

E. 感染功能：情绪还会感染他人，引起他人的情感反应，产生情感的共鸣。

③意志品质主要有哪几种？

意志品质主要有：

A. 意志的自觉性：意志的自觉性是指对行动的目的有深刻地认识，能自觉地支配自己的行动，使之服从于活动目的的品质。

B. 意志的果断性：意志的果断性是指善于明辨是非，迅速地、不失时机地采取决定的品质。

C. 意志的自制性：自制性又叫自制力，意志的自制性是指善于管理和控制自己情绪和言行的能力。

D. 意志的坚韧性：意志的坚韧性是指以顽强的毅力、充沛的精力，坚持不懈地克服困难，永不退缩，不达目的誓不罢休的品质。

五、论述题

①我们如何识别他人的情绪？

我们可以通过观察别人的自我报告、表情动作、行为表现、生理反应这四个方面，来识别他的情绪。

A. 情感是人对客观事物的态度的主观体验，只有本人自己才真正知道他究竟是幸福还是痛苦，喜欢还是讨厌。任何人只要他愿意都可以把自己的这种主观的体验通过语言说出来。然而，从辨认的角度看，单凭自我报告并不可靠。他可能口是心非，可能故意撒谎掩饰，也可能言不由衷、词不达意。因此，我们还必须结合其他途径来综合判断。

B. 表情动作的判断，主要包括以下三个方面：

面部表情：情绪发生时常伴随着明显的面部变化。人们的情绪总是写在脸上，面部的眼睛、眉毛、嘴的不同变化，常常反映着不同的情绪。人们常说"出门看天色，进屋看脸色"，学会识别他人的面部表情，是个体生存和适应社会的基本能力。当自我报告和面部表情发生矛盾时，往往面部表情更能真实地反映其内心情感。但面部表情也可能被伪装，他可以不动声色，可以皮笑肉不笑，可以假装发怒、假装生气、假装哭泣。因此，我们还必须结合其他途径来进行判断。

身段表情：又称体语，是指情绪发生时所伴随的身体动作、姿势的变化。由于身段表情的许多身体动作常常是下意识的习惯性动作，常常最能真实地反映当事者的情感，比面部表情更真实，更不易伪装。

言语表情：是指情绪发生时说话的声音、语气、语调的变化。同样的话，不同的语气、语调说出来，可能表达完全不同的情感。

C. 行为表现。

人们常常通过行为来表达自己的情感。比如见到自己喜欢的人或熟人时主动打招呼、给人倒杯茶、递上一支烟、送上一份礼物、主动让个座，这些都是表示友好的行为。愤怒时，人们可能通过扔东西、踢门、寻衅滋事等行为来发泄自己的不满和愤怒。伤心难过、情绪低落时，懒于化妆梳洗、茶饭不思、闭门谢客、拥被而卧，而心情高兴舒畅时，常常打扮得花枝招展、胃口大开、干这干那、忙个不停。所以，人们可以通过各种行为来表达自己的情绪和情感，也可以通过观察他人的行为来识别他人的情绪和情感。

D. 生理反应。

情绪发生时常常伴随着一系列生理反应，如心跳、呼吸、脉搏、血压、皮肤温度、皮肤电阻、心电图、脑电图等的改变。这些变化，有些可以肉眼观察到或用手摸到，如恐惧、紧张时心跳会加快、脸色苍白、手足冰凉，害羞时脸会通红，愤怒时呼吸会加快、血压会升高，忧郁、思念时消化不好、不思饮食，惊吓时身体出冷汗、屁滚尿流，悲痛伤心时，泪水止不住地往下流。有的肉眼看不见，但通过仪器却可以发现，如血压、心电、脑电、皮肤电阻等的改变。生理变化，由于不是个体主观有意识的情绪表达（或许是一种潜意识的表达），但从客观的角度讲，他人是可以辨认、通过仪器捕捉到的（如测谎仪），因此是比较真实可靠的。

②试述情绪情感对生活的影响。

情绪情感对生活的影响主要包括对工作、健康、人际关系和认知四个方面的影响。

A. 情绪情感与工作。

高兴、满意、愉快的情绪使人干劲倍增，工作积极努力，效率也高，而心情不舒畅、情绪低落时，浑身没劲，工作消极，效率也低。过度焦虑、紧张会影响人的工作和学习效率的发挥，适中的焦虑能发挥人的最佳学习、工作效率。低焦虑者在压力下可提高学习、工作效率，而高焦虑者则相反。对于简单工作，增加压力可以提高工作效率，而对于复杂的工作，则因压力而降低工作效率。

B. 情绪情感与健康。

心情愉快、高兴、满意、幸福等积极情绪有利身心健康，而不满、抑郁、焦虑、紧张、仇恨、嫉妒、痛苦、悲伤、忧愁、愤怒等消极情绪则不利于身心健康。情绪主要通过影响植物神经功能、影响内分泌功能和影响免疫功能三个中介途径而影响机体的生理功能而影响机体的健康。积极而正常的情绪体验是保持心理平衡与身体健康的条件。曾有人说过，一个小丑进城胜过一打医生，就非常形象地说明了情绪对人身体健康的影响。

C. 情绪情感与人际关系。

情绪影响着人们的人际关系，调节着人们的人际交往行为。那些经常给人带来愉快和欢乐的人，总是受人欢迎，而那些总是给人带来不快和痛苦的人，总是让人避而远之。人际关系中有个对等原则：你喜欢我，我也才喜欢你，你不喜欢我，我也不会喜欢你。你对我不仁，我也会对你不义。我们总是喜欢那些喜欢我们的人，不喜欢那些不喜欢我们的人。能够做到以德报怨的圣人毕竟不多。人际关系也会影响人们的情绪，有良好人际关系的人，心情也常常感到开心、愉快，幸福指数也较高。缺乏人际关系或人际关系不良的人，容易感到孤独、苦恼、抑郁、生活不幸福。

D. 情绪情感对认识的影响。

认识影响情绪，情绪也影响认识。认识到其好时，我们才产生喜爱之情，认识到其坏时，我们就产生憎恨，这是认识对情感的影响。反过来，心情高兴时，觉得什么都是美好的，山也乐来水也乐，心情不高兴时，觉得什么都不好，蜡炬垂泪，云愁月惨。喜欢一个人时，觉得他什么都好，真是"情人眼里出西施"，而一旦不喜欢时，则又觉得他什么都不好。这些都说明情绪对认识的影响。

③试述意志品质的培养。

意志品质包括意志的自觉性、果断性、自制性和坚韧性。意志品质的培养和锻炼往往需要从点滴的小事做起，要养成个人生活、学习和工作的良好习惯。第一，对于意志自觉性的培养，是要培养人们时刻清楚自己的行为目的，避免盲目行事。可以采用经常自我询问自己正在做什么、自己行为的目的是什么、目前的行为是在朝向自己的目标吗等自我追问方式来让自己觉悟。第二，对于意志果断性的培养，主要要培养人们处事的快速决断能力，避免犹豫不决、优柔寡断、行事拖拉的习惯。可以采用给于时间设限的方法。第三，意志自制性的培养，是要培养人们为了自己的根本利益、为了自己的长远目标，克服眼前诱惑、克制情绪冲动，学会克制、忍耐。第四，意志坚韧性的培养，着重在于培养善于坚持自己已经采取的决定、不怕困难、不怕艰苦、不达目的誓不罢休的精神。

此外，在选择行动目标时要切合实际。因为目标过高时，难度太大，超出自身承受范围时就容易造成失败；反之，目标过低时，太容易达到，也会使得目标难以调动人的积极性。因此，目标适中，最容易调动人的主观能动性，有利于克服阻力和困难，从而实现目标。

第五章 动 机

在日常生活中，常听到这样的话："人为财死，鸟为食亡。""天下熙熙，皆为利来；天下攘攘，皆为利往。"这些看法虽不正确，但都属于对人的行为原因的探索。也常听人说，运动员努力学习与训练为国争光，科学家搞科研为民族争气，这些也是对人的行为原因的解释，要回答行为为什么的问题。行为的原因就是动机。正如汽车没有发动机就不能开动一样，人没有行为动机就不会产生行为。

第一节　知识要点

一、知识点

动机的概念和作用；动机的种类，需要理论，内在动机与外在动机，内在动机理论。

二、主要内容

1. 动机的概念

动机（motivation）是推动一个人进行活动的心理动因或内部动力，它的基本含义是：能引起并维持人的活动，将该活动导向一定目标，以满足个体的念头、愿望或理想等。动机是个体的内在过程，行为是这种内在过程的结果。

2. 动机的功能

(1) 激活功能

动机是个体积极性的源泉。它具有发动行为的作用，能推动有机体产生某种活动，使个体由静止状态转向活动状态。动机可能被意识到，也可能意识不到，但没有动机，人就不会有行动。当然，动机的性质与强度不同，激活力量的大小也有差异。一般认为，中等强度的动机最有利于活动完成。动机虽然能激活活动，但动机本身不属于行为活动，只是促进活动产生的内在因素。

(2) 指向功能

动机使人的活动具有选择性。它使人的行为指向一定目标，而放弃其他方向。动机越强烈，行动目标也越明确。例如，在吃食动机支配下，人们可能去饭馆。在交往动机支配下，人们可能去看望老朋友，结交新朋友。在艺术欣赏动机支配下，人们可能去看电影或去参观展览。动机不同，有机体活动的方向及指向对象也有差异。

(3) 维持和调整功能

动机引起活动后，人能否将活动进行到底，受动机的调整和支配。当活动指向个体追求的目标时，相应的活动动机便得到强化，活动也会坚持下去；相反，当活动背离个体追求的目标时，相应的活动动机就被减弱，活动的积极性也随之降低，甚至完全停止活动。将活动结果与个体原定目标进行对照，是实现动机的维持和调整功能的重要条件。

在具体的活动中，动机的上述功能的表现是很复杂的。不同的动机可以通过相同的活动表现出来；不同的活动也可能是由相同或相似的动机所支配，并且人的一种活动还可以由多种动机所支配。例如，学生按时复习功课、完成作业的活动，其学习动机可能是不同的。有的可能是理解到自己对祖国的责任，有的可能是想考取高一级的学校，有的可能是出于个人的物质要求，有的可能是怕老师的检查和父母的责骂，有的还可能出自上述的几种原因。又如，成就动机可以促使人们在不同的学习领域（学习、文娱、体育等）进行积极的活动。因此，在考察人的行为活动时，就必须要揭示其动机。只有这样对他的行为做出准确的判断。

(4) 评价功能

动机具有评价行为的功能。行为性质的确定，不仅要考虑效果，还应考虑动机。只考虑效果，不考虑动机，在评价行为时往往会得出一些啼笑皆非的结论。如列强侵略中国，客观上促进了资本主义生产方式在中国的发展，能否因为这一点就将他们视为中国现代化的"功臣"？在司法实践中，动机评价行为的作用就更明显。同样是杀人，有过失杀人和故意杀人之分；有实施了杀人行为和杀人未遂之分。

3. 运动动机的功能

运动动机是指推动学生参与体育学习与身体锻炼活动的内部心里动因。它是在学生体育学习和身体锻炼活动的需要与参与运动的环境诱因的相互影响下产生的。运动动机的功能表现为以下几个方面：

(1) 发动功能

学生不会无缘无故地去体育场进行体育活动，当他们从事某种体育活动时，表明了他们内心中一定产生了想要运动的愿望。这个愿望达到一定水平就成为心理动力推动自己行动起来。这就是运动动机对学生和身体锻炼行为的发动功能。

(2) 选择功能

运动动机不仅能发动体育活动行为，而且还能使学生的运动行为具有稳固而特定的内容，使他们的运动行为趋向一定的活动目标。例如，在课余时间，可以看到有些学生在跑步，有些学生在打篮球，还有些学生在跳绳，他们各自进行着不同的体育活动。这都是学生运动动机的差异造成的。

(3) 强化功能

运动动机通常还决定着学生体育参与行为的努力程度。活动愿望强烈的学生，在体育学练过程中表现出兴趣浓厚、情绪高昂、注意集中、肯于付出的特点，遇到困难时，克服困难的决心也较大。而在体育活动中情绪低落、注意分散、怕苦怕累、遇难而退的学生，往往运动动机不足。

(4) 维持功能

运动动机与体育活动坚持时间的长短也有直接关系。当学生参加自己乐于进行的体育活动时，持续的时间就较长，即使在疲劳的状况下也还能坚持一定时间。但若是进行不愿从事的体育活动，持续的时间就较短，想让他们保持较长时间也比较困难。

综上所述，良好的运动动机对学生的运动行为具有积极的推动作用，因此，应当培养和激发学生正确的运动动机，使其促进作用得到充分发挥。

4. 动机的理论

(1) 动机的种类

根据不同的分类标准，可以对动机进行不同的分类。

① 生理性动机和社会性动机。

根据动机与需要的关系，可将动机分为生理性动机和社会性动机。

生理性动机指以自然需要为基础的动机，又称驱力。这些动机生来就有，如饥、渴、睡眠、性欲、疼痛、母性、排泄等动机。生理性动机推动人去行动，以满足某种自然需要，使有机体内部达到平衡状态。当个体的自然需要获得满足时，生理性动机便趋下降。某些生理性动机（如饥、渴、睡眠、性欲、排泄等）的产生具有周期性。

由于人是社会动物，所以，人的自然需要及满足需要的手段，都已打上社会生活的烙印。因此，在人类个体身上，纯粹的生理性动机很少见。如性欲是一种生理性动机，但是男女之间的性关系不仅受生物性制约，也受社会的伦理关系制约。按照社会伦理关系，婚姻是唯一合法的性欲表达方式。性欲表现的其他方式一般都受到谴责，某些还被法律禁止。母性动机也是一种生理性动机，但母亲对子女的照料，不仅出于母性本能，而且受社会责任和义务推动。

社会性动机是以人的社会文化需要为基础的动机。人有认知、交往、权力、成就的需要，相应地就产生了求知欲、交往动机、权力动机和成就动机。这些动机推动人们去从事社会生活。当人的社会文化需要获得满足时，社会性动机就会缓解下来。

②原始动机和习得动机。

根据学习在动机形成和发展中的作用，可将动机分为原始的动机和习得的动机。原始的动机与生俱有，不学而能。它们以人的本能需要为基础。人的生理性动机都属于原始的动机。人的社会性动机中也有某些与生俱来的成分。如新生儿出生后，就对环境中的新事物表现出惊奇和兴奋，这种原始动机推动婴儿注视周围事物，并逐渐产生对物体的摆弄、抓握等行为。人的好奇心和求知欲，就是在这种原始动机的基础上发展起来的。凡茨等人（Frantzetal., 1961）的研究表明，新生儿出生后仅十几小时，就对人的面孔有所偏好。他们将不同的图形置于婴儿面前，观察记录婴儿注视什么。结果发现，婴儿对人的面孔注视时间最多，新生儿对形状这种现象很难用后天学习来解释。习得的动机是指后天获得、经过学习而形成的。人的绝大部分动机，甚至包括恐惧、厌恶和求得赞许等，都具有学习的因素，都是在社会生活中由成人的培养和教育而形成的。

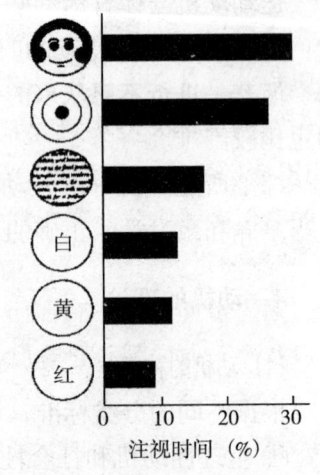

注视时间（%）

新生儿对形状的偏好

③ 有意识动机和无意识动机。

根据动机的意识水平，可以将动机分为有意识动机和无意识动机。有意识动机指人能够意识到的动机。个体能够意识到自己需要什么，行为的目标是什么。无意识动机指个体意识不到或不能清楚地意识到的动机。动物的行为动机是无意识的。婴儿在自我意识产生前，行为动机也无意识。在成人身上，也存在无意识动机。例如，人们意识不到知觉和思维定势的作用，但却在它们的支配下产生了各种各样的行为。在人的心理防御机制中，反向作用是一种无意识动机。它指个体压抑不为社会接纳的冲动，故意做出相反举动，将不为社会接纳冲动的相反方面表现于意识水平。如本来对他人怀有敌意，个体却对他人表现出过分关怀。投射作用也是一种无意识动机。个体通过这种防御机制将个体压抑的某些欲望和冲动转移到别人身上。如本来他对别人有敌意，却在意识中表现为别人对他有敌意。

④ 外部动机与内部动机。

根据动机来源于个体自身还是外部环境，可将动机分为外部动机和内部动机。

外部动机是由外界要求与外力作用而诱发出来的行为动机。学生为了得到教师的表扬和鼓励努力学习，工人为了得到工资或奖金努力工作，这些行为的动力都来源于外部刺激。行为主义心理学家特别强调外部动机（如强化）的作用。替代性强化理论也认为，个体本人虽未受到直接强化，只要观察对他人的强化就会作出相应反应。中国古代也有"重赏之下必有勇夫"的说法。

内部动机指行为动机由个体的内在需要引起，即行为是由于人本身的自我激发。如对做某事感兴趣，从事某种活动感到快乐。此时，行为或活动本身就是追求的目的，而无需外力推动。一个喜欢学习数学的学生，学习数学本身就是一件快乐的事，这种快乐的体验就是他的学习动机。一些心理学家认为，内部动机对于人的影响更大。

外部动机和内部动机的划分并不是绝对的。由于动机是推动人活动的内在心理过程，因此，任何外界的要求、力量都必须转化为人的内部需要，才能成为活动的推动力量。在这个意义上，外部动机实质上仍是一种内部动力。外部动机在一定条件下也可以转化为内部动机。例如，人的责任感、成就动机和自律意识开始时可能起源于外部的要求和外力的作用，但它们一旦形成后，就转化为强烈的内部需要，个体的行为就不再靠外界力量的推动或约束。在心理发展的过程中，儿童的重要动机大多是外部动机，并且是先有外部动机，以后才逐渐产生内部动机。

外部动机和内部动机在工作和学习中都有非常重要的意义，将两者结合起来，会对学生的学习起到最佳的推动作用。

⑤ 动机的其他分类。

除上述分类以外，动机还可以有其他分类。如根据动机的性质，可分为高尚的、正确的动机和低下的、不正确的动机；根据动机持续时间的长短，可分为长远的动机和暂时的动机；根据动机在活动中起的作用大小，可分为主导性动机和辅助性动机等。

(2) 运动动机的种类

① 生物性动机和社会性动机。

根据学生参与体育学习和锻炼活动的心理动因是以生物性需要还是以社会性需要为基础，可将运动动机分为生物性动机和社会性动机。

为了获得刺激、眩晕、运动愉快感觉和宣泄身心能量、满足个体的生理性需要而参加体育活动的动机，属于生物性动机或原发性动机。虽然它是相对低级的、个体化的动机，但对学生参与体育活动中的心理和行为影响较大。学生对参与体育活动拥有较大的娱乐、兴奋和宣泄期待，如不能得到满足，会使他们产生心理烦躁、行为不安、注意与情绪难以控制的状态。因此，体育教学应安排得生动、多样、活泼，以适当满足学生的生物性需要。

为了在体育活动中与同伴接近、交往，得到认同、发展友谊，追求完美、施展才能、获得成功、赢得荣誉，满足个体的社会性需要而参加体育活动的动机，属于社会性动机或继发性动机，它是既重交往，又重声誉的运动动机，是后天通过学习获得的继发性动机，具有相对持久的特征，对学生在体育学习和身体锻炼中的人际互动与相互学习，对他们在学习体育知识、掌握运动技能、提高体能水平等方面追求成功都具有较大的推动作用。因此，体育教学应注重互帮互助、人际交往、才能展示、合作与竞争等内容的安排，以满足学生的社会性需要。

② 内部动机和外部动机。

根据学生参与体育学习和锻炼活动的心理动因主要由自身内在需要转化而来，还是由外界条件诱发而来，可以将运动动机划分为内部动机和外部动机。源于学生自身好动、好奇或好胜的心理。如渴望从体育活动中获得身体上的快感、乐趣、刺激，以及希望满足自尊心、上进心、荣誉感、义务感、归属感和自我实现等心里需要的动机，属于内部动机；由学生自身之外的诱因转化而来的动机，如教师的表扬、同学的赏识、竞争获胜的奖励、荣誉，或因为迫于压力、避免惩罚与升学考试等原因而参加体育活动的动机，为外部动机。

一般而言，内部动机对学生的推动力量较大，维持的时间也较长。因为有内在需要所引发的活动本身就可以使学生得到某种满足，如运动兴趣的获得、竞争的参与、运动效能感的提高等，无需外力的作用。因此，内部动机的"内滋奖励"是既经济又更富有积极推动作用的心理动力。而外部动机对学生参与体育的推动力量相对较小，持续作用的时间也较短，"外附奖励"一旦消失，外部动机的动力作用也会很快减弱。但外部动机并非一无是处，对于那些年龄较小或尚欠缺运动动机的学生来说，利用外部动机引发运动行为还是十分必要和有效的。

③ 直接动机和间接动机。

根据学生参与体育学习和锻炼活动的心理动因是指向与体育活动过程，还是指向于体育活动的结果，可以将运动动机分为直接动机和间接动机。指向于体育学习和锻炼活动的内容、方法或组织形式等当前直接特征的动机，是直接动机；指向于体育活动可能带来的生理、心理和社会的延迟、间接结果的动机，是间接动机。

直接动机与体育学习和锻炼活动本身相联系，动机内容相对具体，行为的直接动力作用较大，不失为推动学生参与体育活动的有效力量。但当体育活动内容具有一定难度，需花较大、较长时间的努力才能学会和掌握时，或学生对某一练习方法、形式产生单调感、枯燥感时，直接动机作用的局限性就将表现出来，其作用的影响范围和持续时间也就减小。而间接动机虽然相对遥远，与当前体育活动的直接联系较少，但它与长时间活动后产生的最终结果和社会意义相联系，其影响持续的时间较长，能使学生更自觉地、持久地进行体育活动。因此，直接动机和间接动机具有相互联系、相互补充的作用。

(3) 运动动机的培养与激发

运动动机的培养与激发既有区别又有联系。动机的培养是指促使学生从没有运动动机到形成运动动机的过程，而动机的激发是指将学生已经形成的潜在动机充分调动起来的过程。培养是激发的前提，激发又可进一步加强已有的动机。在学生运动动机培养和激发中可采取以下措施。

5. 充分重视和利用学生的各种需要

好动、好玩与好胜是儿童少年的天性，他们驱动学生尝试各种体育活动，并在活动中得到满足。随着年龄增长和知识经验的增多，学生参与体育学习和身体锻炼活动的需要还会丰富与发展。这就要求体育教师经常设法了解不同年龄和性别的学生普遍存在的体育活动需要，并将体育教学的内容、方法和形式与学生的需要满足联系在一起，以达到激发学生体育活动兴趣，满足锻炼欲望，获得运动乐趣，进一步促进学生运动参与的目的。

(1) 提高学生的内部动机

提高学生运动动机的直接方法是激发学生体育学习和身体锻炼的内部动机，即充分发挥体育教学的活动性、体验性、技巧性、变化性、竞争性、游戏性、集体性等特点，满足学生期望在体育活动中感受到乐趣、刺激、宣泄的要求，将学生牢牢地吸引住，使他们深深地沉浸在体育活动过程的愉快感之中，从而成为推动学生强有力的学习动机。

(2) 激发学生的外部动机

体育学习和锻炼活动并不总是能够满足学生的需要，学生在挑战和内外部困难面前，动机可能会发生方向的偏离和强度的弱化。这时，教师可利用表扬、批评或奖励、惩罚等外部手段来激励或刺激学生参加体育活动。在激发学生参与体育活动的外部动机时应注意，不恰当的外部动因会削弱学生运动参与的内部动机，使学生从为了获得乐趣参与体育学习和锻炼转变成为了获得教师的奖励和避免惩罚而参与体育学习和锻炼。运动参与外部诱因或压力建立联系后，一旦奖励和惩罚减轻或撤销，学生的动机也会减弱或消失。这就是奖励和惩罚的"过当效应"。因此，有运用奖励和惩罚手段时，要明确体育学习和锻炼行为的规范与要求、奖励和惩罚的目的和具体措施，以及实施这些措施的策略。

(3) 提高学生的体育成就动机

① 什么是成就动机。

成就动机是一种较高级的社会性动机，是指个体积极主动地从事自认为重要或有价值的活动，并力求达到完美、取得优异成绩的心理倾向。它是在成就需要的基础上产生并在社会交往中习得的内在推动力量。一般而言，学生的体育成就动机高低不同，他们对体育学习和锻炼的社会意义与个人价值的认识也不相同，体育实践活动的目标、进取精神以及面对各种挑战、持之以恒、坚持不懈地进行体育活动的毅力也不相同。

体育学习和锻炼中充满了速度、力度、高度、远度、准确度或难险度等的竞争与评价，是典型的成就情境，对学生的勇气和进取精神提出了种种挑战。体育成就动机高的学生能积极参与竞争，主动迎接和接受挑战，自觉坚持锻炼，乐于选择与自己能力相当的活动任务，自信高、焦虑低，不怕挫折和困难，热切期望在体育学习和锻炼中表现得更成功、更完美。而体育成就动机低的学生逃避竞争和挑战，有人观看和评价就迟疑、退缩，自信低、焦虑高，为保护自尊，倾向于选择难度较低或较高的活动任务。

就体育学习和锻炼动机而言、从表面上看，追求成功和逃避失败都能促进学生努力参与体育活动，但在心理上和对活动效果的影响上却大不一样。追求成功使学生振奋、乐观、积极、喜爱运动，运动效果也较好。而避免失败的心理使学生在体育活动中感到忧心忡忡、心情压抑、怕练厌学，运动效果也较差。因此，应鼓励学生以积极参加体育学习和锻炼活动，追求体育活动的进步为努力的目标，避免以勉强过关作为体育活动的目的。

体育成就动机存在着较大的个体差异，也属于个性的一个方面，与学生的年龄、性别、能力、成败经验等主体因素，以及家庭、学校、社会环境及任务难度等客观影响相关联。

② 体育成就动机的培养。

学生的体育成就动机可通过教育得到提高。可通过与学生的谈话、讨论，使他们对与体育学习成就动机有关的自我行为产生"意识化"；通过游戏、竞赛或其他相关活动安排，使学生认识到采用实现目标的行为策略与成败的关系，以及成败对情感体验的影响，获得成功与失败经历的"体验化"；通过对与成就动机有关的运动目标，心理定向、成功标准等概念的讲授与理解，使这些观念在学生头脑中概念化；通过变"常模参照"为"自我参照"，即多强调学生自己体育学习和锻炼前、后的比较，使他们获得更多的成功机会。成功的经验会提高学生的抱负水平，增加其实现个人目标的自信心。成功促进了学生对更高成功的向往，而这种向往便促进了进一步的成功。

6. 需要理论

马斯洛（A.H.Maslow，1908—1970）是美国著名的人本主义心理学家。需要层次论是他的需要理论的核心内容。

马斯洛认为，人的需要是由以下五个等级构成。

① 生理需要（Physiological need）。它是人为了生存而必不可少的需要，如人对食物、水分、空气、睡眠和性的需要。马斯洛认为，生理需要在人类各种需要中最重要，最有力量，最迫切要求满足。如果一个人的生理需要得不到满足，那么其他需要均会被推到次要地位。他举例说，如果一个人同时缺乏食物、安全和爱情，那么食物的需要最强烈。在中国古代，也有"民以食为天"的说法。

② 安全需要（safety need）。它表现为人们要求稳定、安全、受到保护、有秩序、能免除恐惧和焦虑等。人们希望劳动安全、职业安全、生活稳定、免于灾难等，都是安全需要。马斯洛认为，婴幼儿与精神病患者由于无力应付环境中的不安全因素的威胁，安全需要就显得尤为强烈。

③ 爱与归属的需要（belongingness and love need）。它表现为一个人渴望与他人建立感情上的联系，如向往爱情、需要朋友、参加团体并被团体接纳等。

④ 尊重的需要（esteem need）。它包括自尊和受到别人尊重。满足自尊的能力或潜能，并使之完善化的需要。自我实现是一种创造性的需要。马斯洛认为："音乐家必须演奏音乐，画家必须绘画，诗人必须写诗，这样才会使他们感到需要，会使人相信自己的力量和价值，受到别人尊重，会使人产生荣誉感和成就感。这两方面的满足会使人在生活中变得更有能力、更富有创造性。反之，如果缺乏自尊和被人轻视，会使人感到自卑、无能、失落，甚至自暴自弃。

⑤ 自我实现的需要（self actualization need）。它是人们追求实现自己最大的快乐。是什么样的角色就应该干什么样的事。我们把这种需要叫做"自我实现"。后来，马斯洛又将自我实现的需要细分为三种：A. 认知需要。它包括求知、理解、探索和好奇。马斯洛认为，学习和发展的愿望以及探索新异事物与未知世界的愿望是人性的基本方面之一。B. 审美需要。它表现为人们追求对称、秩序、和谐、完善的事物。C. 自我实现的需要。它表现为人追求实现自己的能力和潜能。他说：能力要求被运用，只有这样，它才能停止吵闹。

马斯洛认为，上述五种需要是人们的最基本的需要。这些需要是天生的，它们构成了不同的等级和水平，并成为激励和控制个体行为的力量。

马斯洛还指出了高级需要和低级需要之间的关系：A. 需要层次越低，力量越强，潜力越大。随需要层次上升，力量相应减弱。B. 高级需要出现之前，必须先满足低级需要。正如《管子》所说："仓廪实则知礼节，衣食足则知荣辱。"C. 高级需要满足后，低级需要依然存在，但对行

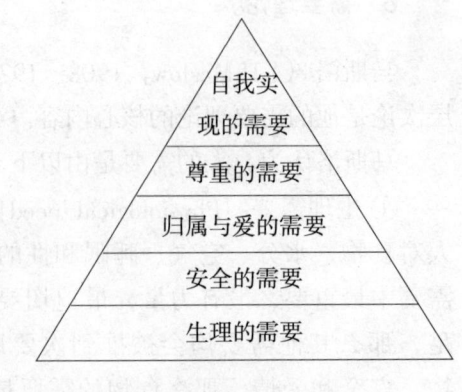

马斯洛的需要层次图

为的影响降低了。D. 在从动物到人的进化中，高级需要出现较晚。所有的生物都需要食物和水分，但只有人才有自我实现的需要。E. 在个体发展过程中，高级需要出现也较晚。婴儿刚出生时就有生理需要，几个月大小时，就出现了安全需要，此时他看见生人就会"认生"。再后，出现了对母亲的依恋，即爱的需要。自我意识产生时，就有了尊重需要，但自我实现需要在成人时才开始出现。五种需要的发展如图所示。F. 低级需要关系到个体生存，因而叫做缺失需要（deficit or deficiency need）。这种需要如得不到满足，将会危及个体生命；高级需要不是维持个体生存绝对必需的，它的满足可稍作延迟。高级需要的满足按人健康、长寿、精力旺盛，因而叫生长需要（growth need）。高级需要的满足比低级需要的满足复杂，满足时需要较好的外部条件。

马斯洛并没有将高级需要与低级需要绝对对立起来。他认为，在人的高级需要产生之前，低级需要只要部分地得到满足就可以了。另外，人的需要结构也具有明显的个体差异，并非都是正三角形的结构，还可以有倒三角形和菱形的结构。例如，历史上的志士仁人，为了崇高的理想和民众的利益，不惜牺牲生命；那些"爱情至上主义"者，将爱情看成生活的全部。

马斯洛的需要层次论已被当代行为科学吸收，成为西方组织管理学中的重要理论。根据需要层次论，管理不仅要满足人的基本的物质生活需要，更要激励人们发挥创造的潜力，因而不仅要运用物质激励的原理，更应该重视人的高级需要的满足。马斯洛的需要理论对教育工作也有一定的参考价值。教育工作者要分析和满足学生的需要，因为只有在满足了学生的基本需要之后，他们才会发奋学习。教师还应注意培养学生的高级需要，并创造条件，使学生的自尊心、集体感、荣誉感得到相应的满足，促使学生向自我实现的方向发展。

马斯洛的需要层次论也有其局限性。首先，他只强调个人需要，没有考虑到社会实践对人的需要的制约以及人的需要的社会性。其次，他过于强调个人的内在价值，他的自我实现论并没突破西方个人本位的束缚。再次，马斯洛把人的需要统统说成是先天的、与生俱来的，这就模糊了人的生物学需要与社会需要的差别，降低了后天生活环境和教育对人的需要的发生发展所起的作用。

第二节 学习要求和知识拓展

一、学习要求

（一）学习要求

① 掌握运动动机的定义、功能和种类。
② 了解动机理论及其在体育运动中的应用。
③ 初步具备培养和激发青少年学生运动动机的能力。

（二）重点和难点

① 重点：A. 运动动机的定义和功能、内部动机与外部动机、直接动机与间接动机的区别与联系。B. 动机的社会学习和动机的认知理论；了解动机的行为论和动机的人本论。C. 成就动机的含义和培养学生体育成就动机的方法；了解竞争与合作、反馈对学生运动动机的培养与激发的影响；掌握态度和体育态度的定义，了解体育态度的认知基础和端正体育态度的方法。

② 难点：A. 动机的社会学习和动机的认知理论；了解动机的行为论和动机的人本论。B. 培养学生体育成就动机的方法。

二、知识拓展

（一）提高学生参与体育活动的内部动机

1. 适当安排游戏、竞赛，增加体育活动的趣味性

娱乐和有趣是学生参与体育学习和锻炼活动的主要原因，失去了娱乐性，学生就失去了参与体育活动的主要动力。因此，适合学生好玩需要的各种游戏和竞赛活动，往往能够激发学生的活动兴趣和快乐，使其高高兴兴、欢欢喜喜地参与体育活动。

2. 创设新颖的练习内容、方法，启发学生的好奇心

在先前体育学习的基础上安排较新颖的练习内容与方法，可将学生引入到新的认知矛盾之中，诱发他们对体育学习的好奇心与求知欲，使他们对新技能、新方法产生惊奇与疑问，想要尝试与探索。

3. 经常组织集体性的体育活动，满足学生的归属需要

在以小组或班级的形式开展体育活动时，可将体育学习和锻炼活动与集体荣誉联系起来，激发学生的归属需要，促使他们为自身所在的集体而努力，加强自己的体育学习与锻炼。

4. 给学生选择体育活动的机会，满足他们的自主要求

允许学生根据自己的技能和体能状况去选择自己的体育活动内容和标准，可满足学生自我选择和决策的需要，使他们的自主感和责任心提高、激发他们的体育学习成就动机，更自觉和主动地设计与实现学习训练标准。完成更具有挑战性的成就目标。

(二) 竞争性体育活动对中小学生体育运动动机的影响

我国学者蔡赓、季浏于 2002 年采用现场实验的方法对竞争性体育活动对中小学生体育运动动机的影响进行了研究。其中，竞争组在体育课基本部分的教学中采用个人间或集体间有胜负的竞赛，鼓励学生对竞争结果的追求，而非竞争组在教学中则强调教学任务的完成和个人的进步。他们运用《体育运动动机量表》对学生实验前后的体育运动动机水平的测量结果表明，小学、初中和高中竞争组在实验后的求知、内投、同一化、刺激体验和外在调节等维度上比实验前有了显著性的提高。

(三) 合作学习法在高一女生仰卧起坐练习中的应用研究

李京城、索玉华于 2002 年报告了合作学习方法对高一女生仰卧起坐练习的影响效果。他们将合作组的学生分为四人一组，设置小组及个人的练习目标，分配每个组员的合作用时。以小组目标的实现为依据进行评价，对完成目标数量最多和提高幅度最大的小组给予奖励，并在课上对合作组学生的合作意识和行为进行有目的的培养。实验结果表明，合作组学生的仰卧起坐成绩显著多于一般常规

教学组的学生，尤其是在每次的最后一组（共三组）仰卧起坐的练习次数上实验组超过对照组的幅度最大，表明在同伴鼓励下合作组学生的练习坚持性更好。

(四) 阿尔德夫的需要理论

阿尔德夫（CP.A1derfer）认为，一个人的基本需要不是五种，而是三种。他提出的三种基本需要是：① 生存需要，这是最基本的需要，是对一个人基本物质生活条件的满足。② 关系需要，即维持人与人之间关系的需要。③ 成长需要。即人要求发展的内在愿望。

阿尔德夫的生存需要大体上相当于马斯洛的生理需要和物质方面的安全需要；关系需要大体上相当于马斯洛的人际关系方面的安全需要和归属和爱的需要；成长需要大体上相当于马斯洛的尊重需要和自我实现的需要。

阿尔德夫认为，人类的三种需要并不是完全生来就有的，有的需要是通过后天的学习产生的。这三种需要之间并没有明显的界线，它们是一个连续体，并不是层次等级。他指出，各种需要获得满足越少，则满足这种需要的愿望越强烈。例如，缺乏食物的人，渴望获得更多的食物。他还认为，低级需要的满足，会增强对高级需要的追求；高级需要的缺乏，会加强对低级需要的追求。例如，个体在生存需要满足后，对关系需要的追求就强烈；个体关系需要得不到满足时，就会更多地追求生存需要。人类的需要不一定按严格顺序由低级向高级发展，可以越级，在遇到挫折时也可能倒退等等。

有些心理学家认为，阿尔德夫的需要理论，修正了马斯洛需要理论的某些不足之处，似乎更切合实际。

(五) 内部动机与外部动机之间的关系

外部动机对内部动机的影响既可以是积极的，也可以是消极的；既可以加强内部动机，也可能削弱内部动机。这主要取决于外部奖励的方式以及运动员对内部奖励和外部奖励重要程度的认识。如果奖惩得当，则外部奖励甚至小范围内的惩罚都可激发运动员的正确行为，并促进外部动机向内部动机的转化。反之，则有可能破坏内部动机，产全相反的效果。

关于内部动机和外部动机的关系，美国心理学家德西（E.L.Deci）做过一系列的实验（刘淑慧等，1993）。他将被试分为三组，让他们去完成一些十分有意思的题目。甲组被试在开始解题之前就被告知每解出一道题就付给多少酬金，乙组被试是在完成规定的解题任务之后宣布解出一题的酬金，丙组被试不给任何报酬。在规定的解题时间结束之后，三组被试留在各自的房间里，所有房间里放有杂志和另外一些同样类型的问题。他们可以在房间内随意从事任何活动，没有其他人在场，也不对他们提出任何要求。实验的假设是此时仍去解题的人，是纯粹由于兴趣即内部动机所驱使。

实验结果表明，相对于实验前就被告知给予报酬的甲组来说，在不给任何报酬的丙组和实验后才给报酬的乙组中，有更多的人在实验后自由活动的时间里用更多的时间去继续解题。因此，德西得出这样的结论：奖励会产生使内在动机削弱的效应。这种效应以后就被称为"德西效应"。

随着研究的进一步深入，学者们认为将动机分为内部动机和外部动机不足以揭示行为激发和调节的本质特征，而真正影响行为自我激发和调节的是人们对行为的自主性或控制性意识。自主性是指自主选择行为和承担行为责任的程度；控制性是指在某种压力下做出特定行为的程度。奖励是一种社会控制手段，限制了人的自主性。德西认为：事先就被告知将给予奖励的被试，在完成工作任务的过程中，会把当前所做的事归于因为将为此得到报酬，也会考虑将给予的奖励相对于所要完成的任务来说是否合理；而在完成解题任务后给予奖励的被试的内部动机未被削弱，这一点或许正是考虑奖励时机的依据。

不过，"德西效应"仅指单独给予奖励所产生的结果。如果在奖励的同时伴以对能力加以肯定的正反馈，效应就复杂了。这种情况既可能引起内部动机的下降，也可能提高或维持内部动机水平。这与个体的需要水平和自我意识等因素有关。这里所说的正反馈是指在给予奖励的同时，用语言或其他形式表明奖励是对受奖人能力和贡献的一种积极性肯定。

第三节　综合练习题

一、名词解释

① 动机。
② 需要。
③ 内部动机与外部动机。
④ 生物性和社会性动机。

二、填空题

① 动机是推动一个人进行活动的 _____。

② 运动动机的功能主要有 _____、_____、_____ 和 _____。

③ 成就动机是一种较高级的社会性动机，是指个体积极主动的从事自认为 _____ 的活动，并力求达到完美，取得优异成绩的心理倾向。

④ 运动动机的种类主要有 _____、_____ 以及 _____。

⑤ 马斯洛的需要层次理论主要包括 _____、_____、_____、_____、_____。

三、单项选择题

① 推动学生参与运动学习与身体锻炼的内部心理动因是 _____。

A. 运动动机　　　　B. 体育习惯　　　　C. 运动兴趣　　　　D. 体育态度

② 运动动机对学生的体育活动和锻炼行为起着动力和 _____ 的作用。

A. 驱动　　　　B. 引诱　　　　C. 阻碍　　　　D. 定向

③ 体育活动的愿望达到一定水平，推动学生行动，投入到体育活动之中。这是运动动机对学生体育学习和身体锻炼行为所发挥的 _____ 功能。

A. 发动　　　　B. 选择　　　　C. 强化　　　　D. 维持

④ 学生的体育活动行为具有特定的内容，趋向一定的活动目标。这是运动动机对学生体育学习和身体锻炼行为所发挥的 _____ 功能。

A. 发动　　　　B. 选择　　　　C. 强化　　　　D. 维持

⑤ 学生体育参与行为的努力程度、注意力水平、克服困难的决心大小等有所不同。这是运动动机对学生体育学习和身体锻炼行为所发挥的 _____ 功能导致的。

A. 发动　　　　B. 选择　　　　C. 强化　　　　D. 维持

⑥ 学生参与体育活动持续的时间不等。这是运动动机对学生体育学习和身体锻炼行为所发挥的 _____ 功能造成的。

A. 发动　　　　B. 选择　　　　C. 强化　　　　D. 维持

⑦ 为了获得刺激、产生眩晕、运动愉悦感觉和渲泄身心能量，满足个体的生理性需要，这种参加体育活动的动机，属于 _____。

A. 内部动机　　　B. 外部动机　　　C. 生物性动机　　　D. 社会性动机

⑧ 为了在体育活动中与同伴接近、交往，得到认同、发展友谊，追求完美、施展才能、获得成功、赢得荣誉，满足个体的社会性需要，这种参加体育活动的动机属于 _____。

A. 内部动机　　　B. 外部动机　　　C. 生物性动机　　　D. 社会性动机

⑨ 来自于学生自身好动、好奇或好胜的心理，如渴望从体育活动中获得身体上的快感、乐趣、刺激，以及希望满足自尊心、上进心、荣誉感、义务感、归属感和自我实现等心理需要的动机，属于 _____。

A. 内部动机　　　B. 外部动机　　　C. 生物性动机　　　D. 社会性动机

⑩ 由学生自身之外的诱因转化而来的动机，如教师的表扬、同学的赏识、竞争获胜的奖励、荣誉，或因为迫于压力、避免惩罚与升学考试等原因而参加体育活动的动机，为 _____。

A. 内部动机　　　B. 外部动机　　　C. 生物性动机　　　D. 社会性动机

⑪ 指向于运动学习和身体锻炼的内容、方法或组织形式等当前特征的动机，是 _____。

A. 内部动机　　　B. 外部动机　　　C. 直接动机　　　D. 间接动机

⑫ 指向于体育活动可能带来的生理、心理和社会的延迟结果的动机，是 _____。

A. 内部动机　　　B. 外部动机　　　C. 直接动机　　　D. 间接动机

四、简答题

① 简述运动动机与运动行为之间的关系。

② 简述内部动机与外部动机对学生运动参与的影响。

③ 简述直接动机与间接动机对学生运动参与的影响。

④ 简述学生体育成就动机的培养。

⑤ 如何保证竞争对运动动机的培养和激发产生积极作用？

⑥ 合作学习有哪些特征？

⑦ 体育教学中的反馈形式有哪些？

⑧ 在体育教学中如何进行恰当的表扬和批评？

⑨ 根据班杜拉的社会学习理论，学生的观察和模仿学习受到哪些强化的作用与影响？

五、论述题

① 试述运动动机的培养与激发。

② 试论体育态度转变的阶段与条件。

第四节　参考答案

一、名词解释

① 动机：动机是推动一个人进行活动的心理动因或内部动力，它的基本含义是：能引起并维持人的活动，将该活动导向一定目标，以满足个体的念头、愿望或理想等。动机是个体的内在过程，行为是这种内在过程的结果。

② 需要：需要是有机体内部的一种不平衡状态，是个体和社会生活中必需的事物在人脑中的反映。需要在主观上通常被体验为一种不满足感，并成为个体活动的积极性源泉。

③ 内在动机与外在动机：来源于客观外部原因的动机称为外部动机；来源于主观内部原因的动机称为内部动机。

外部动机以社会性需要为基础，人通过某种活动获得相应的外部奖励或避免受到惩罚以满足自己的社会性需要。

④ 生物性动机和社会动机：生物性和社会性动机及物质性和精神性动机。这是根据需要的种类和对象来分类的，生物性动机：是以生物性需要为基础的动机，如因饥饿、口渴而产生的动机。社会性动机：是以社会性需要为基础的动机，如成就动机、交往动机。

二、填空题

① 心理动因或内部动因

② 发动功能　　选择功能　　强化功能　　维持功能

③ 重要或有价值

④ 生物性动机和社会性动机　　内部动机和外部动机　　直接动机和间接动机

⑤生理需要　安全需要　　爱与归属的需要　尊重的需要　自我实现的需要

三、单项选择题

①A　②D　③A　④B　⑤C　⑥D
⑦C　⑧D　⑨A　⑩B　⑪C　⑫D

四、简答题

① 简述运动动机与运动行为之间的关系。

运动动机对学生运动行为的影响是复杂的。正确的动机及适宜强度的运动动机对学生的运动行为具有积极推动作用，而过弱或过强的动机对运动学习和身体锻炼行为的影响是消极的。不适宜的动机可通过认知、情绪、自我控制等机制对运动行为产生不利影响，造成学生注意涣散或狭窄、情绪低沉或亢奋、技能学习缓慢或动作完成失误，甚至出现伤害事故。

运动动机与运动行为效果之间还存在着相辅相成的关系，即运动动机对体育活动结果有促进作用，同时，良好的运动学习与身体锻炼效果也可以增强学生的运动动机。

② 简述内部动机与外部动机对学生运动参与的影响。

一般而言，内部动机对学生参与体育活动的推动力量较大，维持的时间也较长。因为由内在需要所引发的活动本身就可以使学生得到某种满足，如运动乐趣的获得、竞争的参与、运动效能感的提高等，无需外力的作用。因此，内部动机的"内滋奖励"是既经济又更富有积极推动作用的心理动力。

而外部动机对学生体育参与的推动力量相对较小，持续作用的时间也较短。"外附奖励"一旦消失，外部动机的动力作用也会很快减弱。但外部动机对于那些年龄较小或尚欠缺运动动机的学生来说，利用外部动机引发运动活动行为还是十分必要和有效的。

③ 简述直接动机与间接动机对学生运动参与的影响。

直接动机与运动学习和身体锻炼本身相联系，动机内容相对具体，行为的直接动力作用较大，不失为推动学生运动活动的有效力量。但当体育活动内容具有一定难度，需花较大、较长时间的努力才能学会和掌握时，或学生对某一练习方法、形式产生单调感、枯燥感时，直接动机作用的局限性就将表现出来；其作用的影响范围和持续时间也就减小。

而间接动机虽然相对遥远，与当前体育活动的直接联系较少，但它与长时间活动后产生的最终结果和社会意义相联系，其影响持续的时间较长，能使学生更自觉地、持久地进行体育活动。因此，直接动机和间接动机具有相互联系、相互补充的作用。

④ 简述学生体育成就动机的培养。

学生的体育成就动机可通过教育得到提高。通过与学生的谈话、讨论，使他们对与运动学习成就动机有关的自我行为产生"意识化"。

通过游戏、竞赛或其他相关活动安排，使学生认识到设置目标、采用实现目标的行为策略与成败的关系，以及成败对情感体验的影响，获得成功与失败经历的"体验化"。

通过对与成就动机有关的"运动目标""心理定向""成功标准"等概念的讲授与理解，使这些观念在学生头脑中"概念化"。

通过变"常模参照"为"自我参照"，即多强调学生自己运动学习和锻炼前、后的比较，使他们获得更多的"成功机会"。

最后，可让学生将学到的成功标准和行为策略应用到某一运动学习和身体锻炼内容之中，自己选择活动目标、策略和评价标准，对动机水平、行为表现和情感反应进行自我分析与评价。

⑤ 如何保证竞争对运动动机的培养和激发产生积极作用？

为保证竞争对体育学习动机的培养和激发产生积极作用，避免不良后果，应注意：

A. 竞争的内容和形式多样化，以使每个学生都有展现自己才能的机会。

B. 在三种竞争形式中，应以团体间竞争为主。

C. 进行个体间竞争时，应当按照能力分为高、中、低三组，以使每个学生均有同等获胜的机会，即使失败。

D. 竞争活动要适量。

E. 在组织竞争活动中，注意提醒学生以发挥和展示出自己的能力为主；提倡相互鼓励、团结互助；鼓励胜不骄、败不馁。

⑥ 合作学习有哪些特征？

合作学习的方法与形式有许多，其共同的特征有：

A. 小组目标、计分与奖励。

B. 个人责任。

   C. 成功机会均等。

   D. 组间竞争。

   E. 交往技能。

   F. 注重个人需要。

⑦ 体育教学中的反馈形式有哪些？

体育教学中反馈的形式有：

   A. 社会性评价：教师当着全班同学的面表扬某个学生。

   B. 象征性评价：教师在成绩单上给某个同学画了个小红旗。

   C. 客观性评价：教师根据学生的技术或能力表现给予的分数。

   D. 标准性评价：教师以排名次的方法给学生打分。

⑧ 在体育教学中如何进行恰当的表扬和批评？

表扬和批评都是以促进学生的努力和进步为目的。

   A. 在多鼓励、严要求和适当、适度批评时，要力争做到表扬每个学生的每一次进步，强化每一个努力。

   B. 要针对不同年龄、性别和能力的学生进行表扬和批评。

   C. 要"对事不对人"，尤其要将表扬和批评的重点放在学生是否努力上，放在行为表现上，放在是否有所提高上。

   D. 要树立学生的评价标准，使他们逐步地做到自我表扬和批评。

   E. 要了解学生对教师表扬、批评的理解与评估。

   F. 要公开表扬，私下批评，理智、慎重地使用惩罚。

⑨ 根据班杜拉的社会学习理论，学生的观察和模仿学习受到哪些强化的作用与影响？

根据班杜拉的社会学习理论，学生的观察和模仿学习还受到强化的作用与影响。强化为学生对体育学习和身体锻炼的认知提供了反馈信息，其种类包括：

   A. 外部直接强化，如实物、表扬和其他形式的对合乎要求的体育态度和行为的奖励。

   B. 替代性强化，即学生观察到他人的行为受到强化而使自己受到鼓励，进而使相应态度和行为出现频率增加的趋势。

   C. 自我强化，学生因为实现了自己设置的体育活动目标而对自己的态度和行为给予的积极肯定。

五、论述题

① 试述运动动机的培养与激发。

运动动机的培养与激发既有区别又有联系。动机的培养是指促使学生从没有运动活动动机到形成活动动机的过程，而动机的激发是指将学生已经形成的潜在动机充分调动起来的过程。培养是激发的前提，激发又可进一步加强已有的动机。在学生运动动机培养和激发中可采取以下措施：

A. 充分重视和利用学生的各种需要。提高学生的内部动机；增加运动活动的趣味性；启发学生的好奇心；满足学生的归属需要；增强学生的自主要求；激发学生的外部动机。

B. 培养学生的体育成就动机。

C. 适当展开竞争，积极组织合作。

D. 及时反馈，积极评价。

E. 端正对运动活动的态度。

② 试论体育态度转变的阶段与条件。

根据凯尔曼态度改变三阶段理论，不良体育态度的转变过程应包括：

A. 服从阶段。

服从阶段是指学生为避免惩罚或得到奖励，而从表面上接受社会、学校的规定、要求，听从体育教师的说教，在体育行为表现上与他人保持一致的过程。服从阶段的特点是学生的行为较大地受外界因素的影响，一旦外因消失，服从行为就会停止。

B. 认同阶段。

认同阶段是指学生逐渐自愿地接受他人的体育观点和群体规范，使自己的体育态度与社会、学校和体育教师的要求逐步接近的过程。认同阶段中，学生的体育行为不完全取决于外部因素，认同能否顺利实现有赖于个体对体育活动情感上的接近和体育活动内容对学生的吸引力。

C. 内化阶段。

内化阶段是指学生真正从内心深处相信和接受他人的体育观点、信念，并把这些新的观点、信念纳入自己的价值体系之中，彻底转变了自己体育态度的过程。它也是学生对体育活动行为价值认识提高，体育态度的认知、情感和行为意向成分协调一致的过程。

影响学生体育态度转变的因素有很多，其中包括家庭、社会、学校、班集体和同伴小团体等学生自身之外的因素，以及年龄、性别、受教育程度、心理认知等学生自身的因素。体育态度转变所依赖的主要条件是：

a. 劝说与劝说者的态度。学生将正确的体育观点和信念内化到自己的价值体系之中是体育态度转变的最终目的，因而大量的说服教育工作是必不可少的。在劝说过程中，体育教师要针对学生的理解能力，提出明确的观点，提供大量形象、生动、具体的事实论据，说理论证，以理服人，同时还要加强情感渲染，以情动人。

在宣传体育活动的价值、意义，使学生的体育态度发生转变时，劝说者的态度是否友好、诚恳、坚定，影响着学生体育态度转变的效果。社会、学校和家庭都有责任教育学生树立正确的体育态度，同时，在教育中也都要平等相待、以诚相待、区别对待，热情耐心，深入浅出，循序渐进。

b. 逐步提高要求。学生原先的体育态度与要求改变的态度之间距离的大小是影响体育态度转变的另一个重要因素。如果两者之间的差距大，体育态度转变的难度就大，且易产生异化转变；如果两者之间的差距小，则转变难度小，且易产生同化转变，即学生可能不自觉地缩小了自己的态度、行为与体育教师提出的转变要求之间的差距。所以，应当首先了解学生现有的体育态度，估计其与要求之间的距离，提出学生能够达到的转变要求。然后逐步提高，不断缩小两者的距离。若急于求成，过早、过高地提出不切实际的要求，将会适得其反，不但不能转变学生原来的态度和行为，还会产生对立情绪。

c. 学生的体育活动实践。体育活动的实践可影响态度的转变，这是因为在实践中，学生能够获得他们原先没有认识到的体育活动的价值，体验到过去没有感受到的情感。因此，在安排体育态度消极学生的体育活动内容时，应首先考虑使他们能从体育实践活动中获得乐趣，取得进步，达到目标。这对他们体育态度的转变至关重要。

d. 必要的体育活动规章制度和严格的要求。在体育态度转变的初期，明确体育学习活动的规章制度，并用它们要求学生，对提高学生的行为规范观念是有益的。初期时，学生的掩饰行为较多，体育教师应加以识别，对符合规范的态度和行为应给予鼓励，对不符合规范的态度和行为要明确加以制止和纠正。一定的规定对学生会产生约束力，这种约束力随教师的严格执行而增加。教师的要求与规定的一致性程度越高，学生的体育态度和行为改变的可能性就越高。

121

第六章 个 性

"人心不同，如其面焉"。在现实生活中，人的个性差异是很大的：有的人热情大方，有的人沉默寡言，有的人冲动莽撞，有的人畏惧退缩，有的人思维灵活、有的人反应迟钝……一句话，人的个性是千差万别的，它们是如何形成的？一旦形成后是否可以改变？本章将对个性的概念、个性的结构，气质、性格和能力等进行分析阐述，有助于对个性特征进行合理的解释与调整，进而更好地改善与塑造自我。

第一节 知识要点

一、知识点

个性的概念、个性的结构、个性的特征、个性倾向性、个性心理特征：气质、性格、能力的概念和相互关系。

二、主要内容

1. 什么是个性？

个性是指在个体身上经常地、稳定地表现出来的心理特点的总和。

个性在西方称为人格，个性与人格有时同义，即人格也称个性；人格有时仅指性格和气质，不包括能力；有时人格的外延要比个性更广，不仅包括心理方面的特质，而且还包括身体方面的特质。

个性 ┬ 个性心理特征 —— 气质、性格、能力
　　　└ 个性倾向性 ┬ 需要、 动机、兴趣
　　　　　　　　　　└ 理想、信念观、世界观

个性结构图

2. 个性（或人格）结构

所谓个性的结构，是指一个人的个性的基本成分或特质，以及它们是怎样组合在一起，并在一定的情境中表现出来的行为倾向。它包括：心理核心成分、典型的反应、有关的角色行为。

心理核心成分：反映着一个人内在的、实质性的成分。它包括基本的态度、价值观、兴趣和动机等个性的意识倾向性。

典型的反应：一个人稳定的、经常表现出来的个性特征，如气质、性格以及智慧品质等，典型的反应总是一个人的心理核心成分的有效显示器。如一个运动员在老师提问时总怕问到自己，一到赛前就吃不好饭、睡不好觉，时常担心自己说出不得体的话或做出不得体的事，比赛失利后很久都不能平静下来，遇到为难的事总是举棋不定，这些行为表现成为他稳定的行为模式时，我们就可以认为他具有容易焦虑的个性特征。

有关的角色行为：是个性中最表面部分。人表现出有关的角色行为是为了适应我们所认知的环境，因此，当环境或者我们所认知的环境发生变化时，我们的行为也会发生变化。为理解运动员，我们必须不受运动员所扮演的角色行为所欺骗。运动员可能表现得"艺高自负"，而实际并不是如此。要花时间深入地研究你的运动员，并发现他们真实面目。

典型的反应和有关的角色行为是外在的、动力性的成分。

3. 个性的特征

(1) 个性的稳定性与可变性

个性的稳定性：任何一种个性特征都不是在某一短时期内形成的，它是在社会和家庭的环境影响、教育训练和个人实践活动中逐渐塑造而成的。所以，个性既经形成，就显得比较稳定。

个性的可变性：个性的稳定性，并不是说个性是一成不变的。个性特征是在生活过程中形成起来的，随着社会生活条件的变化而变化。

(2) 个性的个别性与共性

个性的个别性：个性的个别性是指在每个人身上表现的独特的个性特征，可谓"个性各异"。

个性的共性：个性除了各异的个别性之外，也存在着某一部分人的个性有着共同的典型特性。

(3) 个性的生物制约性与社会制约性

个性的生物制约性：神经类型的特点可以使个性某些特征具有一定的差异，但它不能决定个性方向。

个性的社会制约性：个性受生物特性制约，但对个性起决定作用的是社会生活条件。

4. 运动员个性评价的意义

心理学理论中关于个性研究有四大学派：心理动力学派、行为主义学派、人本主义学派和特质理论学派。目前广为流行的各种个性测验主要是特质理论的产物。在对运动员的个性研究中使用频率最高的测验是卡特尔 16 项个性测验。对运动员进行个性分析有两种不同的看法：其一"相信论"认为：通过个性特征的测验，可以准确地预测运动成就。我国从 20 世纪 80 年代以来，运动员的个性问题曾经是研究的主要领域之一，研究成果显示，支持"相信论"的居多。而"怀疑论"者认为：个性对预测行为不具重要性。

(1) 选材的意义

对运动员的个性研究在某种程度上可以帮助我们了解决定运动成绩的因素，预测运动员的运动行为，因而在选材中具有一定参考价值。但不能过高估计这种了解和预测的作用。

(2) 对心理咨询的意义

在对运动员进行心理咨询的过程中，个性测验有助于对运动员个性特征的快速、全面的了解，但注意不要滥用（过多的心理测验容易破坏咨询的自然气氛，妨碍咨询的顺利进行）。

5. 运动员的个性特征

(1) 运动员与非运动员个性的差异

运动员与非运动员在许多个性特征上存在差异，但这些差异是否对运动员有利，还没有结论。其差异表现为：① 运动员比非运动员更独立、客观和少焦虑。② 运动员比非运动员更具自信心、竞争性、性格开朗。各种研究都表明：高自信心是优秀运动员共同的个性特征之一。

(2) 不同运动项目运动员个性的差异

许多研究表明，不同运动项目运动员的个性存在差异，这种差异最明显地表现在集体项目和个人项目的运动员之间。集体项目的运动员比个人项目的运动员更为外向，更有依赖性和更多焦虑。但即使在同一运动项目中，运动员个性特征，也会因场上任务的不同而有所区别。

(3) 优秀运动员的心理面貌

高水平运动员的个性特征与一般运动员有区别，当运动员从运动技能水平的金字塔底部移向塔尖时，他们之间的个性特征和其他心理特征也越来越近。因此，运动员运动水平的差距越大，运动员个性特征和运动成绩之间的相关关系就越大，反之，就越小。运动心理学的研究者利用交互作用的模式，为优秀运动员确定了他们的心理图像。

运动心理学者摩根提出了一个心理健康模式：成功的世界水平运动员，具有更加积极的心理图像。他们的心境剖面图看上去很像一座冰山，所以叫"冰山图像"，如下图所示，其主要特征是：优秀运动员在个性特质方面倾向于低焦虑、低神经质和偏外向，在心境方面倾向于低焦虑、低紧张、低抑郁、低气愤、低疲劳、低困惑和高活力。

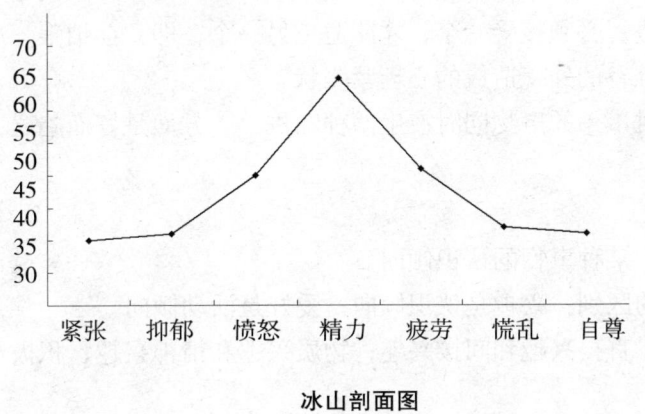

冰山剖面图

6. 需要、动机、兴趣

(1) 需要
个体和生活中必需的事物在人脑中的反映。需要分为生理需要和社会需要。

(2) 动机
直接推动和维持人们活动的内部原因或动力。

动机与需要：动机起源于需要，是由需要转化而来的，当个体和个人发生联系并在人脑中发生反映时，对于这种需要的课题就成为人的活动动力。

人们从事任何活动，都要解决两个问题：要不要做，然后是如何去做。前一个问题就是动机问题，它涉及人们活动的方向和强度。心理学对动机的研究有四大思路：一是从生物学角度进行研究，探讨动机的遗传、神经和内分泌基础，如关于饥、渴、睡眠等现象的研究多从其生理机制着手。二是从学习角度进行研究，如从条件反射和社会模仿的角度探讨动机与学习的相互关系。三是从认知角度进行研究，如从人的主观期待、对诱因价值的评价以及对成败的认知着手探讨动机；四是综合性研究，即博采众长，将以上三个维度结合在一起，综合分析人的动机。

动机的种类：生理性动机和社会性动机；主导动机和辅助动机；外部动机和内部动机。

动机冲突：双趋冲突——两个目标对个人具有相同的吸引力，并引起相同的动机，迫于情势，二者必选其一，即造成"鱼与熊掌不可兼得"的难于取舍的矛盾心理状态。

双避冲突——两个事物同时对个人会造成威胁或厌恶，产生同等强度的逃避动机，但迫于情势，必须接受一个，才能避免另一个，即"前怕狼，后怕虎"的左右为难、进退维谷的处境造成的心理紧张状态。

趋避冲突：对单一的事物同时产生两种动机，一方面是好而趋之，一方面又恶而逃之。

(3) 兴趣

是人积极探究某种事物的认识倾向。

兴趣与爱好的区别：兴趣是认识倾向；爱好是活动倾向。

兴趣可分为：直接兴趣和间接兴趣；物质兴趣和精神兴趣；积极兴趣和消极兴趣。

兴趣的品质有：兴趣的广度、兴趣的中心、兴趣的稳定性、兴趣的效能性。

7. 理想、信念和世界观

(1) 理想

符合客观规律并同奋斗目标相联系的想象。

(2) 信念

指人坚信某种认识的正确性，并经常用来支配自己行动的个性倾向。

(3) 世界观

指一个人对整个世界的看法和态度，包括了对自我、社会和人类思维的观点体系。它是个性意识倾向的集中表现,是个性心理的核心,也是个人行为的最高调节器。一个人的世界观指导着他的行动,影响着他的整个精神面貌。

个性倾向性是个性结构中的重要组成部分,可以说,它是特点心理能量系统,是个性积极性的源泉,人的心理于行为的力量来自于倾向性,它对人的活动起着控制和调节作用。

8. 气质

(1) 气质的概念

气质是一个人心理活动的稳定的动力特点的总和。一般人讲的"性情""脾气"是气质的通俗说法。心理活动的动力特点包括:心理过程的强度。如情绪的强弱、意志努力程度;心理过程的稳定性和速度。如注意集中时间的长短、知觉的速度、思维的灵活程度;心理活动的指向性。如有的人倾向于外部世界,从外界获得新印象,有的人倾向于内部,经常体验自己的情绪,分析自己的思想和印象。

(2) 气质的特点

① 气质的动力性。

气质的特点之一,就是气质表现在心理活动的动力性上。动力性是气质的一个经常一贯表现出来的、鲜明、突出的特点。

② 气质的可变性。

神经系统的先天性具有可变性,高级神经活动类型具有可塑性。

由于后天社会环境和生活实践的强烈影响,使后天在大脑中获得的暂时联系系统,可以掩盖神经系统的先天特性。

③ 气质类型的中性特点:气质类型无好坏之分。

(3) 气质的类型

① 气质的体液说:古希腊著名医学家希波克拉底根据四种体液(血液、黏液、黄胆汁和黑胆汁)在体内的多寡不同,可分为:胆汁质、多血质、黏液质和抑郁质四种。

希波克拉底的理论在心理学中流传颇久,在历史人物的记载中,小说角色的描述中,常有引用。如《水浒传》里的黑旋风李逵脾气暴躁,气力过人,为人耿直好斗,典型的胆汁质。浪子燕青,使枪弄刀,弹琴吹箫,交结朋友无所不会,聪明过人,典型的多血质。豹子头林冲身负冤仇大恨,尚能忍耐持久,几经挫折,终于逼上梁山,典型的黏液质。《红楼梦》里的林黛玉多愁善感、弱不禁风，典型的抑郁质。这四种气质类型的名称曾被许多学者所采纳，并一直沿用至今。虽然他的理论缺乏科学根据，但在现实生活中确能看到四种气质类型的典型代表。如：俄国名将苏沃格夫是属于胆汁质，"他的见解、言词、运动都以非常的活动而与众不同。他好像不知道安静，给观察者以一种印象，是一位渴望一举做百事的人"，直到老年"他不是走而是跑着，不是骑马而是赛马，不是绕着摆在道上的椅子走，而是从椅子上跳过去"。

在人类中可以找到气质类型的典型代表，但大多数人都是近似某一气质类型，同时又兼有其他气质类型的特点。

② 气质的体型说：德国精神病学家克瑞奇米尔根据他对精神病人的临床观察，提出按体型划分人的气质类型的理论。他认为：气质是由人的体型决定的，他把人分为肥短型、瘦长型、斗士型等等。肥短型者脂肪丰富、肩窄腹大，身体短胖，善于与人相处，平易近人、性格开朗，此谓躁郁性气质，这种人易患躁狂抑郁症。瘦长型者身躯细长，皮肤干燥，肌肉和骨骼都不发达，其特点是胆小退缩，害羞沉静，寡言多思，此谓乖离性气质，这种人易患精神分裂症。斗士型的人则易患癫痫等。

体型与气质、行为倾向

体 型	气 质	行为倾向
肥短型	分裂气质	非社交的、有怪癖、神经质
瘦长型	躁郁气质	社交的、有温情、有感情的
斗士型	粘着气质	固执、严格、理解迟钝、爆发的和冲动性的行为

克瑞奇米尔的类型论对理解个性有一定的参考价值。但他过于强调生物因素，忽视社会因素，而且他把一切人都归入精神病者的类型，显然是不正确的，事实上也没有科学资料证明体型与个性有什么必然的联系。

③ 气质的血型说：人的血型有 A 型、B 型、AB 型和 O 型。有些心理学家认为，人的气质由不同的血型决定的。日本学者古川竹二根据血型把人区分为四种气质：A 型气质的特点是温和、老实稳妥、多疑、怕羞、顺从、依赖他人、感情易冲动。B 型气质的特点是感觉灵敏、镇静、不怕羞、喜社交、好管闲事。AB 型的气质是上述两者的混合型。O 型气质的特点是志向坚强、好胜、霸道、不听指挥、喜欢指使别人、有胆识，不愿吃亏。

气质的血型理论应缺乏科学依据，而没有得到大多数人的认同。

(4) 气质的生理基础

气质的生理基础问题存在着各种不同的学说，其中有一定科学根据、影响较大的有两大学派。分别是柏尔曼的气质激素理论和巴甫洛夫神经活动类型学说。

柏尔曼认为各种内分泌激素分泌的差异是人们气质相互不同的原因。他根据人的某种腺体的发达程度，分泌激素的多少，把人的气质分成五种类型：甲状腺型、肾上腺型、脑垂体型、甲状旁腺型和性腺型。从神经–体液调节来看，内分泌腺活动对气质影响是不可忽视的。但激素说过分强调激素的重要性，忽视神经系统，特别是高级神经系统活动对气质更为直接的影响，也有一定的片面性。

巴甫洛夫在研究高等动物的条件反射时确定大脑皮质的神经过程具有三个基本特性：强度、灵活性和均衡性。这三种特性在个体身上存在着差异与不同的组合，就形成了种种神经系统的类型，因此，神经系统的类型是人的气质生理机制。气质也就是神经系统类型所决定的心理表现。具体见下表：

高级神经活动类型及特性与气质类型对照表

神经系统的特性及类型				气质
强度	平衡性	灵活性	特种组合的四种类型	气质类型
强	不平衡（兴奋占优势）		不可遏制型（兴奋型）	胆汁质
	平衡	灵活	活泼型	多血质
		不灵活	安静型	黏液质
弱	不平衡（抑制占优势）		弱型（抑制型）	抑郁质

(5) 气质类型的表现与鉴定

① 观察法：类型对照法与分析组合法。

② 条件反射测定法。

③ 心理问卷法。

(6) 气质在实践活动中的作用

① 气质类型无好坏之分。

② 气质不能决定一个人活动的社会价值和和成就高低。

有人曾经研究过俄国四个有名作家的气质，认为：普希金属于胆汁质、赫尔岑属于多血质、克雷洛夫属于黏液质、果戈里属于抑郁质，他们在文学史上都有巨大的成就。

③气质影响活动的效率。

要求作出迅速灵活反应的工作对于多血质和胆汁质的人较为合适；要求持久、细致的工作，则对黏液质和抑郁质的人较为合适。特别是一些特殊职业，如：飞机驾驶员、宇宙航行员、运动员等，对人的气质特性提出特定要求。

一般认为，胆汁质、多血质、黏液质的人适宜作运动员，抑郁质的人不大适合从事体育活动。胆汁质型的人容易兴奋，比较适合从事中、短距离跑、跳远、拳击、球类等动作急遽、要求爆发力强的项目；多血质型的人适应性强，可塑性大，对艺术的感受较深、较快，所以除了上述项目外，还可以从事体操、跳水、花样滑冰、击剑、武术等运动项目。黏液质型的人，比较适合于从事棋类、登山、长距离跑等对耐受性要求较多的项目。

9. 性格

(1) 性格的概念

性格是一个人对现实的态度和习惯化了的行为方式中所表现出来的较稳定的心理特征。

客观现实中的各种事物不断作用于人，而人总要对它表现出一定的态度和相应的行为方式。久而久之，这种态度和行为习惯便在个体的心理结构中保留下来，形成稳固的态度体系和与之相应的习惯化的行为方式。因此，性格是个人在活动中与特定的社会环境相互作用的产物。

(2) 性格的生理基础

性格的生理基础是神经类型特征和社会环境影响的"合金"。

所谓"合金"就是暂时联系的建立，一方面受神经系统基本特性的制约；另一方面又能够在一定程度上掩盖或改变神经系统的基本特性。

同时，也有人认为性格与人体体内含有的某种能导致人的精神冲动的微量化学物质有关。

还有人认为性格与食性有关。

(3) 性格的类型

性格类型是指某些性格特征的独特结合。由于性格的复杂性，性格类型的划分迄今也没能达成共识，其中有代表性的如下：

①对立型模式的性格分类。

内倾型与外倾型：荣格按力比多的活动方向，把人的性格分为外倾型和内倾型。外倾型者的力比多活动朝向外部的事物，其心理活动主要由外界与自身的关系引起和支配；内倾型者力比多活动倾向于自身内部，按自己对客观事物的认识来活动。但在现实中纯粹的外倾型和内倾型的人，往往以其中占优势的倾向确定性格类型。

场独立型和场依存型：美国心理学家威特金根据人的信息加工方式的不同提出了场依存和场独立学说，把人的性格分为场独立型和场依存型两类。场独立型者往往倾向于更多地利用自身内在的参与标志去主动地对信息进行加工，他们的社会敏感性差，对他人不感兴趣，不善社会交往。比较喜欢独立地发现问题和解决问题，不易受次要因素干扰，受暗示性也较少。在活动中易于发挥自己的能力，比较有创造性，有时喜欢把意志强加于人，带有支配倾向。场依存型者常处于被动、服从的地位，缺乏主见，受暗示性强，他们对他人感兴趣，社会敏感性强，善于社会交际，但在紧急情况下易惊惶失措，抗应激能力差。威特金强调，这两个性格类型属于一个维度的两端，每个人的性格特征都处于这个维度链条的某一点上。

A 型和 B 型：弗雷德曼在研究心脏病与行为类型的关系时，形成了 A 型和 B 型行为的分类，国内有时称为 A 型性格和 B 型性格。

② 多元型模式的性格分类。根据对性格的研究发现，人的性格存在多种互不相关的特质，并且都很重要，因此可从不同的维度划分性格类型。

个性维度理论：艾森克通过精神医学诊断、问卷、客观动作测验、身体差异研究等手段收集资料，并进行因素分析。在此基础上提出了从外向—内向和情绪的稳定—不稳定两个维度来反映个性的理论。他将性格分成四种类型：稳定—内向型、稳定—外向型、不稳定—外向型和不稳定—内向型，每一种类型包括八种特质，据此还编制了艾森克人格问卷。

卡特尔的特质理论：美国心理学家卡特尔认为，个性是由个性特质构成的。特征是个人在不同的时间、环境下表现出来的稳定而一致的行为特点或行为倾向。他把人的特质区分为独特特质、共同特质、表面特质和根源特质，其中，最有影响的是对表明特质和根源特质的区分上，这也是卡特尔个性理论的特色所在。

(4) 性格与气质的关系

性格与气质相互渗透、彼此制约，关系复杂，有些心理学家甚至把气质看做性格的成分。气质表现为一个人的活动风格，性格决定着一个人的活动态度。

区别：

①气质主要是先天的，更多地受人的生理特点制约；而性格则主要是后天的，更多地受社会生活条件的制约。

②气质表现的范围较窄，它局限于心理活动的速度、强度、稳定性和倾向性等几个方面；而性格表现的范围则广泛，它几乎囊括了人的全部心理活动的一切稳定特点。

③气质类型无好坏之分，而性格则明显地有好坏。

④气质的可塑性极小，变化极慢，性格可塑性较大，变化较快。

联系：

①各种气质类型的人都可以培养积极的性格特征。

②气质影响着性格特征形成、发展的速度。

③各种气质类型的人，即使形成同一种性格特征也会保持各自的气质色彩。

(5) 性格的表现及研究方法

①性格的表现：表现在活动中、表现在言语中、表现在外部表情上。

②性格的研究方法：个案法、测验法、投射法、观察法。

10. 能力

(1) 能力的概述

①能力的概念。

能力是顺利完成某种活动所必需的并直接影响活动效率的个性心理特征。

能力总是和人的某种活动相联系并表现在活动中的。但并不是所有的活动中表现出来的心理特征都是能力。如活泼、沉着、暴躁、谦虚、骄傲等心理特征，虽然与活动的能否顺利进行有一定的关系，但它们并不直接影响活动的效率，因而不能称为能力。而精细的观察力、形象的记忆力、丰富的想象力、敏捷的思考力、精巧的语言表达力、准确的声音辨别力等心理特征，直接影响着活动进行速度的快慢、活动质量的高低和活动效果的好坏。只有这些直接影响活动效率，使活动得以顺利完成的心理特征才是能力。

②能力、才能和天才。

才能——才能就是各种能力独特的结合。

天才——一个人的各种能力或主要能力在活动中达到了最完备的发展和结合，能创造性完成多种或某一领域的活动任务，通常就被称做天才。

运动天才的具体表现：

a. 起点的运动成绩远远超过一般人。

b. 学习速度超过一般人。

c. 身体条件有利某项运动。

d. 心理能力超常。

③ 能力、知识、技能。

联系：

a. 知识、技能的掌握是发展能力的条件、因素和中介。一般而言，知识、技能掌握得越多，能力发展会越好"知多近乎智"就是这个意思。

b. 能力是掌握知识、技能的内在条件和可能性。

区别：

a. 能力与知识、技能的本质不同，它们分属于不同的范畴。具有同样水平能力的人，他们的知识水平并不一定相等，具有相等知识水平的人，也不一定具有同样水平的能力。

b. 能力与知识、技能的获得不是同步的。从时间上看，知识、技能往往随着学习时间的增长而增长，但能力的形成和发展比知识获得要慢。

c. 知识在人的一生中可以不断丰富提高，而能力的发展总是有一定的局限性，既有上升阶段，也有下降阶段，也有些能力随年龄的增长而衰减。据哈克和齐汉的研究表明：

知觉：10~17 岁达到高峰；50~69 岁下降较迅速；70 岁下降迅速。

记忆：18~29 岁达到高峰；30~49 岁缓慢下降；70 岁下降迅速。

思维：（比较和判断）18~49 岁达到高峰；老年下降。

动作反应速度：18~29 岁达到高峰；69 岁前达到较高水平；70 岁下降。

④ 能力和素质的关系。

素质是能力产生的自然前提。没有这个前提，任何能力都无从产生和发展，但素质本身并不是能力，它仅为能力发展提供了可能性，能力则需要在必要的教育和训练过程中形成和发展起来。能力作为一种心理特征，是在人的后天的生活实践中，由某种先天素质同客观世界相互作用后而形成的。

(2) 能力的发展与分配状况

一般说来，能力随着年龄的增长而增长，但发展的速度是与年龄成反比的，即年龄越大，每年发展的"分量"越小。

(3) 能力的个别差异

① 能力类型的差异：表现在完成同一种活动时，不同的人可能采取不同的途径。在知觉、记忆、思维等方面都有明显表现。

② 能力发展水平的差异：心理学上研究较多的是智力发展水平的差异，可分为：超常、中常和低常（低能）。

●超常儿童：指智力发展大大超过同年龄水平的儿童。

特点：

a. 用语流利而正确。

b. 即使不怎么做机械练习，也能轻松而迅速地学习。

c. 对疑难问题能保持长久的注意力。

d. 能提出意味深长的问题。

e. 对广泛的话题有活跃的兴趣。

f. 能理解意义，认识关系，并能清楚地推理。

g. 能掌握抽象概念。

h. 能使用独创的方法和概念。

i. 记忆力强。

j. 对观察到的现象喜欢寻根究底，常常问"为什么"。

超常儿童与早期教育有关：心理学家认为：人生的早期是智力活动的关键期，如：1岁以前是听觉发育的关键期；2~3岁是学习口头语言的关键期；4~5岁是开始学习书面语言的关键期；4岁前是形象视觉的关键期；5岁左右是数概念的关键期。

有心理学家假设人的能力是遵循着递减规律发展的，如果人出生时的智力为100%，生下后，马上进行教育，即可以获得100分的能力，如果到5岁时才开始进行教育，白白地浪费了四年的时间，即使各方面条件都非常好，也只能获得80分的能力。以此说明早期教育的重要性，但早期教育要取得好的效果，一定要注意方法，并遵循儿童的身心特点，千万不要揠苗助长。

●低能儿童。

低能儿童是指智力发展上显著地落后于同龄儿童的水平或在智力发展上有严重障碍的儿童。包括：轻度或可教育的智力落后儿童（50~69）、中等的或可训练的智力落后儿童（25~49）、严重的或需要监护的智力落后儿童（25以下）。

"白痴学者"：在智力普遍低下的背景上，可以具有个别突出的、远远超过一般人的孤立才能。最著名的白痴学者是美国盐湖城的一位名叫金·皮克（Kim Peek）的自闭症患者。他在历史、文学、地理、体育、音乐等15个不同领域都有着超凡的天赋。据报道，皮克有过目不忘本领。他甚至能将一本电话号码簿上的名字和电话号码一字不差地记住。直到如今，皮克几乎能一字不漏地背诵

9000本书的内容。不过，皮克在其他方面却显得相当"低能"，不能料理自己的生活，连穿衣服这类简单的日常工作都不能做。皮克的故事给了好莱坞导演灵感，1988年奥斯卡获奖电影《雨人》（Rainman）就是以他为原型拍摄的。因此，白痴学者又被人们俗称为"雨人"。发现和培养低能儿童的个别才能，在"黑暗面"上找"光明点"，应该引起教育工作者的注意。

③ 能力出现早晚的差异。

创造与成就的最佳年龄是在25~40岁之间，这是人生的黄金时代。但能力的出现也有早有晚，人才早熟的有：据说奥国古典音乐家莫扎特，3岁时就发现了三度音程，谱写了小步舞曲。唐朝王勃，14岁时写下了著名的《滕王阁序》，留下了"落霞与孤鹜齐飞，秋水共长天一色"的名句。也有大器晚成的：如摩尔根发表基因遗传理论时已经60岁了，齐白石40岁时才表现出绘画才能，达尔文50岁时才开始有研究成果，写出巨著《物种起源》等。

(4) 能力的种类

① 认识能力、运动能力和社会交往能力。

认识能力：它是人们在完成活动中最基本、最主要的心理条件。

运动能力：这是包括体育活动能力和劳动能力在内的能力，这是逐步得到提高的。

社会交往能力：它是人们参加社会集体生活与周围人保持协调所不可缺少的心理条件。

② 一般能力和特殊能力。

一般能力：是在各种活动中都存在和表现出来的认识能力。

特殊能力：是指对某一专业领域的活动有特殊意义并在其中显示出来的能力。

③ 优势能力与非优势能力。

优势能力：在一个人生活实践占主导地位。

非优势能力：起着增强优势能力的作用。

(5) 能力的测量

① 印象归纳法。

② 作品分析法。

③ 实验测定法。

④ 智力测验。

a. 什么是智力？

智力是指人们认识客观事物的过程中所形成的稳定的心理机能的综合。它包括注意力、想象力、思维力、观察力和记忆力五方面。

b. 智力测验。

智力测验可以追溯到我国古代。孟子说过，"权然后知轻重，度然后知长短，物皆然，心为甚"，孟子肯定心与物皆具有一种可测量的特性。我国自古以来流传的七巧板、九连环等，都是智力测验的工具。美国心理学家武德沃斯把"九连环"称为"中国式的迷津"。公元 4 世纪，我国古代文学家刘勰设计了世界上第一个测验注意分配的方法，即左手画方，右手画圆；而法国心理学家比奈在 1890 年才开始，因此智力测验并非完全是外国人创造的。

常用的智力测验有：

比奈—西蒙量表：1905 年第一次编制了一套方法，用来测量儿童的智力水平。

斯坦福—比奈量表：此量表适用于 6~14 岁的儿童，属于年龄量表。

韦克斯勒智力测验量表，包括：韦氏幼儿智力量表适合于 4~6 岁幼儿；韦氏修订儿童智力量表适合于 6~16 岁的儿童；韦氏成人智力量表适合于 16 岁以上的成人。

c. 运动员智力总评。

有关运动员智力问题的研究，存在着三种明显不同的方向：第一种是传统智力测验方向；第二种是操作思维测验方向；第三种是认知运动心理学的方向。前两类研究，为我们理解运动员的智力作出了贡献，而后一种方向，则代表着运动员智力研究的发展趋势。

中国学者在传统智力测验方向上进行的有关运动员智力问题的研究，主要是通过体育院系学生和高水平运动员进行标准化智力测验，如运用《韦克斯勒成人智力量表》或《瑞文标准推理测验》来探讨运动与智力的关系。

综合国内研究和国外的其他同类研究的结果，可以看出以下趋势：

① 高水平运动员具备中等或中等以上水平的智商。

② 体育专业学生的智力水平与文理科学生的智力发展水平无显著差异。

③ 运动专项不同，取得优异成绩所要求的智力特征也不相同。

④ 运动技能的类型不同，水平不同，智力因素对技能获得的影响也不相同。

⑤ 运动技能学习的阶段不同，智力因素对掌握运动技能的影响也不同。

⑥ 智力缺陷儿童的智商分数越低，技能操作成绩也越差，掌握运动技能也越困难。

⑦ 在所完成的操作任务难度和智商分数之间有中等程度到高的相关。

综合国内外学者的研究，国内有学者就"运动智力"的概念做出了以下解释：是人们在掌握和表现运动技能的过程中必须具备的心理特征。

对运动智力研究的意义：

有助于消除某些人认为运动员"四肢发达、头脑简单"的偏见。如果让运动员来解决数学家面临的问题，他们的确是"头脑简单"的人，反过来也一样，若要请数学家来解决运动员面临的问题，他们不仅会遇到肌肉运动的困难，而且更重要的，他们还会遇到加工运动信息的困难，他们的大脑对于加工运动信息过程中的编码、储存、提取，用预测、决策等问题也就是十分"笨拙"的。脱离具体环境条件来认识智力问题，至少是不完整的。

有助于运动员的选材工作。在选材工作中，我们不仅关心运动员是否具备了成为高水平运动员所必须具备的中等以上的一般智力发展水平，而且更关心运动员在具体运动情境中解决问题的能力。教练员在选材时可以考虑设置一些"一般化"的具体运动情境来考察运动员在运动信息加工过程中的知觉、注意、记忆及思维能力。

可以使我们正确认识体育运动与智力发展的关系。有些研究者根据对运动员和一般人进行智力测验的结果，认为体育运动可促进智力发展，但在接受这类结论时均应谨慎从事。因为目前的研究没有有效的数据来说明此观点，更多的研究是描述性或关系性研究，其研究设计不具备得出因果关系结论的功能；有些同类研究得出了不相一致的智力测验结果。我们可以假设：运动训练促进的更多的应是运动智力的发展而不是一般智力的发展。

第二节 学习要求和知识拓展

一、学习要求

(一) 学习要求

理解个性的定义和个性的心理结构；使学生明确在体育教学中，教师必须了解学生的个性特点，才能做到有的放矢，提高课堂教学效果。掌握个性心理特征中气质、性格、能力的基本概念及其相互关系。

（二）重点和难点

① 重点：掌握个性心理的基本知识并学习运用于体育教学实践。能力的概念及个别差异，心理测量的方法。

② 难点：性格、能力和气质之间的关系。

二、知识拓展

（一）运动兴趣及其培养

1. 运动兴趣的概念

兴趣是人们积极地认识和探究某种事物或从事某种活动的一种心理倾向，是获得知识、开阔眼界、丰富心理活动的重要动力。

运动兴趣是指人们积极地认识、探究或参与体育运动的一种心理倾向，是获得体育与健康知识和技能，促进身心健康的重要动力。

2. 运动兴趣的特性

（1）运动兴趣的倾向性

运动兴趣的倾向性是指运动兴趣总是指向一定的体育项目或体育事件。

（2）运动兴趣的广泛性

运动兴趣的广泛性是指运动兴趣指向对象范围的大小。

（3）运动兴趣的稳定性

运动兴趣的稳定性是指运动兴趣持续时间的长短。运动兴趣的持续时间越长表明稳定性越强，持续时间越短则稳定性越弱。

（4）运动兴趣的效能

运动兴趣的效能是指运动兴趣对推动体育活动所产生的效果。根据运动兴趣的效能水平可分为积极的和消极的两种。

3. 运动兴趣的分类

人的运动兴趣是多种多样的，可以根据不同的标准来分类。

(1) 根据运动兴趣的内容，可以分为物质兴趣和精神兴趣

物质兴趣是以人的物质需要为基础的兴趣，主要表现在对运动用品（如运动服装、运动器材等）的兴趣。精神兴趣则是以人的精神需要为基础的兴趣，表现为对运动的偏好和渴望。

(2) 根据运动兴趣的倾向性，可以分为直接兴趣和间接兴趣

直接兴趣是由于对体育活动本身感到需要而产生的兴趣，如对参与体育活动、观看体育比赛等方面的兴趣。

间接兴趣不是对体育活动本身产生的兴趣，而是对体育活动的未来结果感到需要而产生的兴趣，如保持体型、增进健康等等。

(3) 根据运动兴趣的广泛性，可分为广泛兴趣和中心兴趣

广泛兴趣是指对多项体育运动（如球类运动、水上运动等）或某一项体育运动多方面的事物或活动（如运动技术、运动心理、运动生理等方面）感兴趣。

中心兴趣则是在广泛兴趣的基础上，对某一类（项）体育运动（如球类运动）或体育运动的某一方面（如运动心理）有特别浓厚而稳定的兴趣。

(4) 根据运动兴趣的深度、范围和稳定性，可分为有趣、乐趣和志趣

a. 运动兴趣的初级水平——有趣。

"有趣"是人们对于新事物或有趣现象的直接兴趣，属于始发状态的低层次兴趣，是由事物的新异刺激而引起的好奇心。

b. 运动兴趣的比较高级水平——乐趣。

"乐趣"是继发状态的中层次兴趣。"有趣"不断地发展积累，由量变引起质变，由被动的、观赏性的兴趣转化为主动参与的兴趣，其动力效应大大增强，从而形成"乐趣"。

c. 运动兴趣的高级水平——志趣。

"志趣"是完成状态的高层次兴趣，即对体育运动技能及其基本用途的兴趣。志趣是乐趣与志向的结合，是推动人实现远大理想目标的迷恋性的、最稳定的动力倾向，是学生获得好成绩的最宝贵的心理动力。

4. 培养学生运动兴趣的重要性

(1) 强大的动力作用

兴趣是学习的原动力，是一种积极的心理倾向，并带有强烈的感情色彩，有助于人创造性地完成当前的活动。

学生有了浓厚的运动兴趣，就能积极主动地把自己当成体育学习的主人，充

分发挥自己的潜能并使之处于最活跃的状态。

(2) 培养学生的探究学习和创新能力

著名科学家爱因斯坦有句名言：“兴趣是最好的老师。”

(3) 最终实现终身体育

运动兴趣的形成可以对其今后终身从事体育专业或主动参与体育运动起到准备作用。另外，运动兴趣对终身体育的实现也具有促进作用。

5. 影响运动兴趣水平的主要因素

(1) 运动需要的满足

需要是兴趣产生的基础，运动需要一旦得到满足，就会产生运动愉快感，从而激发运动兴趣。所以说，学生的运动需要是其运动兴趣得以激发与培养的源泉。

(2) 现有的运动技能水平

在体育教学中，影响学生运动兴趣形成与发展的重要条件，主要不在于运动技能掌握广度（多）而在于其深度（精），即运动技能的水平。

(3) 运动内容的新奇性与适合性

参与有乐趣和没乐趣的体育运动对学生身心的影响程度差别很大。一般来讲，趣味性、娱乐性和竞争性越强的内容越具有魅力，越能吸引学生兴趣盎然地参与学习或练习。

(4) 成功体验的获得

当活动取得成功、愿望实现的时候，就会感到一种心理上的满足，甚至喜形于色，眉飞色舞，这是积极的情绪体验。这种体验反过来又会形成一种继续满足需要的追求，从而产生更高水平的兴趣。

(5) 融洽的师生关系

教育心理学告诉我们，融洽的师生关系直接影响着学生的学习情绪，师生心理相容能提高教学效果。

体育教师一方面要努力提高自己的师德修养和业务水平，在学生中塑造自己的良好形象。另一方面，体育教师必须热爱学生，关心学生，了解和理解学生，和学生交朋友，培养学生对体育教师的亲切感。创造一个师生心理相容的良好环境，使学生“亲其师，信其道，乐其道”。

（二）弗洛伊德的人格“三我”结构

弗洛伊德（Freud Sigmund，1856—1939）将人格结构分为三个层次：本我、自我和超我。

1. 本我

本我（id）位于人格结构的最底层，是由先天的本能、欲望所组成的能量系统，包括各种生理需要。本我具有很强的原始冲动力量，弗洛伊德称其为力必多（1ibido）。本我是无意识、非理性、非社会化和混乱无序的。它遵循快乐原则。

2. 自我

自我（ego）是从本我中逐渐分化出来的，位于人格结构的中间层。其作用主要是调节本我与超我之间的矛盾，它一方面调节着本我，一方面又受制于超我。它遵循现实原则，以合理的方式来满足本我的要求。

3. 超我

超我（superego）位于人格结构的最高层次，是道德化了的自我，由社会规范、伦理道德、价值观念内化而来，其形成是社会化的结果。超我遵循道德原则，它具有三个作用：一是抑制本我的冲动，二是对自我进行监控，三是追求完善的境界。

在人格结构里，本我、自我和超我三者相互交织在一起，构成人格的整体。它们各自代表了人格的某一方面，本我是生物本能我，自我是心理社会我，超我是道德理想我。它们各自追求不同的目标，本我追求快乐，自我追求现实，超我追求完美。当三者处于协调状态时，人格表现出一种健康状况；当三者互不相让、产生敌对关系时，就会产生心理疾病。

〔资料来源：Freud，1917.〕

第三节 综合练习题

一、名词解释

① 个性。
② 气质。
③ 性格。

④ 能力。

⑤ 动力定型。

⑥ 自我。

⑦ 需要。

⑧ 动机。

⑨ 兴趣。

⑩ 运动能力。

⑪ 社会交往能力。

⑫ 认识能力。

二、填空题

① 个性的特征是 _____ 、_____ 和 _____ 。

② 个性的特质是 _____ 、_____ 和 _____ 。

③ 个性的和谐发展是以兴趣的广泛为前提的，但 _____ 应与 _____ 相结合，才是良好的兴趣品质。

④ 气质包括 _____ 、_____ 、_____ 和 _____ 。

⑤ 能力是 _____ 完成某种活动 _____ 的心理特征。

⑥ 学生应该在大学期间形成三种能力：_____ 、_____ 、_____ 。

三、单项选择题

① "人心不同，各如其面。" 指的是人的个性的 _____ 。

A. 稳定性　　　　　B. 可变性　　　　　C. 个别性　　　　　D. 共性

② 个性受生物特性制约，但对个性起决定作用的是 _____ 。

A. 遗传　　　　　　　　　　　B. 神经类型

C. 个性的生物制约性　　　　　D. 社会生活条件

③ 四种气质类型的人都可以形成 "爱助人" 的品质，_____ 者往往是兴高采烈、善说会道的去助人。

A. 胆汁质　　　　B. 多血质　　　　C. 黏液质　　　　D. 抑郁质

④ _____ 在一个人生活实践中占主导地位，其他能力起增强 _____ 的作用。

A. 一般能力　　　B. 特殊能力　　　C. 优势能力　　　D. 非优势能力

四、简答题

① 个性的结构？

② 个性的特征？

③ 气质的类型？

④ 四种气质类型及其生理基础？

⑤ 鉴定气质类型的方法？

⑥ 性格的生理基础？

⑦ 性格的静态结构特征？

⑧ 性格的动态结构特征？

⑨ 常用的性格研究方法？

⑩ 知识、能力、技能三者的关系？

⑪ 能力、才能、天才三者的关系？

⑫ 能力和素质的关系？

⑬ 能力发展的一般规律？

⑭ 能力的个别差异？

⑮ 能力测量的意义？

五、论述题

① 性格与气质的关系？

② 性格与能力的关系？

③ 一般能力与特殊能力的关系？

④ 一般体育能力与特殊体育能力的关系？

⑤ 优势能力与非优势能力的关系？

⑥ 常用的能力鉴定与测量的方法，各种方法的优缺点？

第四节　参考答案

一、名词解释

① 个性：个性是指具有一定倾向性的比较稳定的心理特征的总和。

② 气质：气质是指人的心理活动的稳定的动力性特征。

③ 性格：性格是指个人对现实的稳定的态度和习惯化了的行为方式。

④ 能力：能力是指顺利完成某种活动所必需的并直接影响活动效率的个性心理特征。

⑤ 动力定型：自动化的、比较稳固地暂时联系系统称为动力定型。

⑥ 自我：自我是指人对自己的认识和评价。

⑦ 需要：需要是指人对满足个人或社会生活所必需的东西的渴求和力求占有的趋势。

⑧ 动机：动机是指直接推动人进行活动的内部动力。

⑨ 兴趣：兴趣是指人积极探究某种事物的认识倾向。

⑩ 运动能力：它包括体育活动能力和劳动能力在内的能力，这是逐步得到提高的。

⑪ 社会交往能力：它是人们参加社会集体生活与周围人保持协调所不可缺少的心理条件。

⑫ 认识能力：它是人们在完成活动中最基本、最主要的心理条件。

二、填空题

① 个性的稳定性与可变性　　　个性的个别性和共性
　　个性的生物制约性和社会制约性

② 气质　　　　　性格　　　　　　　能力

③ 广泛兴趣　　　中心兴趣

④ 胆汁质　　　　多血质　　　　黏液质　　　抑郁质

⑤ 顺利　　　　　必备

⑥ 认识能力　　　运动能力　　　社会交往能力

三、单项选择题

① C ② D ③ B ④ C

四、简答题

① 个性的结构？

个性 { 个性心理特征 气质、性格、能力
个性倾向性 { 需要、 动机、兴趣
理想、信念观、世界观

② 个性的特征？

A. 个性的稳定性与可变性。

B. 个性的个别性与共性。

C. 个性的生物制约性与社会制约性。

③ 气质的类型？

气质类型：胆汁质、多血质、黏液质、抑郁质。

④ 四种气质类型及其生理基础？

神经系统的特性及类型				气质
强度	平衡性	灵活性	特种组合的四种类型	气质类型
强	不平衡（兴奋占优势）		不可遏制型（兴奋型）	胆汁质
	平衡	灵活	活泼型	多血质
		不灵活	安静型	黏液质
弱	不平衡（抑制占优势）		弱型（抑制型）	抑郁质

⑤ 鉴定气质类型的方法？

观察法、类型对照法与分析组合法、条件反射测定法、心理问卷法。

⑥ 性格的生理基础？

后天形成的自动化了的动力定型是性格发生的生理基础。

⑦ 性格的静态结构特征？

性格的认知特征、性格的情绪特征、性格的意志特征、对现实态度的性格特征。

⑧ 性格的动态结构特征？

性格的动态特征是指在不同活动中，各种性格特征会以不同的结合方式表现出来，并且是不断发展变化的。性格的动态特征，还表现在性格的各个侧面。如在各种不同的场合，有时以某个侧面表现出来，有时又以另一个侧面表现出来。

⑨ 常用的性格研究方法？

个案法、测验法、投射法、观察法。

⑩ 知识、能力、技能三者的关系？

联系：

①知识、技能的掌握是发展能力的条件、因素和中介。

②能力是掌握知识、技能的内在条件和可能性。

区别：

①能力与知识、技能的本质不同，它们分属于不同的范畴。

②能力与知识、技能的获得不是同步的。从时间上看，知识、技能往往随着学习时间的增长而增长，但能力的形成和发展比知识获得要慢。

③知识在人的一生中可以不断丰富提高，而能力的发展总是有一定的局限性，既有上升阶段，也有下降阶段，也有些能力随年龄的增长而衰减。

⑪ 能力、才能、天才三者的关系？

能力是顺利完成某种活动所必需的并直接影响活动效率的个性心理特征。

才能就是各种能力独特的结合。

天才：如果一个人的各种能力或主要能力在活动中达到了最完备的发展和结合，能创造性完成多种或某一领域的活动任务，通常就称为天才。

⑫ 能力和素质的关系？

能力是一种心理特征，它不是人生来就具有的。有机体与生俱来的某些生理特点，特别是神经系统，感觉器官和运动器官的解剖生理特点，称为素质。素质是能力产生的自然前提，没有这个前提，任何能力都无从产生和发展。但素质本身并不是能力，它仅为能力发展提供了可能性，能力则需要在必要的教育和训练过程中形成和发展起来。能力作为一种心理特征，是在人的后天的生活实践中，由某种先天素质同客观世界相互作用后而形成的。

⑬能力发展的一般规律？

人的能力和发展是由低至高的逐渐完善起来的，其发展的速度要受到教育、训练以及能力开发等实践活动的制约。虽然如此，能力的发展也是有规律可循的。一般说来，能力随着年龄的增长而增长，但发展的速度是与年龄成反比的，即年龄越大，每年发展的"分量"越小。能力发展的这种先快后慢的增长规律，是适用于能力发展高的人、一般水平和低等能力水平的人。

⑭能力的个别差异？

能力的类型差异：能力的类型差异主要表现在认识过程的那些稳定的心理品质上。能力表现的年龄差异：这个差异是指能力的成熟有早晚之差异。能力与人的个性类型：巴甫洛夫根据人的两种信号系统协同中，哪种信号系统占优势，把人们的能力区分为三种类型："艺术型""思维型""中间型"。

⑮能力测量的意义？

能力的测量，可以对人的能力做出鉴定、评价。它可以做到因材施教、因材录用。对专业人员的选拔，以做到人尽其才，如对运动员的选拔，可以为培养、训练运动人才起到推动作用。

五、论述题

①性格与气质的关系？

性格与气质的区别：A. 气质受先天影响多些，变化较难、较慢，而性格变化比气质容易些、快些。B. 相同气质类型的人可以形成互不相同的性格特征，如同是胆汁质者，有的骄傲，有的谦虚，有的慷慨，有的吝啬，而不同气质类型的人又都可以形成同一性格特征，如形成爱祖国，守纪律，坚强，勇敢的性格等。C. 气质类型无好坏之分，而性格却有好坏之别。

性格与气质的联系：A. 每一种气质类型都具有易于形成某些积极的或消极的性格特征的条件。B. 各种气质类型的人即使形成同一种性格特征，也还会保留有各自的气质色彩。比如，四种气质类型的人都可以形成"爱助人"的品质，胆汁质者常常是急切豪爽地去助人；多血质者往往是兴高采烈、善说会道地去助人；黏液质者经常是不动声色、从容不迫地去助人；而抑郁质者可能是带着怜悯焦虑的心情默默地去助人。C. 人的气质的某些特征，如敏捷、忍受性、沉着、细心等，与性格特征难以区分。

② 性格与能力的关系?

性格与能力之间的联系也是非常密切的:A. 坚强的性格可以促进能力的发展或弥补能力的不足,而缺乏自信、怠惰的性格也可以成为能力发展的障碍,使聪明的人变得一事无成。B. 人的能力总是在教育训练等实践过程中得到发展的,而在这一过程中人们也同时会形成如严格、认真、坚毅等性格特征。许多杰出人才,不仅仅是因为有较高的智力、创造力,同时也都是因为具有不屈不挠、坚忍不拔的性格。C. 所以,性格与能力是互相制约、相互影响,彼此关联的心理现象。

③ 一般能力与特殊能力的关系?

一般能力是在各种活动中都存在和表现出来的认识能力。如观察力、记忆力、想象力、思考力、创造力等。它的水平高低对各方面活动都有影响。特殊能力指对某一专业领域的活动有特殊意义并在其中显示出来的能力,如音乐、绘画、文学、戏剧、体育运动等方面的能力。特殊能力是对顺利完成某一专业领域的活动起重要作用的心理条件。

一般能力与特殊能力并不是对立的,一般能力总是在特殊能力之中表现,而特殊能力的发展也使一般能力有所提高。体育运动人才的心理选材,重要内容是要测量体育运动所需要的特殊能力。

④ 一般体育能力与特殊体育能力的关系?

一般体育能力是指从事各种体育活动都必须具备的能力。它主要指动作感受性的敏锐度、知觉的广度和深度、表象的完整性和清晰性、反应的迅速性和准确性、操作思维的敏捷性和实效性、运动记忆的及时性和准确性以及想象力和注意力等方面的心理机能。

特殊体育能力是指从事专门体育活动所必须具备的能力,又称为专项运动能力,因体育项目的特点不同而各不相同。例如,从事体操运动(非周期性运动项目)主要应具备的特殊体育能力包括肌肉用力感(用力的准确性)、平衡感、空间定向(方位知觉)能力、动作反馈能力、时间节奏感或韵律感、动作表象的完整性和清晰性以及动作短时记忆的准确性等,其中以前五项尤为重要。

⑤ 优势能力与非优势能力的关系?

具体到一个人的能力,也存在着优势能力与非优势能力。一个人往往有多种能力,形成一个能力系统。在这个能力系统中,通常有一种能力占优势,其他的能力从属于它。如有的国际有名的运动员,运动才能占优势,但同时又具有数学才能或绘画才能;有的数学家,数学才能占优势,但同时又具有物理学和历史学等方面的才能。陈毅同志是一位无产阶级革命家，具有卓越的军事战略战术的指挥才能，同时又具有吟诗赋词的才能，具有高超绝技的象棋技艺。优势能力在一个人生活实践中占主导地位，其他能力起增强优势能力的作用。

不同的人都能顺利地完成同样的活动，但在完成活动中，各种因素所起的作用可能不同。如在运动竞技中，两个优秀的乒乓球运动员，一个主要靠动作稳健和准确，另一个主要依靠动作的强度和灵活，他们同样可以表现出乒乓球运动的卓越才干。这种情况下，优越能力在完成活动时可以补偿非优势能力的不足。

⑥ 常用的能力鉴定与测量的方法，各种方法的优缺点？

A. 印象归纳法：这是根据某人在日常的生活、学习及处理问题等活动中一贯的智力表现，把它与同龄人的情况加以比较，予以概括，从而确定他有某些能力特点的方法。这种方法运用方便自然，但容易主观、不精确。B. 作品分析法：作品是人的智力活动的产物，透过它可以分析人的能力发展的水平及才能的倾向。这种方法需要研究者具有足够的心理学知识与分析的经验及技能。C. 实验测定法：这是创设一定的情境，引起人们对事物的某种认知活动，依据各被试在相同条件下所产生的不同的认识结果而确定其智力水平的方法。如测定注意的分配能力、联想记忆的能力、思维求异性能力的水平等等。D. 智力测验：这是使用一套比较系统的测量题目，并用数值来表示个人智力发展水平的一种方法或工具。智力测验的种类较多，其中著名的有"比奈智力测验""斯垣福—比奈智力测验"和"韦克斯勒智力测验"等几种。智力测验由于比较系统地集中了大批典型的实验项目，使用了定量分析与常模（即事先按团体测验的资料所确定的评分标准），方法显得科学一些，取得的结果比单凭观察与分析所做的估计更有依据。但是，人的智力并非是个别能力的机械总和，因而用单项测验所得的分数相加能否代表个人智力水平的真实情况，还有待研讨。

第七章 青少年学生和运动员心理

个体从出生到衰老，心理在不断地变化发展，心理发展既具有普遍性，又具有个体差异性。青少年期，是个体生长发育的特殊时期，是身心发育的重要转折点，是从儿童期的不成熟状态向青年期的成熟状态的过渡时期。本章主要介绍了心理发展和自我意识的概念和相关内容。

第一节 知识要点

一、知识点

心理发展的概念，心理发展的一般规律，个体心理发展阶段，影响心理发展的基本因素；自我意识、自我概念，青少年期的自我同一性危机。

二、主要内容

1. 个性心理发展概述

个体从出生到衰老，心理在不断地变化发展，心理发展既具有普遍性，又具有个体差异性。

(1) 心理发展的概念

心理发展的概念有广义和狭义之分。

广义而言，心理发展包含心理的种系发展、心理的种系发展和个体心理发展。

狭义而言，心理发展仅指个体心理发展。个体心理发展是指个体从出生到成熟到衰老过程中心理的发生和发展。一个人出生的时候是否有心理？他的心理是怎样发生的？在各个年龄阶段（儿童、青年、成年、老年）中又是怎样发展变化的？它是按什么规律发展变化的？这些发展变化在人的生活和发展上具有怎样的意义？所有这些，都是研究个体心理发展所必须阐明的问题。

心理年龄特征：在个体心理发展的各个年龄阶段所表现出来的一般的、典型的、本质的特征，称为心理年龄特征。

（2）心理发展的一般规律

人类心理发展规律具有普遍性，但个体心理发展在发展进程、内容、水平等方面又具有千差万别的特殊性。各种特殊性统称为心理发展的差异性。心理发展的规律性体现在心理发展的普遍性和差异性的复杂关系中。概括起来有以下几点：

① 心理发展是一个持续不断的过程，每一心理过程和个性特点都逐渐地、持续地发展着，由较低水平到较高水平。

② 心理发展有一定的顺序性，个体心理过程和个性特点的发展也有一定的顺序。一般来说，个体最早发展感知觉，然后是发展运动机能、情绪、动机和社会交往能力，而思维能力发展较慢，尤其是抽象思维能力的发展较晚。

③ 心理发展过程呈现出许多阶段，前后相邻的阶段有规律地更替着，前一阶段为后一阶段准备了条件，从而有规律地过渡到下一阶段。

④ 心理发展的不平衡性：各个心理过程和个性特点的发展速度不完全一样，它们达到成熟的时期也各不相同。如感知觉、机械记忆等早在少年期之前就已发展到相当水平，而逻辑思维则需至青年期才有相当程度的发展。从个体整体发展来看，婴幼儿和青春期发育较快，成人期的发展比较平稳缓慢。

⑤ 心理的各个方面的发展是相互联系和相互制约的，如儿童知觉的发展是记忆发展的前提，而记忆的发展又反过来影响知觉的发展。知觉为思维提供具体的直观材料，这是思维发展的基础，而思维的发展又完善了知觉，使之成为有目的的观察。

⑥ 心理发展的个别差异性。由于人们的环境和教育条件不尽相同，遗传素质也有差异，所从事的活动也不一样，心理发展的速度和心理各个方面的发展情况也是因人而异的。这就造成了同一年龄阶段上的不同儿童在心理上的差异。

2. 个体心理发展阶段

个体心理发展是一个由量变到质变、不断矛盾运动的发展过程。人的一生，在不同时期，呈现有不同的矛盾，这些特殊矛盾的产生和解决，不仅推动了心理发展，还形成了不同时期本质的心理特征，这些不同质的心理特征就构成了心理发展的阶段性。中国的教育和心理学工作者根据心理矛盾运动的特点，参照主导活动和学制，一般将个体出生至青年这一时期分为六个阶段。为便于理解，本书将个体的心理发展阶段分为婴幼儿心理发展特征、儿童心理发展特征、青少年心理发展特征、成人心理发展特征、老年心理发展特征进行分析。

(1) 婴幼儿心理发展特征

婴幼儿期是指从出生至六七岁这一时期。这一时期又包括婴儿期（出生至1岁），幼儿前期（1~3岁），幼儿期（3~7岁）。有关专家认为，婴幼儿期是人一生中身心各方面发展最快的时期，也是人生转折点最集中、最多的时期。

婴幼儿的心理是在生活环境中，不断接受外界刺激和大脑皮质分析综合机能逐渐完善的基础上发展起来的。在出生后的第一年中，他们的感觉有相当程度的发展。知觉逐渐产生，并且有初步识记能力和智力活动，情绪反应也开始发展起来。在此基础上，其心理活动发生了质的变化，即心理过程开始具有自觉性和随意性。

① 感知觉的发展。

婴儿的感知觉多数是在摆弄玩具以及使用其他物体的过程中形成和发展的。婴儿对在摆弄和使用各种物体的过程中，逐渐区分出物体的各个部分，熟悉物体的各种属性。在感知事物的各种属性后形成对该事物的整体认识。婴儿的知觉缺乏目的性，常常凭兴趣而异。

② 思维的发展。

幼儿期是思维迅速发展时期，3岁左右幼儿的思维是在直接感知和具体行动中进行的，他们不会想好了再行动，只是在行动中思考。以后逐渐向具体思维过渡，并成为幼儿期思维的主要形式。幼儿概括的范围非常狭窄，只局限于他生活现实中所能接触到的熟悉的同类事物，而且概括一般都是根据事物的外部特征，而不是事物的本质属性。6岁左右的幼儿抽象逻辑思维开始发展。

③ 情绪和情感的发展。

婴幼儿期的情绪反应主要取决于需要满足的情况和健康的情况。当婴幼儿的需要得到满足时，他们会表现出高兴、愉快等积极的情绪体验，当他们的需要得不到满足时则会表现出愤怒、哭喊等消极的情绪体验。

在这一时期，除了情绪之外，孩子开始有了比较复杂的情感体验，即在情绪的基础上产生的对人、对物的关系的体验。最初表现出来的是同情心，对故事中的坏蛋表示愤怒；对警察表现出尊重，对周围的人（如母亲、保姆）的痛苦表示同情等。随着言语机能的发展，对美、丑、好、坏有了一定的分辨，萌发了人类高级社会情感。在正确的教育下，孩子会具有最初的责任感，例如在老师上课时不乱动、不说话，要做听话的好孩子。如果教育不恰当，孩子也会产生和发展一些否定的、不良的情绪和情感，如嫉妒、见生人怕羞、怕黑暗、怕雷声、爱发脾气等等。

无论是肯定的或否定的情绪和情感，孩子的情绪、情感都带有一种易变的特点，非常容易受外界刺激物的影响，时常会出现一会儿还在哭着，一会儿会破涕为笑的现象。

④ 自我意识的产生和发展。

婴幼儿自我意识，实际上只能算是一种自我感觉，还是不明确的自我意识。婴幼儿早期不能认识自己的存在，也无法区分自己的身体与外界事物。随着身体的发育，在他与外界事物的接触和相互作用中逐渐分清自身和身外之物的区别。逐渐认识到自身是一个独立的实体，而有了自我感觉。婴幼儿在学会自由行走以后，特别是掌握言语以后，通过词的中介作用，极大地促进了儿童的自我发展。他们先学会意识到自己身体的各个部分，然后知道自己的名字，对"我"字的掌握，促使了婴儿自我意识的产生。到 3 岁时，在自我意识形成中，产生萌芽的独立性。常常不愿大人帮助，要求自己独立处理问题。

⑤ 语言的发展。

儿童的语言发展是以能说出第一批真正能被理解的词开始。小儿语言发育的年龄大致相似，但也有个体差异，一般五个月左右。儿童进入呀呀学语阶段，发出一些类似于成人语音中所使用的那些音节的重复，但这只是一种发音游戏，婴儿从中获得快感，但没有意义。8~9 个月婴儿已经开始表现出能听懂成人的一些话，并做出相应的反应。直到 1~1.5 岁，儿童开始说出有意义的单词，以后可组成句子，先会用名词，而后才会用动词、代名词、形容词、介词等。3~4 岁的幼儿已能够掌握全部基本语音，词汇量增多。在正确的教育下逐步掌握语法结构，幼儿到了 5~6 岁时，连贯性口头语言的表达能力大大提高。

⑥ 想象力的发展。

幼儿具有丰富的想象力，集中表现在幼儿象征性游戏（如过家家、开汽车等）及创造性的游戏（如搭积木、具有想象力的游戏），5~6 岁儿童象征性游戏已发展到顶峰。幼儿丰富的想象力还表现在幼儿的绘画、手工、讲故事等活动中。幼儿的想象以再造想象为主，创造想象正在发展，想象主题易变化，并常常有夸张性。随着儿童生活经验和知识的增长，幼儿从事这些活动的目的性、创造性和独立性也日益增强，想象类游戏逐渐消退，代之而起的是竞赛性游戏。

⑦ 注意力的发展。

幼儿期不随意注意与随意注意都在发展，但仍以不随意注意占优势，鲜明、新颖、具体形象、变化的事物都能自然而然引起幼儿的注意。通过游戏活动，在向儿童不断明确游戏任务的过程中，促进幼儿随意注意的发展。

在心理学的实验中已经证明，在 0.1 秒速视条件下，正常成人一般能把握 8~9 个黑色的圆点，或 4~6 个无联系的外文字母或 4~5 个无联系的汉字。对幼儿来说，在 0.1 秒的速视条件下，呈现 4~9 个黑色的圆点，已能正确地辨认圆点数，并随着年龄的增长而增加。73.5% 的 4 岁幼儿能辨认 2 个圆点，66.6% 的 6 岁幼儿已经能辨认 4 个圆点，44.6% 的幼儿能辨认 6 个点。但是有一部分幼儿直至小学 2~4 年级时，还有极少数（10%~16%）才能辨认 9 个圆点。幼儿 2~3 岁时可以集中注意 10~12 分钟，5~7 岁能聚精会神 15 分钟左右。

⑧ 记忆的发展。

幼儿期的记忆带有很大的不随意和直观形象的特点，主要是不随意的记忆，在教育的影响下，记忆开始发展。幼儿记忆很容易受成年人暗示，也很容易发生现实与臆想混淆现象，为此幼儿十分相信童话和传说中的人物和情节，也会编织一些自己十分向往却根本不存在的事情，成人还往往认为幼儿在撒谎。幼儿在识记过程中很少使用记忆策略，他们还不能利用语词作为记忆的中介物来帮助记忆。到了 6~7 岁虽然可以在别人的提醒下利用词为中介物来提高记忆的效果，但他们自己尚不能去主动的利用。

(2) 儿童心理发展特征

儿童期是介于幼儿期和青春期之间的一个重要的发展时期。7~12 岁为儿童，亦称学龄儿童期。这时体重增长加快，更换乳牙，长出第一、二磨牙。生理上，心肺功能稳定，以适应日益增多的体力活动；大脑皮质功能更加发达，特别是第二信号系统发育迅速，已能适应复杂的学校和社会环境，对各种传染病抵抗能力增强。

① 自我意识进一步发展。

幼儿期开始了自我意识的萌芽，并初步形成了自我意识。儿童的自我意识，主要表现在自我评价上。低年级的儿童和幼儿差不多，还不会独立地评价自己。随着年龄的长大，学习的深入，知识的增长，学校、老师、家长、社会的教育和影响，自我评价能力得到不断发展，自我评价的独立性日益增长，自我评价的原则性逐渐形成，自我评价的批判性有所发展。我，作为一个独立的概念，渐渐地在脑海中形成。

②认知能力明显提高。

儿童进入学校后，学习成为主导活动。在学习过程中，儿童的感知、注意能力、记忆力、想象能力和思维能力都有了崭新的提高和发展。儿童从无意到有意，从冲动到思考，从短暂到持久，从具体到抽象，从表面到深入，从简单到复杂地观察和认识周围环境、社会事物以及所学到的概念和知识。

记忆力的发展：11岁以前，儿童记忆的范围更广、内容更丰富、记忆储存时间也延长；随着年龄的增长，无意记忆及有意记忆均在发展，但有意记忆发展更快，此期已占主导地位，随着学习任务和学习方法的提高和改进有意记忆不断得到改造和发展；词的抽象记忆快速发展，逐渐占主导地位。

想象力的发展：儿童随着年龄的增长及知识的积累，想象的无意性、模仿性逐渐减少，而有意性、现实性及创造性想象逐渐增多，如在看图作文中能想象出许多生动的、合情合理的情节，但此期儿童想象的目的性、复杂性及概括性还不高。

思维能力的发展：在此时期，儿童的抽象思维水平不断提高，发展的总趋势是抽象逻辑思维越来越占主导地位，但对于各门具体的学科来讲，儿童思维又表现出很大的不均衡性，一般对于比较熟悉的，较容易与具体形象相联系的概念，思维水平较高，对于比较生疏而距形象较远的概念，思维水平较低。

情感日趋稳定：在儿童期，由于生活条件、生活环境的改变，接触到了更多的人和事物，与客观现实的相互关系变得复杂化了，这自然会引起复杂的体验。多种复杂的体验促进情感的发展，使情感的内容不断丰富、充实，情感也日益稳定和深沉。同时，在思想教育和文化教育的影响下，那些与社会的精神文明需要相联系的高级情感也开始发展起来。有了集体荣誉感、友谊感、理智感、道德感，美感也逐渐形成。儿童的情绪不再像在幼儿时期那样变幻莫测、喜怒无常，他们开始懂得控制自己的情绪，很少会因为某件小事而大哭大闹。

语言能力的发展：此期儿童言语能力是从听和说的言语向看和写的言语发展，处于日常生活用语向专门学习系统的母语过渡中，并由口头对话的言语向独白式言语发展，其书面语言的"写"落后于看、听、说。一般词义熟悉或口语常用的字容易识记，在低年级时，由于对字形只有模糊的印象，字义的理解不确切，易出现错别字。在低年级时不能明确掌握语法结构，只是在实际应用上掌握，约从四年级开始，儿童才能自觉地掌握语法结构。

神经系统的发育：神经系统是兴奋过程占优势并容易扩散，随着年龄的增长，抑制过程逐渐发展，最后兴奋和抑制达到均衡。儿童时，表现为活泼好动，注意力不易集中。

③ 儿童早期社会化发展特征。

儿童进入学校，开始系统地接受正规教育，社会道德意识迅速发展。在受教育的过程中，儿童头脑里渐渐形成各种具体的道德观念，并学着去判断是非善恶。在校园中，儿童成为群体中的一员，在教育的影响下渐渐发展了班级集体荣誉感，自觉参加各项集体活动，懂得关心集体、关心同学。以后又把这种关心扩展到爱学校、爱祖国。这样，群体的影响逐渐代替了家庭的影响。同学、伙伴、朋友已成为他们群体生活中不可缺少的组成部分，同学与伙伴之间的相互影响、相互模仿，进一步促进了儿童的社会化。

(3) 青少年心理发展特征

青少年是人类发育过程中的一段时期，介于童年和成年之间。在这段时期里，人类会经历一段青春期。青春发育期是指儿童向成人过渡的发育阶段，是以性发育、性成熟为特征表现的身、心全面发育的一个重要时期。一般是指 10~19 岁这一年龄段。

① 心身发展快速而不平衡。

随着青春期的到来，全身发育迅速，逐渐成熟起来，肌肉、骨等组织全面地急剧成长。青少年必须适应发展中的新自我，同时还必须适应别人对于他的新形象所表现出的反应，由此出现身心成长的不稳定、不平衡现象，在"幼稚"与"成熟"的尺度上会有大幅度的徘徊。

② 智力发展显著。

11~12 岁时，儿童脑的重量约为 1400 克，发育接近成人。这个时期神经系统发育的一般特征是兴奋与抑制的机能进一步加强。13~14 岁进入少年初期后，大脑皮质发生了巨大的变化。这个时期的少年脑重量增加不多，但在新的更加复杂的生活条件影响下，大脑机能显著发展，联系大脑各个部位的联络神经纤维大量增加，脑神经细胞的分化机能达到了成人水平。第二信号系统的作用有显著提高，整个身体处于加速发展阶段，神经系统的活动机能有了很多的成熟特征，但神经系统兴奋与抑制过程仍然不够稳定。

③ 自我意识增强，实现同一性。

青少年时期的一个核心问题是自我同一性的发展，它将为成人期奠定坚实的基础。自我同一性，即青少年同一性的人格化，是指青少年的需要、情感、能力、目标、价值观等特质整合为统一的人格框架，即具有自我一致的情感与态度，自我贯通的需要和能力，自我恒定的目标和信仰。在这一时期，个体第一次有意识地回答"我是谁"的问题。青少年对原先的道德标准及自己的价值、能力重新进行评价，并试图把这些价值和评价综合起来形成一个稳定的体系。青少年在对社会的不断认识和探索中，使理想的我逐步接近现实的我，使自我意识达到积极的统一。

④ 独立意识增强，伙伴关系密切。

随着年龄的增长，活动范围的扩展，青少年与社会的交往越来越广泛。他们渴望独立的愿望日益变得强烈，一方面与家庭的联系逐渐疏远，对父母的权威产生怀疑，甚至发生反抗行为。另一方面与伙伴的关系日渐亲密，信任伙伴胜过信任家长和老师。在伙伴关系中，同伴之间对共同问题的讨论及反面的经验提供了大量的解决问题的技术。

⑤ 性意识的觉醒。

到了青少年时期，特别是青年期，孩子们的性意识开始觉醒，开始自觉地、包括对自己所属性别和异性的性别自我塑造，并由此产生对异性在认知和情感上的需要、兴趣和探究行为，于是男女交友、恋爱、婚姻等问题自然出现。

青少年性意识的觉醒与发展是人生发展过程中十分正常，也是十分必要的事情。成为青少年自我意识发展中的一个重要方面。

⑥ 情感的发展。

青少年期是人生道路上一个重要的年龄转折期，是身心发展半幼稚半成熟的过渡时期，少年喜爱追求远大的目标，一般具有乐观情绪和朝气蓬勃的精神，心情明朗快乐，很少沮丧和失望情绪；他们的情绪、情感有以下特点：

情绪、情感体验呈现出半外露、半隐蔽的特点。与儿童期喜形于色、情感外露相比，青少年期的情绪表达方法越来越多；自我控制和自我调节能力也有所提高，外部表情动作逐减，但力量更强；内心的体验有所加深和延缓，出现心境的体验，情绪外露性减少，隐蔽性增加。但由于调节、控制能力所限，他们仍容易外露出一时的激动情绪。

情绪具有高度的兴奋性、激动性、紧张性及冲动性。少年还不善于很好地控制和调节自己的情绪，自我监督的能力还不高，加上某些生理激素的变化，因而导致少年很急躁地维护自己的意见，有时表露强烈不满情绪和激情。少年的情绪和情感体验还不平衡，往往出现矛盾的状态。有时保护小学生，帮助老人，富于同情心，有时又毫无理由地欺侮小孩子；有时表现很强的义务感、责任感和正义感，有时可能不履行职责，不遵守纪律；有时友善热情，有时则冷漠固执；有时勃然恼怒，有时则心平气和等。

青少年的集体主义情感、爱国主义情感、个人的自尊心及荣誉感、热情、友谊感有较快发展。

(4) 中年人的心理特征

中年是一个跨越近 30 年的生活阶段。在这过程中，机体的生理功能经历了发育成熟、旺盛强壮（35 岁以后），相对稳定平衡（40 岁左右）及功能减退逐渐衰老（45 岁以后）三个不同的阶段。人到中年，知识仍在积累增长，经验日益丰富，然而人体生理功能却在不知不觉中下降。心理能力的继续增长和体力的逐渐衰减，是中年人的身心特点。

① 心理能力继续发展。

一个智力正常的人，其心理发展所能达到的高度，不仅与社会环境有关，更重要的是自身的主观努力。勤于实践、积极主动地接触社会、接触新生事物、不断扩展生活领域、不断更新知识、勇于探索和创造的人，其心理能力在整个中年期都在继续增长。反之，则会停滞。

第一，有较强的挫折承受力，目标明确，意志坚定。能根据现实和目标，独立自主地进行观察和思维，较为准确的自我定位，安排、组织自己的生活，决定并调整一生的目标和道路。当既定目标失去实现的客观可能性时，能理智地调整目标并选择实现目标的通途。

第二，智力发展到最佳状态，知识积累达到一定程度，经验也比较丰富。能进行逻辑思维和作出理智的判断，具备独立解决问题的能力，具有较强的创造力。一般认为 25~45 岁是人生的黄金时代，有人统计从公元 600 年到 1960 年出现的 1243 位科学家的 1911 项重大发明创造的最佳年龄是 35~45 岁。

第三，情绪趋于稳定，有能力延缓对刺激的反应，能在大多数场合下按照客观情境控制和调节自己的情绪和情感。但因为生活和工作的双重压力，可能造成持续、过度的紧张。

第四，人际交往能力明显提高，处世待人的社会行为为趋于干练豁达。能适应环境和把握环境。能接受批评和意见，并按正确意见调整自己的行为。

② 智力持续增长。

随着年龄的增长，中年人在体力上逐渐衰减，老化也日趋明显。但史特拉兹氏生命曲线显示，心理机能仍随年龄的增加而上进，智力发展到最佳状态，能进行逻辑思维和作出理智的判断，具有独立解决问题的能力，直至 60 岁左右才开始退化，至 80 岁左右才呈现一落千丈的状态。

智力的持续成长主要表现在能独立进行观察和思维，具备独立解决问题的能力，情绪趋于稳定，自我意识明确，精神充沛、情感丰富，运动协调、感觉思维敏捷、判断力准确、智能高涨、注意力集中、记忆力旺盛，能适应和把握环境等。

③ 身心压力巨大。

人到中年，诸事劳形，万事累心，身心负担极重，肩头的社会责任、工作的人事纷争，得意与失意、升迁、贬降，成功与失败，家庭中的生老病死、婚嫁丧娶令人忧恐苦怒，人际间结怨之积虑郁怒等，诸多矛盾集于一身，让中年人承受着身心双重压力，面对工作、事业、家庭、现实生活中的层层矛盾，中年人若不能正确处理，便会导致焦虑、失望、忧郁、压抑，使心身疾病增多，引起诸多心理问题，导致多种身心疾病的发生，甚至出现猝死。

④ 中年人的社会化表现特征。

一个人经过童年与青少年时期的社会化，基本上掌握了作为社会一般成员应具备的最基本的知识、技能与行为规范。但是，社会在不断发展变化中，青年人步入成年之后，为适应社会发展的需要，还必须继续学习新的知识、技能与规范，参与新的生活。中年期是一个再适应的时期。每个人都必须对自己生理上、心理上以及社会角色上的变化进行自我调节，以更好地适应中年期的工作和生活。

第一，适应逐步走向老化的身体。对身体的变化，中年人一般不易觉察，不重视也不情愿看到身体的变化，因此通常适应得很慢。然而中年人必须承认并正视身体的变化，也必须加以适应。如果中年人不能接受青春已逝或青春将逝的现实，往往会发展为一般性的反抗作用，对工作、配偶、朋友以及从前的种种娱乐产生一种抵抗情绪。在人生旅程中，对身体的变化最难适应的就是更年期，女性比男性更不容易适应。由于女性进入更年期后，心理的波动通常比男性大，因此若没有充分的保健与准备，很容易产生更年期综合征。

第二，适应变化的生活环境。随着时代的变迁，社会发生了急剧的变化，包括社会制度的变革、生产条件的改变、居住环境的变迁等，都迫使中年人不得不重新学习新的东西。

第三，适应承担的多重角色。中年人一般要经历结婚、生儿育女与就业等，需要扮演丈夫（或妻子）、父亲（或母亲）与工作人员等多种角色，承担多方面的社会责任，是社会的中坚力量。他们必须通过学习与实践，逐步熟悉和胜任自己的角色。建立良好的社会关系。

(5) 老年人心理特征

衰老是生物体在其生命过程中，生长发育达到成熟期以后，机体的形态结构和生理功能所出现的一系列退行性变化。这是一个正常的生理变化过程。其过程是逐渐发展的，衰老的速度存在个体差异，而且在同一个体的不同系统，各器官的老化速度也不同步。这种差异与遗传、营养、职业、生活方式、体育锻炼、文化程度、心理状态、环境、社会因素等有关。

人到了 40 岁以后，机体形态和机能逐渐出现衰老现象，通常认为 45~65 岁为初老期，65 岁以上为老年期。

① 认知能力下降。

老年人感觉器官老化，感觉和知觉敏锐性降低，对外界各种刺激往往表现出反应迟钝，动作缓慢。老年人近记忆力减退显著，对近期内发生的事件获得的信息，常瞬息即忘，保存效果差。言语能力逐渐衰退，说话速度缓慢，语言啰唆，内容颠三倒四，发音有时不准，口齿不清；书写动作迟缓，阅读速度缓慢。

② 智力水平有所降低。

老年人的智力呈现出流动智力（液晶智力）下降，定型智力（晶体化智力）的特点。流动智力是指与中枢神经系统的生理结构和功能有关而与知识和文化背景关系较少的智力。定型智力主要指后天获得的智力，它与知识、文化和经验的积累有关。如对事物的识别、分析、判断、理解等逻辑思维能力；想象、实践操作和适应环境等方面的能力等。老人智力减退的速度与疾病和原有的文化教育、职业、家庭社会等条件有关。

③ 情绪体验强烈且不稳定。

研究表明老年人的情感活动与中青年人对比，本质特点是相同的，仅在关切自身健康方面的情绪活动强于青、中年。也就是说，孤独、悲伤、忧郁等负性情绪并不是年老过程必然伴随的情感变化。但不可否认的是，老年期是负性生活活动事件的多发阶段，随着生理功能的逐渐老化、各种疾病的出现、社会角色与地位的改变、社会交往的减少，以及丧偶、子女离家、好友病故等负性生活事件的冲击，老年人经常会产生消极的情绪体验和反应。

④ 人格保持较高的稳定性和连续性。

相对来说，个性的变化受出生时代的影响及社会文化因素的影响更大一些。例如，许多老人被认为是个性保守、古板、顽固，这虽然与老年人接受新观念、新事物的速度减缓有一定关系，但究其根本原因，是由时代与社会的飞速发展，引起了知识结构与观念的迅速更新造成的。一些人格的显著改变，如偏执、多疑、幼稚化、强迫等则往往与病理生理过程有密切的关系。

⑤ 老年人社会化表现特征。

在生理上，老年人的视觉、听觉、体力与精力等已出现不同程度的衰退，这是人们身心老化的自然过程。心理学的研究表明，老年人容易产生自卑、多疑、易怒与自怨自艾等情感，甚至郁郁寡欢，悲观消沉。此外，老年人也会遇到社会角色与社会地位的急剧变化的问题。如老年人退休之后失去了以往的社会地位与权力，失去了原来的工作岗位与条件，造成心理上的不平衡。对此，如不及时加以调节，给予社会化再教育，使之逐步与新的生活方式相适应，就会造成老年人心理上的压力，情绪上的不满与精神上的负担，促成或诱发老年人的许多疾病，甚至导致过度的衰弱或过早的死亡。因此，老年人依然存在继续社会化的问题，一些学者主张，老年人应当自觉适应新的环境，学习新的知识，承担新的角色，参加各种积极有益的活动，丰富自己的生活。美国有关老年社会化的研究表明，如何正确对待死亡问题，是老年社会化的一项新内容。

3. 影响心理发展的基本因素

影响心理发展的因素很多，主要包括以下三个因素。

① 遗传和生理是心理发展的物质基础、必要条件和自然前提，为心理发展提供了可能性。

遗传是生物界共有的普遍现象，它为人的心理发展提供了必不可少的遗传素质。遗传素质给心理发展设置了某种内部限制，使人不可能任意向某个方向突出地发展其心理品质，同时又给心理发展带来某种内部倾向性，使每个人具有和遗传素质最相适应的心理品质。生理地发展在一定程度上制约着心理发展的规律，使心理发展呈现出由简单到复杂，由低水平到高水平的阶段性。因此，遗传素质不仅是心理发展的物质基础，而且也是心理发展的潜在因素。但他们仅仅提供了心理发展的可能性，而不能预定或者决定心理的发展。

② 环境和教育对心理发展起决定作用。

社会环境的因素是很复杂的，宏观环境包括自然界和社会物质生活条件；微观环境主要包括家庭、邻居、亲友、公共场所、学校、民族风俗习惯、社会思潮等，这些因素都对个体心理的发展有着潜移默化的影响。

一定的社会环境是人们的心理发展的外部条件，它使心理发展的可能性转化为现实性。

根据辩证唯物主义反映论的观点，人的心理是客观现实在人脑中的反映。由于社会环境不同、各人所处的社会地位不同和所受的教育影响不同，所以人心理发展的方向、速度和水平都可能产生明显的差别。

学校教育不同于一般的社会环境的影响，它是一种有目的、有计划、有系统地对学生心理施加积极影响的过程。它是由一定的教育者按照一定的教育目的来对社会环境影响加以选择，组织成一定的教育内容，并且采取一定的教育方法对学生的心理给予积极的影响。

一定的环境和教育条件必须适合于个体已有的心理发展水平才能使其心理得到良好的发展。

③ 主观能动因素。

人不论接受社会环境的熏陶或学校教育的影响，都总是要通过自己的实践活动来实现的。人的心理只有在实践活动中通过个人的主观努力才能形成和发展起来。主观能动因素也是心理发展的内部条件之一，它对学生心理的发展可以起延缓式促进的作用。

许多研究资料表明，一个人的遗传素质是心理发展的物质前提。虽然是先天的，但是，一个人心理发展的方向、水平和速度并不是注定不变的，而是与一个人后天的社会环境影响、学校教育影响和个人的主观努力分不开的。

4. 自我

(1) 自我意识

自我意识是个体对自我的认识和态度，它具有复杂的心理结构，是一个多维度、多层次的心理系统。

① 从意识活动形式上来看，自我意识可以分为自我认知、自我体验、自我调节，即表现为具有认知的、情绪的和意志的形式。自我认知属于自我意识的认知成分，包括自我感觉、自我观察、自我概念和自我评价，其中自我概念和自我评价是最主要的方面，个体通过自我感觉和自我观察形成自我概念，并在自我概念的基础上产生自我评价。自我认识主要涉及"我是怎样的一个人""我为什么是这样一个人"等问题。自我体验属于自我意识的情感成分，是对自己的情感体验，当个体对自我认知满意时会产生积极的自我体验，反之则产生消级的自我体验。自尊心、自信心、自卑感、成就感、挫败感等都是自我体验，自尊和自信是最重要的成分。自我体验主要涉及"我对自己满意吗？""我能够接受自己吗？"自我调节是自我意识的意志成分，自我调节包括自我检查、自我监督、自我激励、自我控制、自我奋斗、自我暗示及自我教育等形式。其中主要的调节方式是

自我控制和自我教育。自我控制是个体为达到自己的某种目标对自身和行为的主动掌握、约束和控制，体现了意志力量的"自制力"。自我教育则是指个人主动提出道德修养目标，并以实际行动努力完善或培养自己人格品质的过程。自我教育作为自我调节的最高级形式，集中体现了意志品质中的自我激励力量。自我调节主要解决"我应该成为一个怎样的人"的问题。

②从意识活动的内容上来看，自我意识可以分为生理自我、社会自我和心理自我。生理自我是个人对自己的生理属性的意识；社会自我是指个人对自己的社会属性的意识，包括个人对自己在各种社会关系中角色、地位、权利、义务等的意识；心理自我是指个人对自己的心理属性的意识，包括对自己的感知、记忆、思维、智力、性格、气质、动机、需要、价值观和行为等的意识。个人对自己的生理的、社会的、心理的属性的意识，是密切联系并相互影响的。

③从自我认知中的自我概念来看，自我意识可以分为现实自我、投射自我和理想自我。现实自我是个人对现实中的我的认识，是个人对自己的评价，主观性较强；投射自我是个人想象他人对自己的认识，包括想象他人对自己的评价以及自己在他人心目中的形象；理想自我则是指个人对将来我的认识，综合了自我要求和他人要求的最令自己向往的"我"。

(2) 自我概念

自我概念是自我认知的主要内容，是一个有机的认知机构，由态度、情感、信仰和价值观等组成，贯穿整个经验和行动，并把个体表现出来的各种特定习惯、能力、思想、观点等组织起来。

自我概念是由反映评价、社会比较和自我感觉三部分构成。

①反映评价，反映评价就是人们从他人那里得到的有关自己的信息。

如果年轻的时候得到了肯定的评价，你就会有一个良好的自我概念。如果这种评价是否定的，你的自我概念就可能感到很糟糕。在现实生活中，我们常常可以看到，当老师对一个学生给予肯定的评价时，学生便会出现积极行为的反应，会以好好学习作为回应；如果老师给与否定的评价，学生就可能出现破罐子破摔的情况。

②社会比较，在生活和工作中，人们往往与他人比较来确定衡量自己的标准，这就是在做社会比较。

人的一生，都是在比较中走过。学生时代，我们会和同学比学习，比谁上的大学好；走到社会上，又和同事比，人家比自己有钱，比自己生活得好；当自己有了孩子，就比自己的孩子好还是别人的孩子好；当担任领导管理一个单位时，就和其他单位比等等。无论什么人从出生到长大，从家庭到社会，从学习到工作，都是在社会比较中发展和充实自我概念。

③ 自我感觉，在年少时，对自己的认识大多数来自于人们对你的反映。然而，在生活的某一时刻，你开始用你自己的方式来看待自己，这种看待自己的方式被称为自我感觉。如果从成功的经历中获得自信，自我感觉就会变得更好，自我概念就会改进。

(3) 埃里克森的心理发展理论

埃里克森（E.H.Erikson）是美国现代最有名望的精神分析理论家之一，他的心理社会性发展理论对心理学界有着巨大而深远的影响。他根据个体社会化过程中的不同时期所经历的自我与社会环境间的冲突，将人的发展阶段分为八个阶段，每个阶段都面临不同的心理与社会危机。危机的解决会产生积极的品质，反之就会产生消极的品质。而教育就有了相应的适合个体年龄阶段的发展任务。

艾里克森的心理社会性发展阶段

大致年龄	危机	充分解决	不充分解决
0 ~ 1.5	信任对不信任	基本信任感	不安全感，焦虑
1.5 ~ 3	自主对自我怀疑	知道自己有能力控制自己的身体、做某些事情	感到无法完全控制事情
3 ~ 6	主动对内疚	相信自己是发起者、创造者	感到自己没有价值
6 ~ 青春期	勤奋对自卑	丰富的社会技能和认知技能	缺乏自信心，有失败感
青春期	同一性对角色混乱	自我认同感形成，明白自己是谁、接受并欣赏自己	感到自己是充满混乱的、变化不定的，不清楚自己是谁
成年早期	亲密对疏离	有能力与他人建立亲密的、需要承诺的关系	感到孤独、隔绝；否则需要亲密感
成年中期	再生力对停滞	更关注家庭、社会和后代	过分自我关注，缺乏未来的定向
成年晚期	自我实现与失望	完善感，对自己的一生感到满足	感到无用、沮丧

人生的每一阶段都有独特的发展任务，是否能顺利解决每个阶段的中心任务，将直接影响下一阶段的发展。如果某阶段的发展任务尚未完成，随后各阶段的发展虽然会受到一定的影响，但仍有机会导致最终解决。

(4) 自我意识的培养

个体具备良好心理素质的最重要的标志是对自我的接受和认可，即有成熟的自我意识和健康的自我形象，自我意识是心理健康的重要标志，理查德博士（1997）提出心理健康的九条标准：自我接纳；自我认识；自信心和具有自制能力；清晰洞察现实情况；勇敢，有挫败时不会一蹶不振，具有复原能力；平衡和进退有度；关爱他人；热爱生命；人生有意义。其中的五条都和自我意识有关。

在青少年心理发展的过程中，容易出现不能建立健全的自我意识的问题，主要表现在青少年常常不能正确面对理想自我和现实自我的差距，不能正视和接纳现实中不完美的自己，容易出现过分的自尊或自卑。通常以自我意识是否具有客观性、稳定性和内部结构关系的和谐性来衡量自我意识的健全与否。培养青少年健全的自我意识，主要从以下几个方面入手：

① 引导青少年客观地认识自我，正视真实的自我。

自我评价是自我认识的核心，俗话说"旁观者清，当局者迷"。客观地认识自我并非一件容易的事，需要通过客观地自我评价、合理地社会比较、真实地自我感觉完成客观的自我认识。青少年常常不能区分现实自我和理想自我，不能客观全面地评价自己，不同程度地存在自我认知的主观性和片面性。为了培养青少年健全的自我意识，家长和老师应注意引导青少年正视真实的自我。一方面要让青少年认识到人无完人，每个人都有自己的优缺点，我们应该在欣然接受自己的优点时，坦然接受自己的不足之处，正视那个并不完美的自己，做到既不护短，也不因此而灰心丧气，争取充分发挥自己的优势，成为一个可能并不完美但却最有特点的自我。另一方面，青少年的自我评价的过程中容易出现"自视甚高"的现象，不能客观评价自己和他人的优缺点，这时，家长和教师应引导青少年学会恰当地比较。

② 引导青少年悦纳真实的自我。

悦纳自我是指无条件地接纳自我，平静理智地对待自己的长短优劣、成败得失。在自我悦纳的基础上培养自信、自立、自强的品质，进而不断地发展自我。

在教育实践中，人们不难发现，青少年成长中最大的困惑是由对自己不满意或过度满意而产生的心理问题。教育工作者帮助青少年解决困惑，建立积极的自我意识，首先就得让他们接纳自己。即使是负面的，也敢于面对，既不压抑自我，也不抱怨、攻击现实，更不会脱离现实做白日梦。不管是聪明还是笨拙；不管是俊美还是丑陋；不管家庭背景是富有还是贫穷，都能无条件的接受自己，接受现实。悦纳自我还包括爱自己的人格和尊严，爱自己的潜力和价值，爱自己的独特性与唯一性，这样的悦纳自我者才能够笑对人生，以充分的自信活跃在人生的舞台上。

③引导青少年不断完善自我，提高自我的控制能力。

自我控制是个体在心理活动中自觉能动性的表现，它既能遏制不符合目标需要的活动动机，又能够促使青少年在实现目标的过程中排除各种干扰和障碍。提高自我控制力是促使青少年由"他律"转化为"自律"的重要条件。

(5) 青少年期的同一性（identity）危机

①自我同一性的概念。

自我同一性是西方心理学中一个重要的概念，埃里克森（Erik.H.Erikson）1946 年将同一性概念引入心理学，1963 年首创自我同一性概念（ego identity）并被广泛地应用于社会心理学、人格心理学、发展心理学、教育心理学、咨询心理学和文化心理学。但至今没有一个普遍接受的定义。

艾里克森将自我同一性定义为：自我同一性是自我在内外因素的共同影响和作用下，通过区分、校正、组织和监控个体与环境的关系，调整和平衡自身内外的矛盾，使自身达到完整、一致、和谐状态的一种自我特性。在艾里克森看来，具有建设性机能的健康的自我必须保持同一感，即自我同一性感或心理社会同一性感。自我意识的同一性标志着个体的内部状态与外部环境的协调一致。同一性的另一端是同一性混乱或角色混乱，也就是同一性危机。

Marcia 被称为自我同一性研究的集大成者。他根据个体应对自我同一性形成任务的策略和结果来给出自我同一性的操作性定义，解决了 Erikson 自我同一性概念操作定义的难题。Marcia 认为，自我同一性是青少年进行各种可能的探索，并产生个性感以及个体在社会中的角色、经验跨时间的一致感和对自我理想的投入。由探索和承诺两个变量的组合提出了四种自我同一性状态：A. 弥散型同一性（identity diffusion）：没有固定的承诺也不主动寻求形成承诺，没有经历过探索的阶段，或者处于同一性危机之中但不能成功地解决。这样的个体对未来方向彷徨迷惑，不知所措，没有确定的目的、价值或打算。这是一种最不成熟、最低级的同一性状态。B. 排他型同一性（identityforeclosure）：没有经历探索阶段（同一性危机）就对一定的目标、价值观和信念形成了承诺，这些承诺反映的是父母或权威人物的希望和要求。C. 延缓型同一性（identity moratorium）：正在经历同一性危机，积极地思考各种可能的选择，积极探索自己的价值定向，但还没有达到最终的承诺。D. 成就型同一性（identity achievement）：已经经历了一段探索，解决了同一性危机，呈现出相对稳定的承诺。这是一种最成熟、最高级的同一性状态。

在国内，张日昇提出自我同一性是指个体在寻求自我的发展中对自我的确认和对有关自我发展的一些重大问题，诸如理想、职业、价值观、人生观等的思考和选择。在这一过程中必然要涉及到个体的过去、现在和将来这一发展的时间维度。而自我同一性的确立就意味着个体对自身有充分的了解，能够将自我的过去、现在和将来组合成一个有机的整体，确立自己的理想与价值观念，并对未来自我的发展作出了自己的思考。同一性的确立，关系到一个人的健康发展，关系到他能否更好地适应社会，能否体验到自身的价值和人生的意义。

郭金山（2003）提出自我同一性是一重要的心理现象，也是一个与自我、人格和人的发展有密切关系的心理学概念。具体包含以下内容：

A. 自我同一性是对"我是谁"内隐和外显的回答，它兼具意识的一面和无意识的一面，它包含着"我已经是什么""我想成为什么"和"我应该成为什么"，同时也包含"我不是什么""我不想成为什么"和"我不应该成为什么"。

B. 自我同一性是人毕生追求的核心的心理社会发展任务，是通过自我的综合作用，形成的关于一个人自己的个性、信念、目标、价值观的内在、主观、统一、连续、成熟的自我概念，并成为自我发展的标志和动力。

C. 自我同一性是内在自我及其与社会、文化环境之间的平衡。一方面与自我发展相联系，是一个人的真实自我（个体本质存在的内在状态）、现实自我（个体存在的外在状态）和理想自我（个体存在的理想状态）一致性关系的建立，是自我内在张力的适度；另一方面又是自我与社会文化环境相互作用的适应性反应，产生经验的一致性和连续性，使个体生活在过去、现在、将来的自己无论在哪一个时间和空间都能在意识和行为的主体方面实现自我的统一。在主观上则表现为互为关联的存在感（明确我是谁和我的位置）、一致感和连续感（人格跨时空的一致性）、心理的成熟感、生活的意义感和方向感（自我导向的目标意识）；客观上保证人与社会的有效整合。

D. 自我同一性作为结构是核心的自我调节系统。它是个体描述、关联和解释相关特征、经验和选择合适的行为的理论或原则。它不是机体自然的成熟，而是一个主动寻求的过程。在遇到新的经历和信息时不断地同化和顺应构成了个体生活的参照框架和关于自己的理论的发展，使个体在矛盾的现实中保持人格的统一，标志着自我的发展和人格的成熟。

② 自我同一性的基本内容。

一般来说，"自我同一性"的基本内容首先包含了性别角色同一性，即生理性别和心理性别、社会性别的同一，个体的性别表现（如外观、言行举止等）与所在社会的文化适应。简单地说，就是"男孩要像男孩样，女孩要像女孩样"。如果不能完成性别角色的同一性，就会出现性错位、性变态等发展性障碍。比如，生理上明明是男的，却喜欢女性装扮，行为举止女性化，甚至希望自己变成女的，等等。

其次，"自我同一性"指社会角色同一性，即能明确自己在不同的社会关系中所扮演的角色，所承担的责任，并在行为上恰当表现。比如，一个人在家是父亲，在工作中是经理，在父母面前又是孩子，若他能适时地分清每个角色并扮演好，那么他就达到了社会角色的同一性。否则，就会出现社会角色错乱，引起人际冲突。比如，若他将经理的办事风格带回家中，很大程度上将拉开与亲人的关系，甚至会因"经理"的权威性而破坏家庭的民主气氛。

最后是生理年龄、心理年龄与社会年龄的同一性，这主要是指个体的心理行为及社会表现与实际年龄相符。如果所作所为与所思所感明显小于实际年龄，那么我们将称其患了"幼稚病"；反之，则用"少年老成"或"未老先衰"等描述了。

总之，自我同一性是生理自我、心理自我与社会自我的整合统一。在其发展过程中，最常见的误区之一就是自我分裂，好像自己永远是戴着面具的人，怎么也不能找到真正的我。

③ 自我同一性危机。

艾里克森认为，青少年期（12~18岁）的发展任务是同一性确立对角色混乱。自我同一性确立（Identity Achievement）意味着你对自我发展的重大问题进行了深入思考之后作出了明确的选择，知道自己是怎样的人，形成了自己的价值观念，明确了自己的努力方向，知道如何去适应社会。自我同一性的确立需要青少年仔细思考他所积累起来的有关自己及社会的全部知识经验，最后形成一种整合的自我概念，并致力于某一努力方向。如果青少年在这个阶段中确立了同一性，他们就会形成忠诚的美德，忠诚意味着一个人在社会上找到了自己的位置，有能力按照社会规范去生活，尽管它存在着不完善和不和谐之处。自我同一性确立的另一端是同一性危机。这里所谓的危机不是指一种灾难性的威胁，而是指发展中的一个重要转折点，危机的解决对个体形成健康的人格是十分重要的，危机的积极解决，就会增强自我的力量，人格就会得到健全发展，有利于个人对环境的适应，就会形成忠诚的品质；危机的消极解决，就会削弱自我的力量，会使人格不健全，阻碍个人对环境的适应，就会形成不确定性；同一性不稳定是自我意识不成熟的表现；如果已建立起来的同一性发生混乱，将出现人格障碍。

青少年在自我同一性形成过程中常常出现以下问题。

同一性混乱（角色混乱）：自我同一性紊乱（identity role confusion）是指个体在重新认识自我、认识自己在社会中的地位和作用的过程中产生的自我意识的混乱。其自我的发展、个人的社会化受到阻抑，很难建立不因时间、环境或角色变化的一致的人格，因而不能很好地适应社会。对自己缺乏清晰的同一感，不清楚或回避考虑自己的个人品质、生活目标、价值观等问题；迷失人生目标，所作所为与自己的应有角色不符；难以承担自己的生活责任。

同一性暂停或延缓：已对自我同一性问题进行过探索，但未得到满意的解答，故暂时用回避的方式来继续探索，试图再经过一段时间的探究和试验来认识自己。由于青少年处于"心理断乳期"，一方面家庭和社会的心理支撑力量在逐渐减弱，另一方面青少年还没有独立完成某种任务的心理承受能力。因此，青少年在对身体、心理以及社会的要求发生变化的情况下，既有积极应对和主动寻求解决的欲望，又有自身能力和经验不足的矛盾冲突，在这种情况下就出现了心理的"合法延缓期"，这是一个特定的时期，青少年可以利用这一时期，积极探索人生的意义和价值所在，努力增强自身的能力和明确自身的理想和目标，从而经过不断的探索最终确立同一性。

同一性提前闭合：处在这种状态的青少年，没有对有关自我发展的重大问题进行过自己的思考，他们自我投入的目标、价值、信仰反映了父母或其他权威人物的希望，所以，又被称为"权威接纳状态"。这是同一性形成过程中的一种中断，是过早地将一个人的自我意向固定化，从而阻碍自我确定的其他发展的可能性。对自己的评价大多建立在别人认可的基础上，对自我的思考肤浅、刻板，过早地将自我意象固定化，从而阻碍了自我发展的其他可能性。

同一性成就：个体已完成对价值观和各种生活选择的评价，并对自己的选择感到满意。虽然某些生活事件（如失学、失业、失恋）可能打破同一性，使其再次面临危机，但毕竟曾完成过同一性，故经历一段困难、挫折后，可再回到原来的成就状态。

自我同一性过剩（too much of ego identity）：即艾里克森所称的"狂热主义"，指过分卷入特定的团体或角色，绝对排他，坚信自己选择的方式是唯一的方式。这些人将自己的信念和生活方式强加于别人，而不考虑他人的感受。该"过剩"状态导致自我中心、个人崇拜、狂热主义等不良社会态度产生。

同一性扩散，即经历了一段颇长时期仍未形成一种强烈的、清晰的同一感。

同一性扩散的青少年常常无法发现自我，一直使自己处于一种散漫的无所依附的状态之中。他们常常缺乏自我认知，没有形成统一和连贯的自我意识；缺乏环境和社会认知，价值判断混乱；缺乏解决各种矛盾和适应环境的能力。

日本著名精神分析学家小此木启吾认为同一性扩散主要表现为以下六点：

第一，同一性意识的过剩。片刻不停地考虑自己"是什么人""该怎么做"等，本人完全被其束缚，从而失去自我。

第二，回避选择的麻痹状态。有自我的全能的感觉或无限幻想，从而无法确定或限定自我是什么，使自己力所能及的一切选择和决断也成为不可能的了。他只能不断地回避选择和决断，陷入一种麻痹状态。

第三，与他人的距离失调。无法与他人保持适当的距离，或拒绝与他人交往，或被他人所孤立，或丧失自我而被他人所侵吞。

第四，时间前景的扩散。是时间意识障碍的一种，不相信机遇的到来，也不期待对将来的展望，限于一种无力的状态。

第五，勤奋感的扩散。勤奋的感觉崩溃，无法集中于工作和学习，或发疯似地埋头于单一的工作。

第六，否定同一性的选择。参加非社会所承认的集团，接受被社会所否定、排斥的生活方式、价值观等。

消极同一性（Negative Identity）：所谓"消极同一性"是指个体形成了不被社会主流价值观所接纳的自我同一性，比如认同一些反社会的价值观念、不良的职业及危险的社会角色等；同一性过剩是指一种过于卷入特定的角色中而绝对地排他，认为自己的方式是唯一正确的，同一性过剩容易导致青少年的自我中心、个人崇拜、狂热主义等不良的社会态度。

④ 自我同一性达成的途径分析。

大学生自我同一性状态的影响因素与内部机制一直是研究者关注的重要课题。许多同一性理论家（Erikson，1968;Bosma&Kunnen，2001）强调，人是主动积极的选择、解释和建构者，外部环境一般要经过与个体因素的相互作用才能发挥影响，也就是说，个体自身特征对自我同一性形成与发展的影响更为直接。王树青等人研究认为：大学生自身具有的不同人格特点与其同一性的形成状态之间存在着明显联系，大学生若有较高的开放性、外向性和谨慎性，则有利于同一性的获得，避免同一性扩散。因果取向对同一性获得、延缓和扩散状态有较强影响。控制取向可较强地正向预测同一性获得和延缓状态；非个人取向对同一性获得状态有较强的负向预测作用，对同一性扩散状态有较强的正向影响。

第一，加强青少年自我意识教育，引导青少年建立积极的自我同一性。

青少年自我意识的发展过程中，需要解决两个主要的矛盾：主观自我和客观自我的矛盾；理想自我和现实自我的矛盾。教师和家长应教育引导学生正确认识自己的行为、情绪和性格，认识和正确面对自己的优点和缺点，树立合理的评价参照系和立足点，以积极的态度去认识和评价人与事件，客观理性地分析现象背后的真正原因，既不好高骛远，也不妄自菲薄；学会协调内心的各种矛盾，整合和序化内心的各种需求，树立积极的人生态度和健康的观念；培养广泛的兴趣爱好，形成良好的个性人格，并建立正确的价值观和人生观。

第二，建立良好的家庭环境，培养青少年对家庭的归属感。

家庭教育具有启蒙性，家长营造良好的家庭环境，实施正当的教育，青年才能健康发展。父母的教养方式、家庭成员间的交流方式以及亲子关系会影响青少年自我同一性的建立。一般来说，来自温暖、但不过分压制和溺爱家庭的青少年其同一性的发展是健康的。有研究显示，权威型的教养方式有利于促进青少年的同一性获得，专制型教养方式易导致同一性的提前成熟，溺爱和忽视型的教养方式易导致同一性扩散。既鼓励个性化又鼓励联结性的家庭关系能够促进青少年同一性的形成。Cooper 等人认为亲子互动模式对青少年同一性的发展起重要作用，既鼓励个性化（individuality），又鼓励联结性（con-nectedness）的家庭关系能促进青少年同一性的形成。在亲子沟通中得到父母支持的青少年能够更好地探索自我同一性，而与父母沟通不良的青少年更容易出现各种情绪和行为问题。

第三，改革学校教育，帮助青少年达成自我同一性。

学校环境对青年具有极其重要的作用，我国传统的学校教育以"应试"为中心，以考试成绩和升学率作为重要的考核指标，学生在考试的指挥棒下高度重视知识的学习和掌握，而无暇顾及能力的培养和个性的完善，不利于学生自我同一性的形成与发展。在新的历史条件下，学校应该探索新的德育教学方法，真正做到"以人为本"，关注学生个人的成长，向学生传授现代文明生活方式，关注、指导青年学生的实际生活，从而为他们步入社会起到奠基作用。

第四，改善社会文化环境，多渠道培养青少年对社会的认同感。

任何个体都不是孤立于社会环境之外的，所以要引导学生正确认识自己当前的人际环境、认识自己的位置和社会角色，帮助他们分析和区别不同的环境和角色要求；帮助他们认识当前复杂的社会，建立自主的统一和谐的价值观念和是非善恶标准；帮助他们吸取社会文化有益的营养，抵制社会文化不利的影响，并正确认识个人与他人个体与社会的互动的关系。

社会应该积极地为青年的发展营造良好的社会心理环境，从体制改革、教育、文化等多个方面对青年提供心理支持。改善社会文化环境，建立正确的社会舆论，引导青年形成科学的世界观、人生观和价值观，帮助他们正确理解人的存在意义和价值。建立起良好的社会机制和公平、公正的竞争机制，为青年学生提供良好的择业环境。此外，社会中应具备良好的成人模型，供青少年效仿，引导青少年去学习，使青少年自发努力成为他们所尊崇的对象。

因此，通过家庭、学校、社会的协同努力，积极而有效地关注青少年心理现象的各个方面，就可以使青少年超越自身遇到的各种问题和矛盾而达成自我同一性。

第二节　学习要求和知识拓展

一、学习要求

(一) 学习要求

掌握心理发展的概念，心理发展的一般特点，影响心理发展的基本因素，了解不同心理发展阶段的特点。掌握自我意识、自我概念、自我同一性的概念，掌握自我同一性危机的表现，了解自我同一性达成的途径。

(二) 重点和难点

① 重点：心理发展的概念，心理发展的一般特点；自我意识、自我概念、自我同一性的概念，自我同一性危机的表现。

② 难点：自我意识、自我概念、自我同一性的概念，自我同一性危机的表现。

二、知识拓展

(一) 皮亚杰认知发展理论介绍

皮亚杰的发展理论是关于认知发展的理论。这理论主要论述心智过程的性质和发展，有关具体对象的概念以及空间、时间、因果、逻辑和道德等观念。他分析了这些心理活动的发展，在四个顺序不变而性质不同的发展时期中怎样进展。

皮亚杰认为成熟和经验是发展的先决条件，而适应是推动力量。适应和平衡有关。平衡就是指儿童自己和外部世界之间身体的和心理的均衡状态。平衡是通过同化和调节两个相互补充的过程之经常的相互作用而获得。当通过同化（assimilation）而适应时，儿童只是吸收或同化那些新经验，以维护或加强原有的生物的、认知的和情绪的经验。所以，同化的只是那些可以消化的食物；只是那些符合于原有经验的新经验或新观念；只是那些不会损伤情绪平衡的情感。但是当同化不能消除不平衡时，便通过调节（accommodation）寻求适应——即通过改变自己的某些方面以求得适应。所以，当面临某些新观念不符合守旧观念时，儿童只有改变或调节自己的思想，从而接受那些新观念，这样才能消除不平衡的情感。正由于此，儿童长大时，必须改变幼小时的道德观点，不再像幼小时把道德看做为一套普遍一致的规则。而应代之以另一种观点，即把道德看做为相对的，因文化不同而互有差异的。

皮亚杰主张，儿童在发展进程中所以能够适应，是依靠越益复杂的心理运算（mental operation）（思维过程）和图式（schemata）（即概念、心理表象或认知结构）。一个图式的组成包含：① 一个客体的两种或更多种感觉运动经验（例如把母亲的视线、声音、气味和触摸等联合起来，才知道是母亲。② 和一个客体有关的两种或更多种观念（例如和"母性"观念有关的成熟和照料等观念）。

每一个发展阶段都表明有越益复杂的思维过程和各种概念。在感觉运动期（sensorimotor period）（出生到 2 岁）的六个阶段中，最初从反射，其后从随意的感觉运动活动中获得模仿和游戏的能量，终于发展到了能够粗略理解时间、空间和因果等概念。它也使儿童对主体和客体产生两个重要概念：一个是在 18~24 个月时能够清晰觉察到自己和其他人之间的区别，另一个是认识客体具有永恒性（permanence），即客体总是继续存在，不管自己是否感知它们。

在前运算期（preoperational period）（2~6 岁），儿童已经提高的记忆和联合经验的能力促进了言语的发展，儿童现在懂得符号（语词和数字），是代表具体的对象。因而，当人说出"母亲"这个词时，就能唤起一个经常喂、抱和责备自己的人的心理表象或图式。

在具体运算期（concrete operational period）（7~11 岁），儿童能够对具体的对象进行逻辑思维。因为现在已能超越当前不断发展的事实的感性经验，因而也能对自己感知的事物做逻辑推论。这使儿童懂得了守恒（conservation）的观念：指一个客体不论它的外表如何改变，本身仍然保持恒常不变。例如现在懂得苹果纵然变为苹果酱，仍然是苹果。增长了的记忆力和辨别能力也使下列各种认知具体对象的能力得到发展：① 在心中解决问题。② 客体分类——根据某种共同的特性把它们归入各类。③ 理解可逆性（reversibility）的概念——某种过程或事物不仅可以像加法那样结合起来，而且也可以像减法那样分解开来。又像毯子可以加到床上，也可以从床上取走。

在形式运算期（formal operational period）（12 岁以上），儿童的逻辑思维和理解能力不再像在具体运算期只能运用于具体情境，现在终于可以用来解决抽象的问题。

皮亚杰虽然只着重认知方面，但对认识心理社会的发展作出了贡献，因为他说明了对自己、他人和世界的思维如何影响着社会发展和道德发展。他指明了儿童如何从我向主义转变为自我中心。我向主义是一种唯我论的状态，在这种状态中，儿童把世界看做是由自己的感觉、情感、想象和经验所组成。自我中心主义是一种以自我为中心的状态，但在这种状态中，儿童把他人感知为存在的、有意志的、和他们自己是分开的。皮亚杰也说明了儿童通过四个发展期向前进展时，自我中心主义如何采取不同的方式和更大的活动转向社会中心主义（关心社会其他人）。

皮亚杰又曾分析儿童道德态度和人际关系的认知成分，而且探索了儿童从前运算期进到具体运算期过程中、道德观念和道德行为的转变情况。

（二）网络中的自我

当人们坐下来准备上网时，大多数人都会问自己一个迫切的问题：今天我要是谁？互联网生活丰富多彩，其中之一就是能为自己创造一个新身份。当人们进入聊天室，她可以决定自己是一个男人，而不是女人；是一个黑人，而不是白人；是一个成功的管理人员，而不是一个大学二年级的学生，互联网把各种可能自我生动地带入日常生活。接下来讨论的是这些网络自我给我们生活带来的好的一面。

现实中，人们被限制在非常狭窄的范围来表现自我，使他们感到很沉重：在和家庭成员、朋友、老板、同事的不断交往中必须保持一致，这样的限制也许并不是他们所希望的，而要突破日常生活中的这种限制有很大困难，互联网做到了这一点，放松了社会关系的限制（McKenna.Bargh，2000）。他们可以用匿名的方式在网上表达新的兴趣或探索新的观念，而不必担心在现实中会发生的后果，也不需要自己作出根本的变化（如，可以在网上假装自己是女人），人们可以在网上扮演各种可能自我，这些自我跟他的理想自我更为接近。

此外，匿名登录使人们更多地表现自我，不仅仅是他们愿意表现的，在第十三章中谈到，当人们进行情绪宣泄时，对身体健康有着正性的影响（Pennebaker，1990），互联网就提供了一个充分的机会来宣泄。他们可以到特别的聊天室或网络新闻组，获得这种宣泄的服务并得到支持。

事实上，研究者已经证实，人们对压抑的自我进行宣泄能带来更大的自我接受。研究者收集参加网络新闻组的边缘性性角色者（如，同性恋）的信息，从积极参加者那儿获得匿名数据（Mekenna.Bargh，1998），结果表明，网络新闻组的参加者能更好地接受自我，实际上，有37%的参加者向其他人透露了边缘性性角色的秘密。

以上我们主要讨论互联网带来影响的积极一面：人们能扩展自我经验；能通过表明自己的身份来获得健康和自我接受，当然，这样做也会有一定的危险，匿名可能使他们的生活以某种方式分裂，从而导致不适应行为（Reid，1998），同时，一些研究认为人们日益增加的害羞倾向是因为使用了互联网。但我们仍然希望大多数人可以从互联网带来的自我探索机会中获得确实的好处。

（三）超常婴幼儿的心理发育特点

智能在其发展的不同阶段是以不同方式显现的。婴幼儿时期是儿童心理发生、发展的一个关键时期，超常儿童在这一时期表现出显著不同于一般儿童的发展特点。其中不少特点成为早期鉴别超常儿童的重要依据。多种特殊才能的超常表现也在这一时期开始显露，如语言才能、数学才能、艺术才能等。

① 感知敏锐：超常儿童在感知方面的能力较同龄儿童早出现 2~3 年。敏锐的感知觉，保证了超常幼儿观察能力较快、较好的发展，使他们能更有效地接受外界环境的刺激，促进其智能发展。

② 超常的记忆力："过目成诵"是许多超常人才的突出特点，能够轻松而牢固地记住所学、所听、所看到的内容，其特点是识记迅速，保持长久。

③ 有意注意时间长，注意面比较广，注意分配能力强，常常能够在"无意"中记住、知道许多事物。

④ 概念和思维能力发展超前，理解力及解决问题的能力强。

⑤ 语言能力强，阅读早：在一个针对超常儿童的调查中发现，他们当中80%的人在入学前就表现出阅读的热爱，平均 5 岁前学会阅读，不仅能正确地发音，而且理解所读材料的内容。

⑥ 求知欲旺盛，学习主动性强，坚持性突出。

⑦ "觉醒体验"：当儿童经历某个领域的活动时，会对这种活动感到特别亲切，产生强烈的情感体验，这种情感效应吸引其持续不懈地参与这种活动。这种"觉醒体验"在幼年阶段最可能出现在音乐、数学、棋类等与社会经验关系不大的领域。

(四) 达到完美健康的 12 大步骤

前几年 Donald Ardell 写了一本具有开创性的书，并由这本书促成发起了健康运动。他坚信"健康是如此的重要，需要不断地强调"。相应的，他提出了"健康的 12 步骤"。他提醒，"和 AA 的步骤一样，达到完美健康的 12 大步骤可能被认为是多余的，是在鼓吹，先前你可能对此不屑一顾。但是，对于很多人来说，AA 步骤是有用的，谁知道呢?这 12 项步骤也许也会起作用"。

① 承认你在恶化面前是软弱无能的，通过承认自己着迷于化学药品，承认在精神上放弃了责任而沉溺于有关虐待性的自我毁灭的靡靡之音中，沉湎于对不恰当的生活本质的短期的消极的感激之中。你已经迈开了经由健康走向解放的第一步。也就是说，虽然你可能得出自己是地球上的病毒，是人群中的败类的结论，但是你不必也不再会保持原样了。

② 一开始就确定你所需得到的积极支持和需要舍弃的消极支持，从先前寻求健康的益友身上寻找经验，舍弃你的一些低健康水平的朋友。当你开始为你的社会大花园锄草时，要将自己植于健康的大花园中。

③ 将自己看做自己生活中的权威者或国王。确保与朋友以及专业的指导相联系时保持独立及自足，信奉使自己生活愉快的仁爱精神和力量。

④ 制订一个关于你所在位置的彻底的、详尽的目录。评估义务和力量，并且强调后者。回顾自己过去的一些极端陋习。如考虑一下过去那些陈旧的模式：责备他人、拒绝、忧虑、愤怒、自怜、僵化的人际关系以及恶化的交往。有意识地下决心去结束那些不再会被接受的生活方式。

⑤ 写出、分析并讨论你过去的经历。通过将自己的过去公开，会让那些对健康持有正确定位的朋友和同事对你产生积极的影响，你会把过去放置在应该属于它的位置上。

⑥ 制订一个关于健康的个人计划。因为缺乏健康计划会使你的情况恶化，使你变成古板的人。而一个书面的健康计划可以督促我们抛开惰性，达到自我实现。

⑦ 以系统的方式追求现实有价值的目标。思考一下你想从生活中得到什么，

以及为什么这些对你来说是如此重要。

⑧ 鉴别出那些会使你达到健康生活这一目标的非常重要的特殊个体，并将他们纳入你的支持网络中；避免与他人隔绝，健康在任何情况下都是会遭到挑战的，只有老顽固才能在无人居住的陆地上保持健康。

⑨ 将你对健康生活方式的向往和信奉解释给你过去恶化的生活圈的任一朋友听。为了确保宁静的精神状态并消除内疚感，如果需要的话，对他们做出一定的补偿。多向他们敞开自己的心扉。

⑩ 在生活的道路上不断重新评估。只要生活在继续，健康生活方式就不会停滞，只要你认为可以，不断变化、适应和更好地调节生活方式都是恰当的。

⑪ 在生活中，多花一些时间去冥想、幻想以及用其他形式来自我对话，这样可帮助你实现内部的安宁。

⑫ 有种种途径可以增加你精神上的储备，并且可以使你的内心得到宁静和平和。

第三节　综合练习题

一、名词解释

① 心理发展。
② 心理年龄特征。
③ 自我意识。
④ 自我概念。
⑤ 同一性混乱。
⑥ 同一性扩散。

二、填空题

① 一个人从出生到死亡，身体和心理都要经历一个 _____、_____ 和 _____。

② 自我概念是由 _____、_____ 和 _____ 三部分构成。

③ 影响人的心理发展的因素很多，主要有两个方面 _____ 和 _____。

④ 少年随着内抑制和自我抑制能力的发展，他们有选择的情绪反应能力也在逐步提高，但仍然摆脱不了_____。

⑤ 青少年时期是长身体、长知识、立志并初步形成_____和_____的关键时期。

三、单项选择题

① 艾里克森认为，_____的心理社会危机是自我同一性对角色混乱。

A. 婴儿期　　　　B. 幼儿期　　　　C. 童年期　　　　D. 青少年期

② _____以形式逻辑思维为主，辩证思维开始发展起来。

A. 老年期　　　　B. 成年期　　　　C. 青少年期　　　　D. 童年期

③ 埃里克森认为，青少年期的心理社会危机是_____。

A. 主动对内疚　　　　　　B. 亲密对孤立

C. 同一性对角色混乱　　　D. 勤奋对自卑

④ 艾里克森认为"合法延缓期"发生在_____期。

A. 学龄期　　　　B. 青年期　　　　C. 成年早期　　　　D. 成年中期

⑤ 被心理学家称为"心理上的断乳"时期的年龄段是指_____。

A. 婴儿期　　　　　　B. 小学阶段

C. 青春期到青年初期　　D. 成年初期

⑥ 个体心理发展充满着独立性和依赖性、自觉性和幼稚性矛盾的时期是_____。

A. 幼儿期　　　　B. 童年期　　　　C. 青少年期　　　　D. 中年期

⑦ 青少年的心理活动具有某种含蓄、内隐的特点指的是_____。

A. 过渡性　　　　B. 闭锁性　　　　C. 矛盾动荡性　　　D. 社会性

⑧ 在人类心理发展的一般规律中，不包括_____。

A. 顺序性　　　　B. 不平衡性　　　　C. 个别差异性　　　D. 独立性

⑨ _____是心理发展的物质基础、必要条件和自然前提。

A. 遗传和生理　　B. 环境和教育　　C. 主观能动因素　　D. 个性

⑩ _____对心理发展起决定作用。

A. 遗传和生理　　B. 环境和教育　　C. 主观能动因素　　D. 个性

⑪ _____不属于自我体验。

A. 自尊心　　　　B. 成就感　　　　C. 自信心　　　　D. 自我概念

⑫ 自我概念由 _____ 构成。

A. 反映评价、社会比较和自我感觉　B. 现实自我、投射自我和理想自我

C. 生理自我、社会自我和心理自我　D. 自我认知、自我体验和自我调节

⑬ "我是怎样的一个人?"反映了人的 _____。

A. 自我认知　　　B. 自我体验　　　C. 自我检查　　　D. 自我监督

⑭ "男孩要像男孩样,女孩要像女孩样"反映了 _____。

A. 性别角色同一性　　　　　　　B. 社会角色同一性

C. 弥散型同一性　　　　　　　　D. 成就型同一性

⑮ 已对自我同一性问题进行过探索,但未得到满意的解答,故暂时用回避的方式来继续探索,这是 _____。

A. 同一性混乱　　　　　　　　　B. 同一性延缓

C. 同一性提前闭合　　　　　　　D. 同一性成就

⑯ "我应该成为一个怎样的人?"反映了人的 _____。

A. 自我认知　　　B. 自我体验　　　C. 自我调节　　　D. 自我概念

⑰ _____ 是心理发展的内部条件之一,它对学生心理的发展可以起延缓式的促进作用。

A. 遗传和生理　　　B. 环境和教育　　　C. 主观能动因素　　D. 个性

⑱ 有人早慧,有人大器晚成,有的人擅长言语表达,有的人擅长操作,这些不同反映出心理发展的 _____。

A. 个别差异性　　　B. 方向性　　　　C. 不平衡性　　　　D. 阶段性

四、简答题

① 简要回答如何培养健全的自我意识。

② 简要回答自我同一性的基本内容。

③ 简要回答影响心理发展的基本因素有哪些?

五、论述题

① 试论述心理发展的一般规律。

② 结合个人经历,谈谈自我概念的形成途径。

③ 试论述同一性危机的几种形式以及特点。

第四节　参考答案

一、名词解释

① 心理发展：心理发展的概念有广义和狭义之分。广义的心理发展包含心理的种系发展、心理的种系发展和个体心理发展；狭义的心理发展仅指个体心理发展。个体心理发展是指个体从出生到成熟到衰老过程中心理的发生和发展。

② 心理年龄特征：在个体心理发展的各个年龄阶段所表现出来的一般的、典型的、本质的特征，称为心理年龄特征。

③自我意识：自我意识是个体对自我的认识和态度，它具有复杂的心理结构，是一个多维度多层次的心理系统。

④自我概念：自我概念是自我认知的主要内容，是一个有机的认知机构，由态度、情感、信仰和价值观等组成，贯穿整个经验和行动，并把个体表现出来的各种特定习惯、能力、思想、观点等组织起来。

⑤ 同一性混乱：自我同一性混乱（identity role Confusion）是指个体在重新认识自我、认识自己在社会中的地位和作用的过程中产生的自我意识的混乱。其自我的发展、个人的社会化受到阻抑，很难建立不因时间、环境或角色变化的一致的人格，因而不能很好地适应社会。

⑥ 同一性扩散：即经历了一段颇长时期仍未形成一种强烈的、清晰的同一感。同一性扩散的青少年常常无法发现自我，一直使自己处于一种散漫的无所依附的状态之中。

二、填空题

①发生　　　　发展　　　　衰退
②反映评价　　社会比较　　自我感觉
③遗传与生理　环境与教育
④幼稚型
⑤人生观　　　世界观

三、单项选择题

①D ②C ③C ④B ⑤C ⑥C

⑦B ⑧D ⑨A ⑩B ⑪D ⑫A

⑬A ⑭A ⑮B ⑯C ⑰C ⑱A

四、简答题

① 简要回答如何培养健全的自我意识。

A. 引导青少年客观地认识自我，正视真实的自我。

B. 引导青少年悦纳真实的自我。

C. 引导青少年不断完善自我。

② 简要回答自我同一性的基本内容。

自我同一性的基本内容是：性别角色同一性，社会角色同一性，生理年龄、心理年龄与社会年龄的同一性。

③ 简要回答影响心理发展的基本因素有哪些？

影响心理发展的基本因素有：A. 遗传和生理是心理发展的物质基础、必要条件和自然前提，为心理发展提供了可能性。B. 环境和教育对心理发展起决定作用。C. 主观能动因素也是心理发展的内部条件之一，对个体心理的发展可以起延缓式促进的作用。

五、论述题

① 试述心理发展的一般规律。

人类心理发展规律具有普遍性，但个体心理发展在发展进程、内容、水平等方面又具有千差万别的特殊性。各种特殊性统称为心理发展的差异性。心理发展的规律性体现在心理发展的普遍性和差异性的复杂关系中。概括起来有以下几点：

A. 心理发展是一个持续不断的过程，每一心理过程和个性特点都逐渐地、持续地发展着，由较低水平到较高水平。

B. 心理发展有一定的顺序性，个体心理过程和个性特点的发展也有一定的顺序。一般来说，个体最早发展感知觉、然后是发展运动机能、情绪、动机和社会交往能力，而思维能力发展较慢，尤其是抽象思维能力的发展较晚。

C. 心理发展过程呈现出许多阶段，前后相邻的阶段有规律地更替着，前一阶段为后一阶段准备了条件，从而有规律地过渡到下一阶段。

D. 心理发展的不平衡性：各个心理过程和个性特点的发展速度不完全一样，它们达到成熟的时期也各不相同。如感知觉、机械记忆等早在少年期之前就已发展到相当水平，而逻辑思维则需至青年期才有相当程度的发展。从个体整体发展来看，婴幼儿和青春期发育较快，成人期的发展比较平稳缓慢。

E. 心理的各个方面的发展是相互联系和相互制约的，如儿童知觉的发展是记忆发展的前提，而记忆的发展又反过来影响知觉的发展。知觉为思维提供具体的直观材料，这是思维发展的基础，而思维的发展又完善了知觉，使之成为有目的的观察。

F. 心理发展的个别差异性。由于人们的环境和教育条件不尽相同，遗传素质也有差异，所从事的活动也不一样，心理发展的速度和心理各个方面的发展情况也是因人而异的。这就造成了同一年龄阶段上的不同儿童在心理上的差异。

② 结合个人经历，谈谈自我概念的形成途径。

自我概念是自我认知的主要内容，是一个有机的认知机构，由态度、情感、信仰和价值观等组成，贯穿整个经验和行动，并把个体表现出来的各种特定习惯、能力、思想、观点等组织起来。

自我概念是通过反映评价、社会比较和自我感觉三种途径建立起来的：

A. 反映评价。反映评价就是人们从他人那里得到的有关自己的信息。如果年轻的时候得到了肯定的评价，你就会有一个良好的自我概念。如果这种评价是否定的，你的自我概念就可能感到很糟糕。

B. 社会比较。在生活和工作中，人们往往与他人比较来确定衡量自己的标准，这就是在做社会比较。无论什么人从出生到长大，从家庭到社会，从学习到工作都是在社会比较中发展和充实自我概念。

C. 自我感觉。在年少时，对自己的认识大多数来自于人们对你的反映。然而，在生活的某一时刻，你开始用你自己的方式来看待自己这种看待自己的方式被称为自我感觉。如果从成功的经历中获得自信，自我感觉就会变得更好，自我概念就会改进。

③ 试论述同一性危机的几种形式以及特点。

A. 同一性混乱（角色混乱）。自我同一性混乱（identity role Confusion）是指个体在重新认识自我、认识自己在社会中的地位和作用的过程中产生的自我意识的混乱。其自我的发展、个人的社会化受到阻抑，很难建立不因时间、环境或角色变化的一致的人格，因而不能很好地适应社会。对自己缺乏清晰的同一感，不清楚或回避考虑自己的个人品质、生活目标、价值观等问题；迷失人生目标，所作所为与自己的应有角色不符；难以承担自己的生活责任。

B. 同一性暂停或延缓。已对自我同一性问题进行过探索，但未得到满意的解答，故暂时用回避的方式来继续探索。试图再经过一段时间的探究和试验来认识自己。由于青少年处于"心理断乳期"，一方面家庭和社会的心理支撑力量在逐渐减弱，另一方面青少年还没有独立完成某种任务的心理承受能力。因此，青少年在对身体、心理以及社会的要求发生变化的情况下，既有积极应对和主动寻求解决的欲望，又有自身能力和经验不足的矛盾冲突，在这种情况下就出现了心理的"合法延缓期"，这是一个特定的时期，青少年可以利用这一时期，积极探索人生的意义和价值所在，努力增强自身的能力和明确自身的理想和目标，从而经过不断的探索最终确立同一性。

C. 同一性提前闭合。处在这种状态的青少年，没有对有关自我发展的重大问题进行过自己的思考，他们自我投入的目标、价值、信仰反映了父母或其他权威人物的希望，所以，又被称为"权威接纳状态"。这是同一性形成过程中的一种中断，是过早地将一个人的自我意向固定化，从而阻碍自我确定的其他发展的可能性。对自己的评价大多建立在别人认可的基础上，对自我的思考肤浅、刻板，过早地将自我意象固定化，从而阻碍了自我发展的其他可能性。

D. 同一性成就。个体已完成对价值观和各种生活选择的评价，并对自己的选择感到满意。虽然某些生活事件（如失学、失业、失恋）可能打破同一性，使其再次面临危机，但毕竟曾完成过同一性，故经历一段困难、挫折后，可再回到原来的成就状态。

E. 自我同一性还有一种极端情形，即"自我同一性过剩"（too much ofego Nentity），即艾里克森所称的"狂热主义"，指过分卷入特定的团体或角色，绝对排他，坚信自己选择的方式是唯一的方式。这些人将自己的信念和生活方式强加于别人，而不考虑他人的感受。该"过剩"状态导致自我中心、个人崇拜、狂热主义等不良社会态度产生。

F. 同一性扩散，即经历了一段颇长时期仍未形成一种强烈的、清晰的同一感。同一性扩散的青少年常常无法发现自我，一直使自己处于一种散漫的无所依附的状态之中。他们常常缺乏自我认知，没有形成统一和连贯的自我意识；缺乏环境和社会认知，价值判断混乱；缺乏解决各种矛盾和适应环境的能力。日本著名精神分析学家小此木启吾认为同一性扩散主要表现为以下六点：

第一，同一性意识的过剩。片刻不停地考虑自己"是什么人？""该怎么做"等，本人完全被其束缚，从而失去自我。

第二，回避选择的麻痹状态。有自我的全能的感觉或无限幻想，从而无法确定或限定自我是什么，使自己力所能及的一切选择和决断也成为不可能的了。他只能不断地回避选择和决断，陷入一种麻痹状态。

第三，与他人的距离失调。无法与他人保持适当的距离，或拒绝与他人交往，或被他人所孤立，或丧失自我而被他人所侵吞。

第四，时间前景的扩散。是时间意识障碍的一种，不相信机遇的到来，也不期待对将来的展望，限于一种无力的状态。

第五，勤奋感的扩散。勤奋的感觉崩溃，无法集中于工作和学习，或发疯似地埋头于单一的工作。

第六，否定同一性的选择。参加非社会所承认的集团，接受被社会所否定、排斥的生活方式、价值观等。

第八章　体育锻炼心理

运动员的身体锻炼，是有目的有计划地提高运动员的身体素质的教育过程。运动员的身体素质是多种多样的，其主要的身体素质则是速度、力量、耐力和灵敏四种。每一种身体素质都有各自的心理特点，了解它的特点对提高身体素质的训练有着重要意义。

第一节　知识要点

一、知识点

锻炼心理学的兴起，锻炼心理学的内容，体育锻炼的心理效应，锻炼动机，体育锻炼对情感影响，体育锻炼对心理健康影响，"锻炼中毒"。

二、主要内容

1. 锻炼心理学概述

锻炼心理学的兴起

锻炼心理学产生于 19 世纪末，由于城市化运动的兴起，农业人口逐渐进入城市成为产业工人，他们必须学会新的生活方式和生活技能，这一社会变革促使心理学家将注意力从对意识的研究转向对适应性行为的研究。此外，由于工业革命的完成，机械和技术方面已取得了极高的劳动效率，若要再提高生产效率，就必须通过提高工人的身体动作效率来实现。于是在这样的历史背景条件下，锻炼心理学得以产生。

锻炼心理学发展到今天已经形成了独特的研究领域和研究方向。它研究的是人类的锻炼行为，从学科性质来看。锻炼心理学是一门将心理学的原理和知识运用于身体锻炼的应用性学科；从学科思想上讲，锻炼心理学经过不断演变，树立了身体锻炼的生物社会心理模式思想；从学科基础来看，心理学、生物学、医学和社会学等学科领域的发展，也为锻炼心理学奠定了坚实的研究基础。锻炼心理学一方面要对与锻炼行为有关的生物、心理、社会因素进行分析，试图寻找影响个体参与身体锻炼的情感、认知和行为原因；另一方面要研究如何采纳并保持锻炼行为，并探索科学锻炼的方式和手段。其具体研究领域涉及：① 体能和心理健康的关系。② 锻炼对身体表象、身体自尊、自我效能等的影响。③ 锻炼对应激的影响。④ 锻炼的情绪效应。⑤ 锻炼对认知活动的影响。⑥ 锻炼干预及锻炼处方的研究。⑦ 社会环境对锻炼行为的影响。⑧ 锻炼动机的研究。⑨ 锻炼与精神免疫。⑩ 锻炼的疲劳反应。⑪ 锻 炼不良反应等。

2. 锻炼心理学的内容

国外运动心理学关于锻炼心理学的研究内容归纳起来主要包括三方面的内容：

(1) 锻炼的动力调节系统

包括运动动机、态度、体育习惯、体育价值观、体育兴趣，以及锻炼的个性、性别差异等。其中动机是最主要的影响因素。国内外关于运动动机理论研究和现状的调查分析尤为多见。

(2) 锻炼过程中的心理影响

如短期的情绪效应、锻炼的努力程度、锻炼的坚持性、锻炼的影响因素（锻炼方式、项目、强度、频度等）。

(3) 锻炼的心理效应

包括锻炼的长期情绪影响、睡眠模式、身体表象和自尊、锻炼的依赖性与成瘾性、锻炼和生活质量与幸福感等。就以上三个方面的研究内容来说，将锻炼活动划分为锻炼前、锻炼过程中、锻炼后三个阶段，对其各自的心理影响作为研究的内容。

由张力为等翻译的美国理查德·考克斯博士所著的《运动心理学概念与运用》一书中，在"体育锻炼心理学"这一章包含的内容有：① 运动的心理益处。② 对体育锻炼和精神健康关系的理论解释。③ 坚持运动及其决定因素。④ 锻炼行为理论。⑤ 健身对缓解生活压力。⑥ 免疫系统、癌症、HIV 和体育锻炼。⑦ 社会体格焦虑、身体自我概念和身体形象。⑧ 运动癖。⑨ 饮食紊乱与体育锻炼。由此可见，美国锻炼心理学涵盖的内容是宽泛多样的，包含有心、身多方面的研究。

目前国内运动心理学教材中出现锻炼心理学有关内容集中表现为：锻炼的心理健康效应（包括情绪、认知、自我概念效应等，以情绪效应为主）、心理效应的理论解说等。

3. 体育锻炼的心理健康效益

(1) 体育锻炼对认知功能的影响

认知功能是人类的高级活动功能，它是人体对外界信息的反应能力，包括感觉、知觉、注意、表象、记忆、思维、语言等重要组成部分。随着人们对认知过程研究的逐步深入，出现了对认知活动的不同理解。有人把认知归纳为五点：① 认知是信息的处理过程。② 认知是心理学的符号运算。③ 认知是问题求解。④ 认知是思维。⑤ 认知是一组相关的活动，如知觉、记忆、思维、判断、推理、问题求解、学习、想象、概念形成、语言使用等等。也有认知心理学家认为，认知应该包括适应、结构和过程三个方面，也就是说，认知是为了一定的目的，在一定的心理结构中进行的信息加工过程。信息加工模型理论认为，人与环境之间的相互作用，类似于复杂的计算机处理系统，至少要经过三个阶段：输入、处理和输出。此外，还有一个反馈系统来纠正错误，并在内部判断规则的基础上修正输出，而人的思维模型正与之相似。

上述对认知活动的不同理解，从不同的角度探讨了人类认知活动过程的实质，它们都有一个共同的认识，即人类的认知活动过程不是一个被动地接受或加工信息、符号和解决问题的过程，而是一个主动地、积极地加工和处理输入信息、符号与解决问题的动态系统。

对于体育锻炼与认知活动的关系，有超过 100 篇回顾性文章发现，体育锻炼与认知活动之间有着适度的正相关。综合该领域的研究，可以归纳如下：

① 体育锻炼与认知活动之间存在的相关关系不能被看做是因果关系。

② 体育锻炼与认知功能关系在不同年龄人群的身上有不同的体现。

③ 不同的锻炼项目、运动负荷及坚持年限对认知功能的影响也不相同。

④ 体育锻炼能延缓或预防中老年人认知功能的衰退。

⑤ 体育锻炼对正常人群和有心理障碍人群的认知功能的影响也不相同。

(2) 体育锻炼对情绪的影响

关于体育锻炼与情绪的关系问题是锻炼心理学领域中研究最多、内容最丰富、方法最成熟的热点话题（毛志雄，1998）。有研究者提出，体育锻炼是所研究的 10 种行为中对情绪进行自我调节最有效的手段（Thayer，1994）。美国健康和人类服务中心的研究报告（1996）指出，体育锻炼对情绪状态有改善作用，会减少忧虑和抑郁程度。体育锻炼调节情绪的优势表现在两个方而，即体育锻炼行为是人们调节情绪的最自然的选择；体育锻炼的情绪调节方式是一种建设性的行为。

① 体育锻炼的抗抑郁效能。

20 世纪 90 年代以来，大量的有关体育锻炼与抑郁关系的研究得出如下结论：临床上被诊断为抑郁的人身体健康水平较低；体育锻炼与其他传统的方法一样有效；体育锻炼是对传统治疗方法（如团体或个别的心理治疗和医学治疗）的补充；体育锻炼能够提高身体健康水平，但这对心理健康不是必需的手段（唐征宇，2000）。

1990 年，North 等人对 1969—1989 年间进行的 80 项关于体育锻炼对抑郁控制作用的研究进行了分析，结果表明，一次性体育锻炼和长期体育锻炼均能有效地降低抑郁，这种作用在需要得到特殊心理照顾的被试身上体现得最为明显；体育锻炼既可以降低特质性抑郁（长期的、稳定的），也可以降低状态性抑郁（短期的、波动的）；体育锻炼既可以降低正常人的抑郁，也可以降低精神病患者的抑郁，有氧锻炼和无氧锻炼均可以降低抑郁；体育锻炼的持续时间和频率与抑郁的降低程度有关；体育锻炼比放松练习和其他愉快的活动更能有效地降低抑郁；体育锻炼可以最大限度地减少药物和心理恢复手段的运用。如果将体育锻炼与心理治疗相结合，那么所达到的效果会更好。另外，体育锻炼的抗抑郁作用能持续多久也有一些相关的研究。

② 体育锻炼降低焦虑的效能。

出于不同的研究目的和实验设计的需要，目前，该领域的研究一般分为两种类型：一为急性效应（短期）研究，二为慢性效应（长期）研究。多数研究在实验设计上选择慢跑、游泳、功率自行车、跑台或者专门设计的锻炼计划作为自变量，锻炼强度多以最大吸氧量或每分钟心率为标准，强度从低到高不等。大多数研究证实体育锻炼与焦虑的降低有关。

A. 体育锻炼降低焦虑的急性效应研究：很多研究结果表明，体育锻炼具有即刻降低焦虑的效果，包括降低认知性焦虑和躯体性焦虑。早在 1970 年，Bahr-ke&Morgan 比较了三组被试，一组在跑步机上进行 20 分钟跑，一组进行强度为70% 最大心率的跑步，另一组沉思或安静休息，结果发现，这三组被试的焦虑水平均有所降低。

Long（1984；1988）研究了慢跑、渐进性放松、压力管理三种降低焦虑的技巧，结果发现，慢跑具有即刻降低状态焦虑的显著作用。

1991 年，Petruzzelo 所作的元分析揭示了体育锻炼的抗焦虑效能。他测量了状态焦虑、特质焦虑以及与焦虑有关的心理生理指标，如血压、心率、肌张力、皮肤电阻、脑波活动等；比较了 20 分钟锻炼组、20 分钟以下锻炼组、其他疗法组、控制组。结果发现，20 分钟的锻炼或 20 分钟以下的锻炼会产生消极的影响。同时，他还比较了锻炼组和控制组，结果显示，20 分钟并不是一个临界点。

在分析锻炼时间长短对与焦虑有关的心理生理指标的影响时，他发现：a. 30 分钟或少一点时间的锻炼能产生最好的疗效。b. 无氧练习不能降低焦虑。c. 体育锻炼必须坚持 10 周以上，才可能降低特质焦虑。d. 长期锻炼和急性锻炼均能降低状态焦虑。e. 渐进性放松练习与体育锻炼一样可以有效地降低状态焦虑，但体育锻炼比渐进性放松更能降低特质焦虑。

B. 体育锻炼降低焦虑的慢性效应研究：与体育锻炼降低焦虑的急性效应研究相比，体育锻炼的慢性效应方向的研究相对较少，且研究结果也不尽相同。这是因为大多数研究在实验设计上多选择较长的锻炼时间周期，通常为 2~4 个月，每周 2~4 次体育锻炼，有时也会进行更长时间的追踪研究，因而难以对实验过程和实验变量进行严格的控制。

尽管如此，还是有不少研究支持经常参加体育锻炼能够有效地降低焦虑。这些研究表明，有规律的有氧运动不仅可以降低个体的血压水平和特定部位的肌电活动，而且可以减轻状态焦虑和特质焦虑水平。有规律的锻炼者比不锻炼者在较长时间内更少出现焦虑情绪（Hayden，1984），20 世纪 90 年代，一些元分析的回顾性文献（Long & Stavel，1995；McDo—Nald & Hodgdon，1991；PetruzzeLlo，Landers，Hatficld，Kibitz & Salazar，1991）与论述性的文章（Martinsen& Stephens，1994；Mutrie & Biddle，1995），都确定了体育锻炼与焦虑减低之间的关系。这些回顾性的文章对体育锻炼在降低焦虑方面的正面效应，都有以下这些比较一致的看法：a. 虽然有氧锻炼与无氧锻炼都能降低焦虑，但多数研究仍然将重点集中于有氧锻炼上。b. 体育锻炼与调节、降低状态焦虑和特质焦虑有关。c. 从降低焦虑的效果来看，长期锻炼比短期锻炼更能产生积极的效果。d. 状态焦虑的减轻可能是因为身体活动的效应抵消了日常生活所产生的压力与困难。e. 体育锻炼对感受高度压力的个体具有特殊的效应。f. 进行体育锻炼均能减轻焦虑，同在 30 分钟以内的锻炼效果最大。g. 停止锻炼 24 小时内，焦虑程度会回到锻炼前的水平。h. 体育锻炼降低焦虑与体育锻炼降低肌肉紧张度有关。

1996 年，Beger 等人通过研究制定了体育锻炼获得最大情绪效益的方法模型，如下图所示。

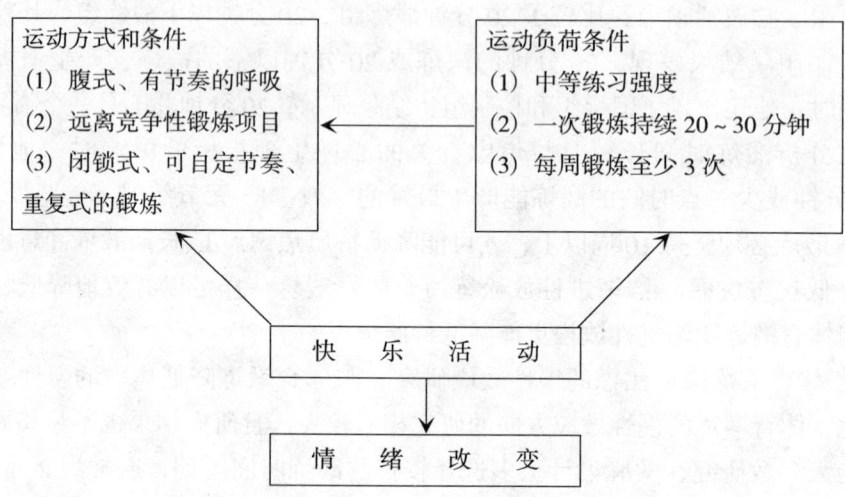

体育锻炼获得最大情绪效益模型

(3) 体育锻炼与主观幸福感

主观幸福感是描述个体目前体验到的幸福程度的综合性指标，是评价者根据自定的标准对其生活质量进行的整体性评价。一般认为，主观幸福感由积极情感、消极情感和生活满意度三个不同的维度组成。它是衡量心理状态与生活质量的重要因素之一。

早在 20 世纪 70 年代，就有一些研究调查了体育锻炼对主观幸福感的影响，该领域的研究结果可以归纳为：

① 多数研究结果支持体育锻炼与主观幸福感之间具有某种关系：Overy-man（1986）以女运动员为实验对象进行研究，结果表明，女运动员的主观幸福感优于非运动员女性。殷恒婵（2004）的研究发现，体育专业与非体育专业大学生心理健康特点存在差异。其主要表现在体育专业大学生在自主性、环境适应与控制、自我接纳、主观幸福感、角色互换与合作等方面的得分显著高于非体育专业大学生。而且，体育群体在成功体验与控制感、环境适应与控制、自我表现、自我接纳和认同等方面存在显著的性别差异。

② 体育锻炼与主观幸福感之间的关系存在一定的性别差异：一些研究指出，体育锻炼与主观幸福感之间具有一定的关系。而且女性比男性表现得更突出（snyder & Spreitzer，1974）。一项对 30 名女性的实验发现，长期的、有规律的有氧锻炼可以提高女性的生活满意度（Hasan，etal，2003）。

③ 体育锻炼与主观幸福感之间的关系可能存在项目差异。有研究发现，体操运动员与篮球运动员的主观幸福感存在着差异，但差异并不显著。体育锻炼与幸福感之间存在着较高的正相关，这可能与锻炼引起神经系统的变化、自我效能感的提高以及社会支持的改善有关。

(4) 体育锻炼中的特殊情绪体验

体育锻炼除了能够产生上述的情绪效益之外，有时还能使锻炼者从中感受到一些特殊的情绪体验。

① 流畅体验：流畅体验是一种理想的内部体验状态，它来源于人们的生理需要或心理需要的满足。在这种体验状态中，人忘我地全身心投入所从事的活动之中，从活动过程本身体验到乐趣和享受，并产生对活动过程的控制感（张力为等，2003）。当产生流畅体验时，个体似乎表现出不惜一切代价地从事某项活动，并且完全是出于所从事的活动过程本身（csikszentmihalyi，1991）。Jackson（1995）等人认为，流畅状态是一种积极的情绪体验，主要发生在锻炼者完全地投入到运动情境中，并且个人的能力能够胜任挑战时。这是优秀运动员欲求的状态，也是任何水平的锻炼参与者所追求的状态。

一项对 123 名大学生进行的调查问卷列举了体育运功、学习工作、人际交往、宗教等活动，询问被试以往在何种情况下感受过流畅体验，大多数人回答只在体育运动中有过这样的感受（张力为等，2003）。由此可见，体育运动是流畅体验的主要来源。

② 跑步者高潮：关于跑步者高潮，在文献中可以找到至少 27 个不同的形容词来描述，其中包括兴奋、灵性、觉醒、力量、优美、容易行动、完美与晕眩等（简耀辉，2002）。这些在跑步过程中出现愉快轻松的感觉通常会突如其来地出现，这对有规律的锻炼者来说是一种很普遍的体验，我们将它称做"跑步者高潮"。有时类似的兴奋感觉在除跑步以外的体育锻炼项目中也会出现。当出现这种感受时，跑步者会体验到一种良好的身心状态，感觉到自身与情境融为一体，身体轻松、忘却自我、充满活力、超越时空障碍（张力为等，2003）。当锻炼者成功地完成某项锻炼任务，并在某次锻炼中产生这些特殊的情绪体验后，就会诱发积极的情感和再次尝试的欲望，并能抵消一部分抑郁、焦虑等消极情绪的影

响，并进而改善心理状态。

在一项定性研究中，锻炼者自我报告，他们无法预测"跑步者高潮"的产生，在有点分心的情况下，凉爽、平静、低湿度的天气状况有助于跑步者高潮出现。当然，也需要依赖长距离（3000 米或者更长），用感觉舒服的速度持续至少 30 分钟，而不需要注意速度与时间（Sachs，1980）。当然，并不是每一位锻炼者都有过这样的经验，一些研究显示，有类似经验的锻炼者的人数从 9%~78% 不等（Sach，1980；Lilliefors，1978），有些是在跑步的最后几分钟体验到，有些是在锻炼前 30% 阶段体验到。

(5) 体育锻炼对人格的影响

20 世纪 60 年代和 70 年代，涉及人格与运动表现和项目选择关系的研究非常普遍。这些研究的侧重点大多集中在运动员和非运动员人格特征的差异上。而且，研究主要是从横向比较研究和纵向追踪研究两个方向进行。

① 体育锻炼对某些人格特质的改变。

一些研究认为，参与运动能够促进人格发展。纵向的研究证据显示，在青少年时期参与运动对个体的人格发展有促进作用。研究者监控了一些男孩的人格剖面图，他们参加了为期 5 年的游泳训练，在这期间，男孩们在外向性、稳定性和依赖性方面都有明显的转变（Tattersfield，1971）。Schnurr & Vaillant（1990）对哈佛大学 1942—1944 年间毕业的白人男学生进行了追踪调查。他们试图查明在大学里测试的人格特点能否预测被调查者今后生活中的运动习惯。此项目始于 1938 年，两位心理学家对获得的资料进行了仔细研究，记录了被调查者在大学里每天和每周的体育运动时间和类型，并询问了被调查所从事的运动类型和运动负荷。调查结果表明，大学期间的人格，如精力充沛、兴趣广泛、焦虑水平低、大方等，预示着他们未来生活中频繁的体育锻炼。

近年来，一些学者开始关注体育锻炼对改变 A 型行为特征的作用，并逐渐重视体育锻炼对人格整体结构的影响。A 型行为模式的特征是缺乏耐心、有强烈的紧张感、过度的竞争性以及容易唤起的敌意，它是产生冠心病的一个重要因素，因为其中的负性情感（如抑郁、愤怒和敌意）是引发冠心病的危险因素。就体育锻炼对 A 型行为特征的影响而言，尽管目前研究结果的说服力都还不够强（季浏，1997），但还是有不少研究发现，有氧锻炼可以使 A 型行为特征发生积极的变化（Lobitz，1983；Roskies，1986；Blumenthal，1988）。

② 体育锻炼对自尊的影响。

自尊作为个体自我系统的重要组成部分之一，是一个起中介作用的人格变量，它与自我概念、自我控制一起构成了自我。自尊对一个人的认知、动机、情感、品德和社会行为均有重要的影响。但是与锻炼心理学其他领域的研究相比，体育锻炼和自尊关系的研究还相对薄弱，不仅在理论上，而且在手段上有待进一步发展，体育锻炼对自尊的影响主要有以下几个方面：

A. 体育锻炼能提高身体自我价值和其他重要的身体自我认知（如身体表象）。大多数研究表明，体育锻炼作为一种手段，可以提高身体自我价值和其他重要的身体自我知觉。如身体表象（Fox，2000）。尤其是那些经常参加体育锻炼的人，能够从中获得最大限度的自我知觉和自尊的提高（包括身体状况较差的人，如中年人、老年人、体重超重者和肥胖者）。积极进行体育锻炼的儿童比不积极进行体育锻炼的儿童有更高的自尊（Gruber，1986）。有氧健身锻炼与自尊之间有中度相关（McDonald & Hodgdon，1991）。

B. 体育锻炼对不同性别人群的自尊会产生不同的影响。国外多数研究认为，体育锻炼对自尊的影响没有显著的性别差异，男性和女性都可以体验到积极的锻炼效果。但国内有研究发现，青少年男女在自尊和身体价值、身体力量表上的评价差异显著，男性明显高于女性。但青少年男女在整体自尊量表和生活满意感量表上差异不显著，即在身体自尊上有差异，而整体自尊上无差异（何玲，2002）。

C. 体育锻炼对低自尊者的效果更加明显。研究发现，锻炼对低自尊、低自信、低身体自我价值感、低身体表象的人，对多数轻度抑郁的妇女，对有身体残疾的儿童和成人，对超重和肥胖的成人和儿童，可能会有较大的效果（Fox，2000）。因此，将体育锻炼作为临床治疗的手段，效果会更佳。

D. 不同锻炼方式对自尊的影响有差异。各种类型的体育锻炼几乎都能对自我认知的变化产生影响。但是，有氧练习和控制体重练习作用更明显，而且，控制体重练习在短期内具有明显的效果。有限的研究还表明，短期的体育锻炼往往看不到显著的心理效益，自尊的变化需要更长时间的干预，在促进自尊提高的因素中，不能忽略锻炼的坚持性。整个锻炼计划需持续 12 周以上，最好是 6 个月或者更多。

4. 体育锻炼的成瘾行为

有研究发现，体育锻炼产生消极效应的可能性正在增加。有一些运动者（尤其是跑步者）产生了一种强烈的、特殊的感觉，如强迫、依赖、着迷、成瘾等。

(1) 锻炼成瘾的界定

① 什么是成瘾。成瘾是健康心理学的一个重要研究课题，虽然这个术语已

被广泛使用，不过却没有一个被普遍认可的、科学而准确的界定。狭义的成瘾是指个体强迫性的寻求药物和使用药物的行为，其生理和心理已产生对药物的强烈依赖，如对海洛因、可卡因、酒精及烟草等药物的滥用；广泛的成瘾则延伸到对一些行为的强迫性依赖，如病态赌博、疯狂购物、网络成瘾等。因此，有人把前者称为物质成瘾，后者称为过程成瘾。下面所说的锻炼成瘾是一种过程成瘾。

② 锻炼成瘾。锻炼成瘾是对有规律的锻炼生活方式的一种心理依赖（Crossman etal，1987）。锻炼成瘾可以分为积极和消极两种。从归因的角度解释，积极锻炼成瘾的人能够控制锻炼行为，而消极锻炼成瘾的人容易受锻炼行为的控制，通常将锻炼过度或消极锻炼成瘾现象称为"锻炼依赖性"（Thompson，1987）。

形成锻炼依赖性的个体一旦停止锻炼 24~36 小时，就会出现停训症状，如抑郁、焦虑、易怒、肌肉痉挛、全身发胀和神经质等。这些症状一般与停止锻炼有关，但是，这些症状只是在被某些原因阻止（如伤病、工作、家庭事务等）而不能锻炼时才出现，如果是为了休息一两天而停止锻炼则不会出现上述症状。

实际上，从临床的心理学角度考虑，锻炼依赖性类似于对酒精、药物和赌博的精神依赖，一旦形成便难以摆脱。一般来说，有这种行为的个体对体育锻炼的重视程度和投入程度远远超过其他活动。德国著名长跑选手 Cierpinski（1980）就曾经说过："我从婴幼儿时期就开始跑步了，这是我所酷爱的生活，运动是我生命中的一部分，若没有跑步我将无法活下去。"根据有关锻炼依赖性的研究，体育锻炼对某些人而言的确可能成为一种强迫行为，由于这种行为可能包含身体疲劳与心理病态，所以通常被认为是不健康的行为。

Anshel（1991）研究发现，锻炼成瘾者和非锻炼成瘾者存在着差异。这些差异主要表现在以下四个方面：

A. 锻炼成瘾者锻炼后更难以休息，并产生更多的应激。

B. 锻炼成瘾者参加体育锻炼后体验到高度积极的情感。

C. 锻炼成瘾者当错过一次锻炼机会后产生高度的抑郁、焦虑和愤怒等情绪体验。

D. 锻炼成瘾者为完成某项锻炼计划倾向于忽视身体的不适、疼痛或伤病（特别是男性）。

(2) 关于锻炼成瘾行为的研究

大多数关于锻炼成瘾者行为的研究都是以跑步者为研究对象的。Picrce

（1992）等人观察到长跑的距离与锻炼成瘾显著相关，并发现超级马拉松和马拉松运动员在锻炼成瘾调查中的得分高于参加 5000 米跑的一般锻炼者和运动员。

当然，研究者也对从事其他活动的锻炼者进行了调查，Pierce（1993）等人使用"消极性成瘾量表"研究了女舞蹈演员、女跑步者和女曲棍球活动者的锻炼成瘾行为。结果显示，舞蹈演员比跑步者和曲棍球活动者的锻炼依赖性更显著。因此，不管是跑步者还是参加其他活动的锻炼者，参与锻炼的时间越长，就越可能成为锻炼成瘾者（季浏，1997）。

还有一些研究发现，锻炼成瘾行为存在着性别差异。男性锻炼者更有可能成为锻炼成瘾者，其原因是男性锻炼者有强烈的竞争意识和高度的成就需求。相反，女性锻炼者很少可能成为锻炼成瘾者，这是因为女性锻炼者参加锻炼的动机主要是控制体重、增加人际交往和提高应对技能。近年来，较多的研究指出，锻炼成瘾与饮食紊乱的女性的运动依赖、关注体重、强迫观念与行为的人格特质之间有显著关系。而且，同样的研究证明，在饮食正常的高运动水平的女性中，体育活动量和强迫观念与行为之间也有显著关系。

除此之外，一些研究还显示，锻炼成瘾者容易产生运动损伤。Anshel（1998）的研究表明，锻炼成瘾者更可能在锻炼过程中忽视身体不适感，而且，当锻炼停止一段时间时，会产生严重的抑郁症状。

研究者还进一步指出，锻炼成瘾者可能是 A 型人格，通常 A 型人格的锻炼者容易忽视损伤或生病的信号。因此，这类人更可能在锻炼过程中遭受运动损伤。值得注意的是，A 型人格与特质焦虑和高神经症分数显著相关，并发现跑步依赖者比非跑步依赖者在神经症分量表上得分高（Yates et al，1991）。

总的来说，锻炼成瘾行为在各种运动项目中都有可能存在，就目前而言，还缺乏有效的测量工具对锻炼成瘾行为的程度作出准确的判断，这也是造成这一领域研究结果不一致的主要原因。未来研究的重点是进一步完善测量量表或设计出新的有效量表。

(3) 体育锻炼能降低应激反应，消除疲劳

体育活动具有减轻应激反应以及降低紧张情绪的作用，因为体育活动可以锻炼人的意志，增加人的心理坚韧性（拜巴沙，1985）。朗（Long）1993 年要求一些高应激反应的成人参加散步或慢跑训练，或接受预防应激训练，结果发现，接受其中任何一种训练方法的被试都比控制组被试处理应激情景的能力强。克瑞（Crew）等人 1987 年统计了 34 篇有关研究论文后指出，与习惯于坐着的人相比，经常从事身体活动的人更少产生生理上的应激反应，若有应激反应，也能尽快地从中恢复过来，这些都说明，体育锻炼在降低应激反应方面的功效；同样，自觉、积极的体育锻炼能加速疲劳的消除，常说的"疲劳是一个综合性症状，与人的生理和心理因素有关，若活动时情绪消极，会很快产生疲劳，若保持良好的情绪状态和保持中等强度的活动量，就能减少疲劳，且通过体育锻炼能提高诸如最大摄氧量和最大肌肉力量等生理功能，从而减少疲劳的出现。

(4) 体育锻炼的心理治疗效应

大量研究表明，体育锻炼能预防和治疗心理疾病。根据基恩（Kyan）1983年调查，在 1750 名心理医生中，有 60 人认为体育锻炼是治疗焦虑症的有效手段之一。80%的人认为体育锻炼对治疗抑郁症非常有效。曾有报道，两种身体活动方法对于治疗严重抑郁症住院患者的效果，一种是散步或慢跑；另一种是踢足球、打排球或练习体操，结合放松练习。慢跑或散步者每周 3 次，每次练习 30 分钟，共进行 8 周；混合组患者一周 2 次锻炼，每次 40 分钟，也是 8 周，在每周的第 3 天，混合组进行放松练习。结果显示，慢跑或散步组患者报告在抑郁感觉和身体症状方面显著减轻，并报告自尊增强，身体状态明显好转；而混合组患者未报告有任何生理或心理的变化。众多的研究资料显示，有氧锻炼或不强烈的身体锻炼有助于轻度和中度抑郁程度的降低。美国的一位心理学家对大学生做跑步试验，发现跑步能成功地减轻大学生在考试期间的焦虑情绪，且发现适当的步行（达到 VO_2max 的 35%~65%）亦能降低焦虑状态和血压，并在运动后持续 2小时，运动降低焦虑的作用与其他治疗方法（如冥想、放松疗法、完全性休息）的效果是一样的。此外，体育锻炼对于培养勇敢、果断、顽强等意志品质和高尚的道德品质，培养奋发进取、自强不息的精神等都有重大意义，这些也都是心理健康所必需的。

(5) "锻炼中毒"

应该强调的是，只有科学的身体活动和（或）身体锻炼才可能促进心理健康，如果活动或锻炼不科学，则不但损害身体，而且可能会给心理健康带来负效应。这些负效应主要表现在心理耗竭和锻炼迷瘾问题。

① 心理耗竭。

心理耗竭是指锻炼者在运动中因长期无法克服的运动应激而产生的一种耗竭性心理生理反应，它是一种训练应激症状。心理耗竭不仅损害心理健康，而且还直接导致退出锻炼。

② 锻炼迷瘾。

锻炼迷瘾是对有规律的锻炼生活方式的一种心理生理依赖。广义地说，锻炼迷瘾可以分为积极的和消极的两种。通常所说的锻炼迷瘾都特指消极迷瘾。从归因的角度理解，有积极锻炼迷瘾的人能够控制锻炼行为，而有消极锻炼迷瘾的人则反受锻炼行为的控制。总体上说，如果 24~36 小时不参加自己业已形成规律的锻炼活动就会产生"戒断症状"，如焦虑、烦躁、内疚、肌肉颤抖、肿胀感以及神经质等的人，可以定义为锻炼迷瘾。

第二节　学习要求和知识拓展

一、学习要求

（一）学习要求

① 了解体育锻炼带来的心理效益，并对体育锻炼的消极影响有初步的认识。
② 了解体育锻炼影响心理健康的生理和心理机制。
③ 理解影响体育锻炼坚持性的各种因素。
④ 了解各种锻炼行为理论。

（二）重点和难点

① 重点：
A. 体育锻炼、心理健康、跑步者高潮、流畅体验等概念；理解体育锻炼的心理健康效益。
B. 体育锻炼与心理健康关系的心理学理论解释。
C. 个人心理特征和状态以及社会环境因素对人们坚持锻炼的影响。
D. 锻炼行为干预的方法。
② 难点：
A. 体育锻炼与心理健康关系的心理学理论解释。
B. 锻炼行为干预的方法。

二、知识拓展

(一) 体育运动能促进人的智力发展吗?

如果对这个问题的答案是肯定的, 那么是不是可以得到这么一个结论: 运动员的智力水平高于一般人的智力水平? 要回答这个问题, 也许最简单直接的方法就是把一般人和运动员进行智力测试, 比较运动员与一般人、一般运动员与优秀运动员的智力差异。然而, 综观这方面所进行的研究, 可以发现, 智力与体育运动之间的关系比较复杂。不同的年龄、不同的运动项目、不同的运动强度与智力发展的关系也各不相同。如果对这些研究进行分析, 可以发现:

① 大部分研究都集中于运动员的智力, 探讨运动对运动员智力的影响, 至于体育运动对一般人群智力水平的影响的相关研究较少。

② 关于体育运动对智力的影响, 大多是采用横向比较研究, 而长期的纵向跟踪研究则相对较少, 因此所得到的结论难以令人信服。

③ 研究体育运动对智力的影响有较大的难度, 其主要原因是无法排除研究中的干扰因素, 因而也就无法得出智力的变化就是由于体育运动本身引起的。

(二) 锻炼的抗抑郁作用能持续多久?

美国北卡罗莱纳州杜克大学医学院研究了 156 名 50 岁以上、患有严重精神抑郁症的男子。将他们分为三组进行试验。第一组每周运动 3 次, 每次 30 分钟; 第二组只靠药物治疗; 第三组药物治疗与锻炼治疗兼顾。16 周后, 三组病人的病情都有显著改善。这表明三种治疗方法均产生了效果。并过 6 个月后, 发现运动组抑郁症复发的比例最低, 只有 8%。药物组抑郁症复发率达 38%, 药物治疗和锻炼治疗兼顾的小组抑郁症复发率为 31%。研究小组的负责人布鲁门索指出, 原先是假设两种治疗方法兼顾的小组效果会最显著, 但结果却发现锻炼治疗的效果更持久。这可能是由于锻炼组的病人更为主动, 对病情有 "自我掌握感", 随着病情的改善与锻炼的进行, 形成良性循环的缘故。但研究小组同时也提醒, 不要把体育锻炼看做万灵丹, 因为实验对象不包括严重到有自杀倾向或近乎发疯的病人。

一项新的研究认为, 当经常运动的人中断自己的运动时, 两周后心情就会变得很差。研究发现, 对那些经常进行有规律运动的人来说, 如果一两周不去运动，心情就会变得更抑郁。该研究包括 40 名经常进行适量、有规律运动的人，实验结果显示，被迫不做运动的"假期时间"并没有为任何人的精力进行充电，相反，还让人感觉比以前更糟。

有研究对 32 名男大学生以 50%$\dot{V}O_2max$、75%$\dot{V}O_2max$ 两种运动强度分别进行 30 分钟的慢跑和踏级的测试，并在运动前以及运动结束后 5 分钟、30 分钟和 60 分钟进行测试。结果显示：运动中积极和消极的情绪随练习强度和方式的不同而波动，但 30 分钟有氧运动后产生的即时效果是积极情绪和疲劳感觉增加，消极情绪降低到基线，运动结束 30 分钟和 60 分钟后，积极情绪增加，心理疲劳感觉降低。经检验，两种运动强度和运动方式经 30 分钟有氧运动后产生了相同的情绪效应，积极情绪呈上升趋势，消极情绪呈下降趋势，并且这一心理效果至少保持到运动结束后 60 分钟（曹京华等，2002）。

（三）体育教学对青少年人格的培养

近年来，国内体育心理学界关于体育教学与学生性格关系的研究比较多，主要集中在体育教学对学生个性心理特征和心理状态的影响上。

一项针对体育教学中道德干预措施对小学生道德行为影响的研究发现，体育教学过程中的道德干预方法可以有效地改变学生的道德推理和道德行为。然而，参加体育活动并不能自主地促使儿童道德水平的提高，只有在社会学习理论和结构发展理论指导下进行系统的道德干预才有利于学生提高体育道德水平（贺亮锋、祝蓓里，1999）。

研究发现，经常参加体育锻炼的大学生运动员具有高乐群性、高敢为性和高幻想的人格特征。长期系统的体育锻炼可以有效地培养青少年勇敢顽强的意志品质和乐观的情感，有助于青少年学生情感的社会化和深刻化，有助于培养学生的竞争意识和自我意识。而体育教学则可以培养学生形成对社会现实的正确态度，培养学生对待自己的正确态度，有助于学生调节自己的情绪，形成良好的社会情感，有助于培养学生的理智感和良好的意志品质。通过体育教学，可以指导学生形成积极锻炼的习惯，从而形成守时、抗干扰的稳定的心理特质，并能够培养和提高学生的自制力、果断性和坚韧性。

毛志雄、张力为（1994）通过对从事不同比例的体育课程学习和文化课程学习的大学生进行纵向追踪研究，考察体育活动对人格发展的影响。研究结果表明，体育学院学生和一般大学学生在就业期间，其性格的部分因素产生了积极的变化，这些变化体现了他们自我完善的过程，也有助于他们将来更好地适应社会和服务社会。但也有个别方面（如实验性因素）的变化是消极的，不利于他们将来更好地适应社会和服务社会。该研究提示，不同类型的学习活动对学生的人格可能会产生不同的影响，但这些影响的范围不是很大，仅仅限于人格的个别方面。

值得注意的是，上述的研究虽然有一定的科学基础，但是在阐明这些观点时，研究者并没有提供足够的实验依据。体育锻炼对学生的人格产生的影响到底有多大？究竟是通过哪些锻炼方式和锻炼项目产生影响的？这些问题不得而知。而且，体育教学中进行的身体练习并不完全等同于大众化的体育锻炼，因此，上述研究结论的外推力要受到较大的限制。

（四）锻炼计划指导者的工作

很多人借口没有时间、精力去做与健康无益的事情，而不愿意从事对身心有益的体育锻炼。你可以告诉他（她），每周总共才 3~4 个小时的锻炼时间，还占不到一个人全部清醒时间的 4%，这比花在看电视上的时间要少很多。也许有人借口花费太大，事实上，很多形式的体育锻炼几乎不需要任何物质条件，只要有适当的身体条件就行。

有人会说："我的健康状况很好，没有必要锻炼。"但这不是不进行锻炼的理由，无论一个人自我感觉有多好，都有必要进行有规律的锻炼。有人觉得运动场太远不方便，运动就应该是穿上运动服、在运动场上做锻炼。而事实上，锻炼可以在许多不同的地方进行，你可以因地制宜地作出选择。

（五）提高体育锻炼坚持性的行为控制策略

① 制订切实可行的锻炼计划：帮助锻炼者把无所作为的时间利用起来。

② 锻炼者共同设定有弹性的目标，帮助锻炼者明确自身要达到的目标，目标一定要明确具体！不要去尝试根本不可能达到的目标，要轻松愉快地达到目标。

③ 长期目标分解为多个短期目标，重视自我效能的建设。在锻炼计划中，哪怕安排中等水平的成功，锻炼者的自我效能也会有所提高。

④ 提供可供观察的进展报告，使这些记录公开或半公开可以帮助锻炼者保持热情与动力。

⑤ 给锻炼者提供具体的奖励，千万别吝啬你的赞美和鼓励。

⑥ 认识与控制环境刺激，防止旧病复发。生活中的负面刺激会不时引诱你

的学员，你可以利用的资源有来自家庭、朋友的社会支持、制订灵活机动的锻炼计划、认知调整策略等。

第三节　综合练习题

一、名词解释

① 心理健康。
② 心理耗竭。
③ 锻炼迷瘾。

二、填空题

① 一般认为主观幸福感由 _____、_____ 和 _____ 三个不同的维度组成。

② 体育锻炼中的特殊情绪体验主要包括 _____、_____。

③ 从归因的角度解释，积极锻炼成瘾的人能够控制锻炼行为，而消极锻炼成瘾的人容易受锻炼行为的控制，通常锻炼过度或消极锻炼成瘾现象称为"_____"。

④ _____ 是指锻炼者在运动中因长期无法克服的运动应激而产生的一种耗竭性心理、生理反应，它是一种训练应激状态。

⑤ 总体上说，如果 24~36 小时不参加自己业已形成规律的锻炼活动就产生"戒断症状"，如焦虑、烦躁、内疚、肌肉颤抖、肿胀感以及神经质等的人，可以定义为 _____。

三、单项选择题

① 下列活动中属于体育锻炼的是 _____。
A. 任何形式的身体活动　　　　B. 日常生活中偶然进行的身体活动
C. 上班时骑自行车　　　　　　D. 有规律的持续一定时间的慢跑

② 促进体育锻炼与心理健康研究发展最重要的原因是 _____。

A. 由于人们对身体与心理的关系有了新的认识

B. 由于医疗费用上升、余暇时间增多

C. 由于都市生活环境的变化

D. 工业国家疾病发生率提高

③ 唯心论对身心关系的看法是 ＿＿＿＿＿＿。

A. 重视大脑的存在而忽视精神的作用

B. 精神控制了大脑

C. 精神与大脑产生交互作用

D. 重视精神的存在而忽视大脑

④ 突生二元论对身心关系的看法是 ＿＿＿＿＿＿。

A. 精神是大脑的一部分   B. 精神控制了大脑

C. 精神与大脑产生交互作用   D. 重视精神的存在而忽视大脑

⑤ 灵魂论对身心关系的看法是 ＿＿＿＿＿＿。

A. 精神是大脑的一部分   B. 精神控制了大脑

C. 精神与大脑产生交互作用   D. 重视精神的存在而忽视大脑

⑥ 唯物论对身心关系的看法是 ＿＿＿＿＿＿。

A. 精神是大脑的一部分   B. 精神控制了大脑

C. 精神与大脑产生交互作用   D. 重视大脑的存在而忽视精神的作用

⑦ 关于心理健康，下列错误的说法是 ＿＿＿＿＿＿。

A. 个体心理在本身及环境条件许可范围内所能达到的最佳功能状态

B. 心理健康是一种绝对的十全十美状态

C. 心理健康是一种在各种行为反应中能积极而适度表现的健全的心理状态

D. 心理健康就是合乎某一水准的社会行为

⑧ "体育锻炼可诱发积极的思维和情感，这些积极的思维和情感对抑郁、焦虑和困惑等消极情绪具有一定的抵抗作用。"这一假设是 ＿＿＿＿＿＿。

A. 社会认知假说   B. 心境状态改善假说

C. 社会交互作用假说   D. 心理控制感假说

⑨ 身体锻炼成瘾属于 ＿＿＿＿＿＿。

A. 物质成瘾   B. 过程成瘾   C. 结果成瘾   D. 状态成瘾

⑩ 下列关于认知功能的论述，哪个是错误的 ＿＿＿＿＿＿。

A. 认知功能是人类的高级活动功能，它是人体对外界信息的反应能力

B. 认知是一组相关的活动，如知觉、记忆、思维、判断、推理、问题求解、

学习、想象、概念形成、语言使用等等

C. 人的思维模型类似于一个复杂的计算机处理系统

D. 人类的认知活动过程是一个被动地接受或加工信息、符号和解决问题的过程

⑪ 体育锻炼对认知功能的影响体现在 _____。

A. 运动员的智力高于一般人的智力

B. 小强度的体育锻炼对认知功能的影响最大

C. 不同的锻炼项目对认知功能的影响不相同

D. 体育锻炼对有心理障碍人群的认知功能不会产生影响

⑫ "个体行为的改变是由于个体对影响自己行为的因素进行的评价。评价这些因素是处于自己控制之下，而不是由他人或某种偶然因素所控制"。这个观念是下列哪一种理论的观点 _____。

A. 控制理论　　B. 健康信念理论　　C. 计划行为理论　D. 跨理论模型

⑬ 关于体育锻炼对抑郁影响的正确说法是 _____。

A. 临床上被诊断为抑郁的人从体育锻炼中不能获益

B. 一次体育锻炼不能降低抑郁

C. 体育锻炼对严重的抑郁症不能起任何作用

D. 体育锻炼能够提高身体健康水平，但这对心理健康不是必需的手段

⑭ "体育锻炼的抗抑郁作用可能是由于长期有规律的运动可触发和增加神经肽的释放，激活中枢阿片系统（Thoren，1990），从而影响大脑分泌 β−内啡肽。"这一假说为 _____。

A. 单胺假说　　　　　　　　B. 心境状态假说

C. 神经肽假说　　　　　　　D. 心血管健康假说

⑮ "即使一个人对锻炼有积极的态度和正面的认识，但是，如果他觉得自己没有能力或足够的机会去锻炼，那么他/她的锻炼意图将会变得薄弱。"这一观点符合 _____。

A. 社会认知理论　B. 健康信念理论　C. 计划行为理论　D. 控制理论

⑯ "体育锻炼可以通过促进 5−羟色胺释放，有效地增进心理健康。"这一假说是 _____。

A. 单胺假说　　　　　　　　B. 心境状态假说

C. 神经肽假说　　　　　　　D. 心血管健康假说

⑰ 下列说法正确的是 _____。

A. 体育锻炼与幸福感之间存在正相关

B. 体育锻炼与主观幸福感之间的关系是因果关系

C. 体育锻炼对个体的生活满意度没有影响

D. 多数研究发现，与女性相比，体育锻炼对男性的主观幸福感更大

⑱体育锻炼能提高自尊的原因可能是由于 _____ 。

A. 体育锻炼能提高身体自我价值和其他重要的身体自我认知

B. 体育锻炼能有效地抵抗抑郁

C. 体育锻炼能提高主观幸福感

D. 体育锻炼能降低焦虑

⑲以下四个研究方向中，目前研究最多的课题是 _____ 。

A. 体育锻炼对情绪的影响　　　　B. 体育锻炼对人格的影响

C. 对锻炼成瘾的研究　　　　　　D. 体育锻炼对智力的影响

⑳与健康有关的体能有 _____ 。

A. 速度　　　　　B. 心肺耐力　　　　C. 力量　　　　　D. 灵敏性

四、简答题

① 有氧运动与无氧运动哪一种更能增进心理健康？

② 体育锻炼对焦虑产生的影响是什么？

③ 什么样的体育锻炼方式、锻炼频率、锻炼环境更有利于增进心理健康。

④ 简述体育锻炼与人格、认知功能的关系。

⑤ 影响个体参与体育锻炼的因素有哪些？

⑥ 为什么说体能是社会应激的调节变量？

⑦ 比较锻炼成瘾者与非锻炼成瘾者的差异。

⑧ 当有规律的锻炼者中断运动时，可能带来的心理后果是什么？

五、论述题

① 列举六种理论对体育锻炼有助于心理健康的原因加以解释。

② 试述并比较体育锻炼行为的几种理论。

③ 如果你是一位社区体育指导员，你发现有一些中年人从正在进行的体育锻炼中退出了，你将遵循什么原则给他们指导和建议？

第四节 参考答案

一、名词解释

① 心理健康：心理健康概念是指：个体的心理活动处于正常状态下，即认知正常，情感协调，意志健全，个性完整和适应良好，能够充分发挥自身的最大潜能，以适应生活、学习、工作和社会环境的发展与变化的需要。

② 心理耗竭：心理耗竭是指锻炼者在运动中因长期无法克服的运动应激而产生的一种耗竭性心理、生理反应。它是一种训练应激症状。心理耗竭不仅损害心理健康，而且还直接导致退出锻炼。

③ 锻炼迷瘾：锻炼迷瘾是对有规律的锻炼生活方式的一种心理生理依赖。广义地说，锻炼迷瘾可以分为积极的和消极的两种。通常所说的锻炼迷瘾特指消极迷瘾。从归因的角度理解，有积极锻炼迷瘾的人能够控制锻炼行为，而有消极锻炼迷瘾的人则反受锻炼行为的控制。

二、填空题

① 积极情感　　消极情感　　生活满意度
② 流畅体验　　跑步者高潮
③ 锻炼依赖性
④ 心理耗竭
⑤ 锻炼迷瘾

三、单项选择题

①D　　②A　　③D　　④A　　⑤B　　⑥D　　⑦B
⑧A　　⑨B　　⑩D　　⑪C　　⑫A　　⑬D　　⑭C
⑮C　　⑯A　　⑰A　　⑱A　　⑲A　　⑳B

四、简答题

① 有氧运动与无氧运动哪一种更能增进心理健康？

总体来说，有氧运动比无氧运动更有利于心理健康。从有氧运动和无氧运动的运动时间、运动强度、运动时所消耗的体内营养物质以及运动后所产生的产物来分析可得出，有氧运动更有利于心理健康。

② 体育锻炼对焦虑产生的影响是什么？

体育锻炼对焦虑产生的影响是：

A. 长期锻炼和急性锻炼均能降低状态焦虑。

B. 体育锻炼与调节、降低状态焦虑和特质焦虑有关。

C. 从降低焦虑的效果来看，长期锻炼比短期锻炼更能产生积极的效果。

D. 状态焦虑的减轻可能是因为身体活动的效应抵消了日常生活中所产生的压力与困难。

E. 体育锻炼对感受高度压力的个体具有特殊的效应。

F. 进行体育锻炼均能减轻焦虑，但在 30 分钟以内的锻炼效果最大。

G. 停止锻炼 24 小时内，焦虑程度会回到锻炼前的水平。

H. 体育锻炼降低焦虑与体育锻炼降低肌肉紧张度有关。

I. 渐进性放松练习与体育锻炼一样可以有效地降低状态焦虑，但体育锻炼比渐进性放松更能降低特质焦虑。

③ 什么样的体育锻炼方式、锻炼频率、锻炼环境更有利于增进心理健康。

每次锻炼 20~30 分钟，每周 3 次以上，中等强度的身体锻炼。

选择腹式、有节奏的呼吸；非竞争性锻炼项目；闭锁式、可自定节奏、重复式的锻炼；带来愉快体验的锻炼。

④ 简述体育锻炼与人格、认知功能的关系。

体育锻炼与人格的关系：

A. 在青少年时期参与运动对个体的人格发展有促进作用，使个体在外向性、稳定性和依赖性方面有一定的转变。

B. 锻炼的人相比较，经常参加锻炼的人有较强的自制力，他们更聪明、认真，富有想象力，为人直率，而且有较强的自立能力。

C. 锻炼可以使 A 型行为特征发生积极的变化。

D. 可以培养勇敢的意志品质和乐观的情感。

E. 不同的锻炼方式对不同性别的人群的自尊会产生不同的影响。

F. 体育锻炼抗议通过提高个体的身体自尊而对人格产生影响。

体育锻炼与认知功能的关系：

A. 体育锻炼与认知活动之间存在一定的相关关系。

B. 体育锻炼与认知功能关系在不同年龄人群的身上有不同的体现。

C. 不同的锻炼项目、运动负荷及坚持年限对认知功能的影响也不相同。

D. 体育锻炼能延缓或预防中老年人认知功能的衰退。

E. 体育锻炼对正常人群和有心理障碍人群的认知功能的影响也不相同。

⑤ 影响个体参与体育锻炼的因素有哪些？

包括：个人因素和环境因素。

个人因素主要包括人口统计学变量、个体生理状况、个人行为以及个人的心理特征和状态。

环境因素主要包括物理环境、社会环境、体育活动的特征。

⑥ 为什么说体能是社会应激的调节变量？

A. 有很多研究支持：有氧体能抵消有家族高血压史（至少父母中有一人被诊断患有原发性高血压）的个体在应激反应中升高的唤醒水平。

B. 研究发现，同样经历过较大的生活应激，有氧体能高的人要比有氧体能低的人抑郁水平低。因此，体能可以调节应激状况下的抑郁状态、提高个体的自我概念，而肌肉力量的增强又可以大大地提高对力量的自信，从而促进心理健康和身体康复。

C. 长期的有氧锻炼将会增加各种抵抗疾病的淋巴细胞的水平，因此，参加锻炼的个体产生疾病的可能性就小，而且，体能水平的提高可以降低个体对应激的心血管反应和抑郁情绪。

⑦ 比较锻炼成瘾者与非锻炼成瘾者的差异。

锻炼成瘾者和非锻炼成瘾者的差异主要表现在四个方面：

第一，锻炼成瘾者锻炼后更难以休息，并产生更多的应激。

第二，参加体育锻炼后体验到高度积极的情感。

第三，当错过一次锻炼机会后产生高度的抑郁、焦虑和愤怒的情绪体验。

第四，为完成某项锻炼计划倾向于忽视身体的不适、疼痛或伤病（特别是男性）。

⑧ 当有规律的锻炼者中断运动时，可能带来的心理后果是什么？

当有规律的锻炼者中断运动后，有可能会引发：

A. 一定程度的抑郁和焦虑。

B. 由于体能下降影响身体自我认知，导致身体自尊下降。

C. 失去以往的锻炼乐趣。

D. 认知功能的衰老速度得不到延缓。

五、论述题

① 列举六种理论对体育锻炼有助于心理健康的原因加以解释。

A. 氨基酸类神经递质假说。该假说认为，当人体处于运动过程时，血液中氨基酸的改变会影响中枢递质的变化，而外周氨基酸的增加是调节中枢神经化学、生理、认知等改变的重要调节因素。

B. 单胺类神经递质假说。该假说认为，体育锻炼可以通过促进单胺类神经递质的释放，有效地增进心理健康。而单胺类神经递质分泌量的增加同心理健康状况的改善有关。

C. 脑内神经肽假说。该假说认为，体育锻炼的抗抑郁作用可能是由于长期有规律的运动可以通过骨骼肌的收缩，增加传入神经纤维的机械敏感性，并触发和增加神经肽的释放，激活中枢阿片系统，从而影响大脑分泌 β-内啡肽。

D. 心血管健康假说。有氧锻炼由于提高了心血管系统机能，有助于减轻受到应激刺激时的机体生理反应，并可以加快有机体从应激状态中恢复的速度，而且，体质的增强也有助于提高有机体对抗应激和紧张及在应激和紧张状态下"正常运转"的能力。

E. 注意力分散假说。通过体育锻炼可以使人分散对当前的忧虑和挫折的注意力，使消极情感得以发泄，使紧张情绪得到松弛，并趋向稳定。同时，体育锻炼也可以为郁积的各种情绪提供一个公开的、合理化的发泄口，使遭受挫折后产生的冲动通过运动得到升华和转移。

F. 社会交互作用假说。体育锻炼参加者以体育锻炼为纽带，不论地位、层次、文化水平等的差异，平等地在一起从事体育锻炼，这种交往可以令人抛开烦恼和忧虑，也更容易与他人产生亲密感，从而进一步加强与他人的联系。同时，由于锻炼过程中交往的增多，增加了心理郁闷时可寻求的社会支持力量。因此，从这个意义上看，体育锻炼可以通过积极的社会交往促进个体的心理健康。

② 试述并比较体育锻炼行为的几种理论。

体育锻炼行为的理论：健康信念模型、合理行为理论和计划行为理论、控制点理论、社会认知理论、跨理论模型。

A. 健康信念模型。健康信念模型认为，人们一般不会主动进行体育锻炼，除非他们具备了一定水平的锻炼动机和锻炼知识，或认为自己有潜在的健康问题，或明白了进行体育锻炼的好处并且感觉到完成运动并不困难。当然，这些因素是受社会经济状况、人口统计学因素和行为暗示的影响的，可以通过环境的影响而改变，比如大众媒体的宣传或亲朋好友的带动等等。

B. 合理行为理论和计划行为理论。根据合理行为理论，锻炼行为是个体对某一个健康威胁的反应，当个体认识到由于他们的静止生活方式而使他们的健康受到威胁时，就会采纳合理的建议、作出参加锻炼的决定。合理行为理论指出，行为由行为意向来决定，行为意向又由行为态度和主体规范来决定，行为态度由行为后果评价权重的行为信念所决定。

计划行为理论比合理行为理论增加了一个称为"行为控制感（知觉到的完成行为的困难和容易程度）"变量，这一变量能更好地解释自主控制相对比较低的行为。

C. 控制点理论。控制点理论认为，个体要对影响自己行为的因素进行评价，评价这些因素是处于自己控制之下，还是由他人或某种偶然因素所控制。内部控制是预测锻炼行为的一个重要变量。

D. 社会认知理论。根据社会认知理论，个体、行为、环境三个因素是相互作用、相互影响的，个体因素中的认知、思维和情感是非常重要的部分。

E. 跨理论模型。跨理论模型从认知、行为和时间等三方面来综合考虑行为的变化过程，指出不同类型的认知在锻炼行为改变过程中的不同阶段，其重要性也不同。根据跨理论模型，采用什么样的锻炼行为干预策略必须视个体行为所处的阶段而定。

③ 如果你是一位社区体育指导员，你发现有一些中年人从正在进行的体育锻炼中退出了，你将遵循什么原则给他们指导和建议？

所采取的措施应该遵循以下的原则：

A. 根据锻炼对象行为改变的不同阶段，采取适当的措施。

B. 为锻炼对象设置良好的锻炼情境（如标识、口号、海报、漫画等）。

C. 设法让锻炼者喜欢所从事的运动。

D. 为参加者设置适宜的锻炼强度、锻炼时间和锻炼频率。

E. 提倡参与者以小团体的形式或与朋友一起锻炼。

F. 和参与者一起制订锻炼计划的协议或声明，使他愿意完成计划。

G. 提供机会让参与者自己选择锻炼项目。

H. 奖励锻炼者的出勤和积极参与。

I. 给予个别化的反馈。

J. 寻找方便的锻炼地点。

K. 让自己达到预期目标的锻炼者自我奖励。

L. 鼓励参与者自行设定灵活的、以时间为基础的目标。

M. 提示锻炼者将注意力集中于外部环境（而不是自己的身体）。

N. 运用小组讨论的方法。

O. 在锻炼计划开始执行以前，让参与者完成决策平衡表（即锻炼得失评估表）。

P. 帮助锻炼者争取配偶、家人和同伴的社会支持。

Q. 建议锻炼者写锻炼日记。

第九章 运动技能学习

运动技能的本质，运动技能与其他技能的区别，运动技能的形成过程，影响运动技能学习的因素，掌握运动技能的有效方法以及不同运动技能之间的相互影响。我们需要了解运动技能学习的机制，提高运动技能学习的效率，并享受运动技能不断提高的乐趣。

第一节 知识要点

一、知识点

运动技能概述；运动技能形成过程；影响运动技能学习的因素；运动技能的学习与训练；运动技能的迁移。

二、主要内容

1. 运动技能概述

(1) 运动技能的概念

运动技能是指通过学习而巩固下来的、自动化的、完善的动作活动方式（祝蓓里、季浏，1998）。运动技能的种类很多，包括日常生活中的写字、行走、骑自行车；体育运动中的游泳、体操、打球等。一般情况下可以将运动技能和动作技能作为同义词互换使用。

人类运动技能具有以下几种特征：

①指向目标及运动技能都有其各自的操作目标。

②动作技能的操作具有随意性，即是说我们不能把反射性运动视为运动技能。虽然眨眼可能有一定目的而且也包含运动，但因为它属于不随意运动，所以

不能被视为一项运动技能。

③动作技能需要身体、头或肢体的运动来实现任务目标，这是运动技能区别于人类其他技能的基础。例如，虽然数学运算也是一项技能，但运算并不需要身体和肢体的运动来实现目标，所以通常把数学运算称做认知技能。

④为了实现技能的操作目标，人们需要对动作技能进行学习或再学习。例如，弹钢琴便是一个典型的需要学习的运动技能，行走技能表面看来是人类自然形成的，事实上，对于婴儿而言也是通过多次学习后才获得的。

(2) 运动技能的组成

所有运动技能都包含心理过程和运动技能操作过程，不同运动技能的这两个过程的强弱和方向是不同的。在运动技能学习过程中，个体也正是因为对这两个过程或过程中的某一环节把握不同而表现出显著的水平差异。

许多运动技能的操作看似简单，实际上却包含了复杂的心理过程。例如，有些运动技能特别强调感知觉因素，要求对感觉信息进行快速分析，如乒乓球比赛中判断对手的发球方式与回球区域等，这是比赛能否取胜的关键，也是技能熟练水平的标志。一般说来，运动技能都包含以下心理过程：感知相应的环境特点；决定做什么在哪里及时做；产生有组织的肌肉活动，并实施行动。

运动技能的操作过程可分为三个部分：

① 姿势成分，即整个技能的物化形态，是动作的支撑，如射击运动员的手臂需要有稳定的平台支撑以提高射击的准确性。

② 身体的移动成分，移动身体朝向或到达技能实施的位置。如体操运动员推杠腾跃后再去抓杠。

③ 操作成分，与其他成分结合在一起互相协调完成运动技能，产生动作、如在复杂电子游戏中的手指和手腕的协调动作。

(3) 运动技能学习过程的变化特征

① 运动技能是后天习得的。

一些简单的或随意的外显肌肉反应，如人的眨眼反射或摇头动作等是不需要学习的，不属于运动技能。运动技能是后天学得的，并能相当持久地保持下来的动作活动方式，如骑车、打球等，它是以感知系统与运动系统间的密切协调为必要条件的动作活动方式，是要通过艰苦训练和意识性努力才能达到既定目标的。

②运动技能的学习从意识性向无意识过渡。

运动技能的操作具有随意性，特别是技能形成的初期，此时神经过程处于泛化阶段，内抑制尚未形成，多余动作和错误动作较多，技能的执行需要较多的意识控制，此时如果意识控制稍有削弱，正确的技能就很难形成。但随着反复练习，控制技能的神经系统逐步形成分化与自动化，人们完成技能时所关心的是怎样使这些技能服从于当前任务的需要，而不是如何操作的问题，操作的控制逐渐由意识性向自动化方向发展。自动化是熟练技能水平的标志，但并不是不需要意识的控制，如果技能操作环境发生变化，意识会很快参与到对新情境的决策。

③ 运动程序的作用。

练习使运动技能学习从开始时的动作呆板、不协调、时空不准确和易出错，到逐步熟练，直至动作操作自动化。例如，跨栏运动员在比赛中如行云流水般地跨过所有栏架，攻栏、跨栏、落地、再攻栏，好像按一定程序计划依次进行的。优秀运动员这些熟练的技能是由运动操作程序来控制执行的（Ncisser，1967）。最初的程序可能仅能控制几个动作，随着练习的进行，程序逐步能控制越来越长的行为，并且变得更精确，直至发展到对整套运动技能的程序控制。

在某种意义上，所有的运动行为都是由程序控制的，技能的形成过程就是程序的获得过程。尤其是那些快速和力量性动作，程序性控制更为明显。例如，跆拳道和投掷运动等，一个动作一旦执行就很难再更改，错了也得等动作完成之后才能修改，整个动作似乎是由程序自动控制的。对于这些技能的练习或比赛，操作者没有时间去加工动作的反馈信息，校正动作，必须事先充分地计划好。运动技能的程序控制理论已经得到了多种实验研究的支持（Henry & Rogers，1960；Taub & Berman。1968；Wadman 等1979）。

④ 动作技能的自动化。

动作技能通过练习从低层次的感知系统与运动系统的协调关系向高层次的协调系统发展，最终达到高度完善和自动化程度。运动技能的获得过程就是动作的自动化形成过程，动作技能的熟练程度越高，自动化程度也越高。例如，篮球运动中的基本运球动作，初学阶段我们只能把注意力放在拍球力度与节奏上，甚至常出现人跟着球跑，但成为优秀的控球后卫后，运球的同时可以游刃有余地指挥全队的攻防战术，运球的动作几乎不需要注意。

⑤ 能量消耗的节省化。

正如 Gentile（1987，2000）所说，能量的经济使用是熟练技能操作的重要目标，运动技能的获得过程就是操作能量节省化的过程。经济的运动是指在操作一项技能时消耗最少的能量。完成同项技能，初学者往往要消耗很多的能量，而熟练者则能较经济地完成运动，从而进行更加有效的锻炼。与锻炼过程有关的能量消耗有：技能操作时所用的生理能量，可以通过测量技能练习时的热量消耗确定生理能量的消耗量；个体锻炼时的一些无意识能量消耗；通过计算个人新陈代谢率而测定的机械能量消耗；知觉消耗率（对能量消耗主观感觉）也有所下降。

⑥ 觉察错误能力的逐步提高。

技能学习不仅表现为更有效的技能操作，而且还显示出觉察和纠正错误的敏感性提高，即自身觉察错误能力的形成。优秀的长跑运动员在比赛中能够觉察到自己某一圈速度跑快了或略慢，从而作出调整节奏的决策，而新手则很难觉察；优秀的跳马运动员在做空中翻腾转体时能够清楚地觉察到自己的体位和伸展情况，从而做出即时的调整，但新手则要借助追加反馈。说明运动员这种错误觉察与纠错能力是随练习而逐步提高的。

(4) 运动技能的分类、测量与评价

① 运动技能的分类。

运动技能的分类方法很多，但目前被广为接受并且应用较多的有以下三种：

A. 封闭性与开放性运动技能。

根据技能操作中环境背景的稳定性特征将运动技能分为封闭性和开放性运动技能。操作中的环境背景包括个体操作技能的支撑平台、操作目标以及操作过程中涉及的其他个体。例如，在乒乓球、排球、网球、足球中带球过人等运动中，相关的环境背景是指球的位置、飞行状况、对手状态以及周围环境的特征等。

开放性运动技能是指在操作目标、支撑平台和其他人始终处于运动状态条件下进行的技能。要想成功地完成这类技能，操作者必须根据环境的变化适时地对自身动作进行相应的调整。个体完成动作的时机和采取的动作主要由相关的环境背景决定。例如，乒乓球比赛中的接发球，必须根据对手的发球方式以及有关的线索进行判断并做出相应的接球策略。

相反，封闭性运动技能的环境背景特征是稳定的，即环境背景特征在技能操作过程中不会发生位置上的变化。例如，固定靶射击、投掷铅球和篮球的罚球等。进行这类技能的练习时，环境特征和技能的程序基本是固定的，个体可以有充分的时间去完成技能，很少使用快速加工方式进行技能控制，而多采用本体感受器所传入的反馈来调节动作。学习这种动作技能关键在于反复练习，直到达到标准的模式和自功化程度为止。

这种分类由于其简便易行，已经在运动技能学习与控制研究领域中得到了广泛应用。但应该清楚，典型的两类技能并不多，技能、环境与个体间的关系多数处于这个连续体的中间，技能操作过程中都会不同程度地受到环境因素的影响。

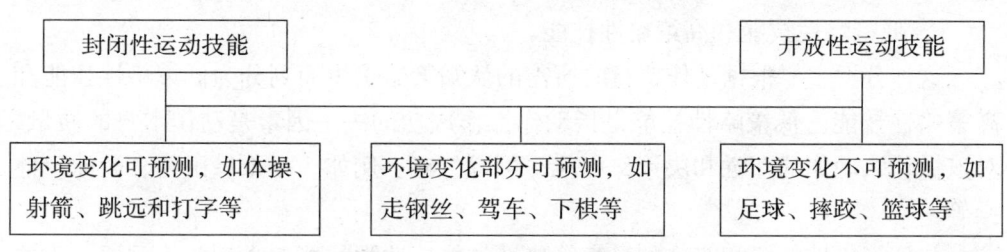

封闭、开放性运动加技能分类

B. 连续性、不连续性和系列性技能。

根据动作操作过程中的连贯程度可将动作分为连续性、不连续性和系列性技能。在这个连续体的一端为不连续性技能，其主要特征是：一个动作的开始和结束非常明显，且通常持续时间相对短暂，动作完成时带有一定的爆发性，其精确度可以通过计数或度量。例如，投掷铁饼、标枪、举重、射击等。不连续技能在运动锻炼中非常重要，特别是大量的投、跳、跑等技能组成的许多公众喜爱的游戏和体育活动。

这个连续体的另一端是连续性运动技能，它的主要特征是运动操作由一个接一个的连串动作或系列动作组成，没有明确的开始与结束，即可以任意确定动作的开始和结束，如游泳、滑冰、短跑和自行车等。

在这个连续体的中间是系列技能，运动操作是由一组不连续技能连接在一起组成了一个新的、更加复杂的技能动作，大多数技能都属于这一类，如三级跳远、跨栏和跳高等。这里的"系列"意味着动作是由多个动作组成的，各环节之间的节奏是获得成功的关键。学习系列技能多采用分解练习，逐步将个别技能依次逐渐组合起来形成一个大的整体技能，就像很自然地完成一个单个动作一样，如下图所示。

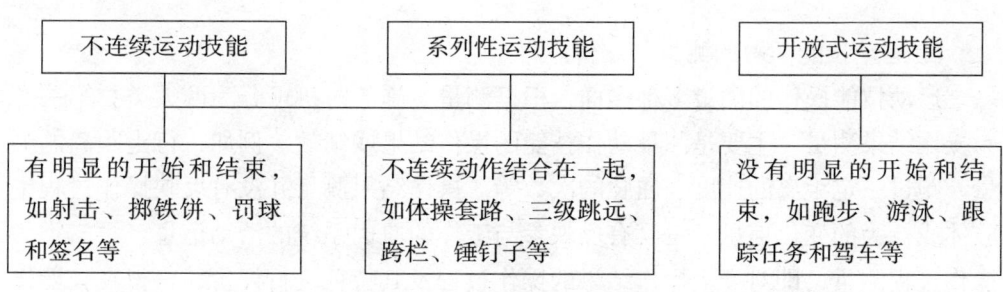

连续性、不连续性机能分类

C. 低策略性技能和高策略性技能。

这种分类主要根据动作执行时所需的认知策略多少而划分为低策略性技能和高策略性技能。低策略性技能是指动作操作成功的决定因素是动作本身的质量，对该做什么动作的知觉和决策作用几乎可以忽略。例如，举重、田径、游泳、体操等。

与低策略性技能相对应的是高策略性技能，这类技能的本身并不重要，重要的是在某种情况下做何种动作，即决策做什么动作是最关键的。例如，在羽毛球比赛中，基本动作（如杀球、勾球或放网）每个运动员都会，重要的是要知道在什么情况下用什么动作，"要用脑子打球"，这是比赛取胜的关键。

运动技能操作时所需的认知策略多少也是个连续体，没有纯粹的策略性技能和非策略性技能。高策略性技能主要是选择做什么，而低策略性技能是要求操作者怎么做。每一种技能，不管看上去是何等的需要认知策略，最后都要进行运动输出，同样，任何低策略性技能也都需要一定的决策制定过程。现实中多数的运动技能处于这两个极端之间的某个位置，都包含决策制定和动作实施的复杂组合，如下图所示。

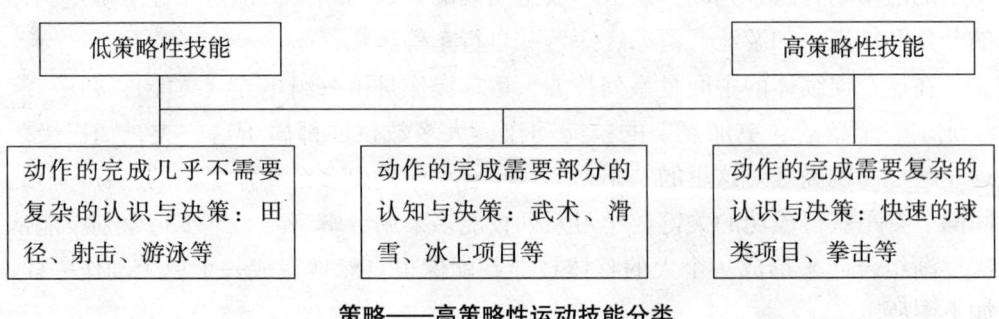

策略——高策略性运动技能分类

② 运动技能学习的测量与评价。

运动技能操作的测量多种多样，根据测量实施的时机可分为两大类。第一类为操作结果测量，主要是测量动作技能的操作结果或绩效。例如，行走距离的测量、跑过一定距离的速度、屈膝的次数等。操作结果测量并没有反映操作过程中肢体或行为的变化信息，也没有反映参与工作的肌肉系统的活动信息。第二类为操作过程测量，即对产生操作结果的操作过程及其特征进行评价，获得在技能操作前、中和后诸如神经系统的作用机制、肌肉系统的工作原理、肢体或关节的运动特征等信息。在运动技能学习过程中，常用的测量指标与评价方法如下：

A. 运动技能学习评价的测量指标。

a. 反应时：指从信号（刺激）发出到反应产生之间的时间间隔。例如，在短跑比赛中，从发令枪响到运动员的脚蹬离起跑器之间的时间间隔。最常用的反应时测验有三种类型，即简单反应时、选择反应时和辨别反应时。反应时不仅被用来测量人开始执行动作速度的快慢，研究人员还利用它推断其他的运动特征和信息。对于完成某一特定动作时，人们经常利用反应时来判断环境背景的信息。例如，动作操作在两种运动情境中的反应时有差异，可以找出反应时产生差异的因素，从而推断影响动作准备速度的原因。反应时的另外一种用途是评价人对指定动作的动作形式和开始时间的预判能力（王树明，2005）。在运动情境中，可以根据运动员的反应时间来判断其对决策情境的决策速度。由此可见，除了说明人对刺激信号做出反应的速度外，反应时还可以作为了解准备开始指定动作的过程中人与操作环境相互作用的一个窗口。

b. 误差值：人在技能操作中出现的失误次数作为一种评价指标，在运动技能的绩效研究中占有重要地位。误差测量可用来评估以准确性为目标的技能，如网球和乒乓球的接发球、罚点球时守门员的方向判断等。这些技能在操作中都需要在时间或空间上的准确判断，这样判断结果与真实反应的误差值就是一个非常有价值的评价变量。误差测量不仅可以反映技能操作的准确性，同时还可以用于个体间的技能水平监测评价，分析产生差异的原因，从而寻求恰当的干预手段来减小这一误差水平，提高技能水平。所以说，对于一项训练方法是否有效，前后差异值的测量是必不可少的。

c. 运动学指标：运动学测量已经成为运动学习和控制研究中一项重要的测量手段，通常与生物力学测量结合进行。它是从运动学特征方面对运动技能操作进行描述，最常用的指标有三种，即物体的位移、速度和加速度。

运动学测量是以记录技能操作中特定身体部位的运动轨迹为基础的测量方法，属于操作过程测量。测量时通常首先用胶布、标记色笔、特制的反光球等物品在准备测量的关节部位做出标记，然后研究人员用录像设备拍摄下被试的技能操作过程，再用专用计算机软件对记录下的运动学数据进行计算与分析。另外一种方法是通过记录操作对象的运动轨迹，由计算机对运动轨迹进行分析评定来实现运动学测量目标。这些运动分析方法已经被广泛应用到运动技能的学习与控制领域，成为指导实际操作的重要理论基础。

d. 动力学指标：指从力的角度来对运动操作进行评价，并认为力是运动产生的原因。而运动学则是在不考虑运动产生原因的条件下对运动的描述。sil-san Hall（2003）指出，力可以被认为是作用在身体上的推力或拉力，有内力和外力之分。例如重力和空气阻力属于影响人走和跑的外力。

人类运动之所以与力密切相关，其中最主要的原因是：运动是由人体各部分绕关节轴转动而产生的。由于力的种类繁多，加之力对人体运动有重要作用，研究人员在动作技能学习的研究中逐渐把力的测量融入到对技能的评价之中。研究中通常使用测力板、力传感器和拉力计等设备直接测量某些力的大小，如对起跳时的用力评价、投掷时肘关节的力学分析等。这类研究多在实验室和实际情境下进行，经常被用来测量被试操作肢体运动任务时肌力的大小。动力学研究由于要求有较高精度的实验仪器和特殊的数据分析技术而使用范围受限制。

e. 肌电图：肌电图（EMG）是通过记录肌肉或肌群的电活动，来了解肌肉活动状态的一种测量技术。肌电图所提供的信息具有多种用途，而最常见的用途是在动作技能学习和控制研究中记录肌肉开始激活和结束的时间，从而评定肌肉的工作情况。肌肉一旦被激活，肌电图会表现出频率加快、振幅增大现象。当用肌电图同时记录多块肌肉的肌电活动时，研究人员可以根据肌肉激活记录序列来了解动作用力过程与协调性。肌肉激活序列说明参与运动的绝不仅仅是手臂肌肉，还有很多起平衡身体的肌肉参与了工作，最先激活的是稳定身体姿势的大腿肌肉。

f. 协调性：是运动技能评价的重要参数，尤其对复杂性技能学习的测量与评价，已经成为该领域现阶段的研究热点问题。但如何准确地评估技能操作的协调性，一直是困扰研究者的难题之一。随着以计算机为基础的运动分析软件的不断发展和完善，这一测量已经逐渐成为可能。现在许多研究者通过定性的方式来评价技能间的联系，以此推断技能的协调性，并在此基础上探索定量分析的途径与方法。但也有研究者对这种推论的可靠性提出质疑，显然这种评价方法的有效性与量化性的可操作性仍处于论证阶段。

B. 运动技能学习的评价方法。

a. 练习曲线：了解了评价指标后，我们就可以设法对运动技能学习的绩效进行评价。首先，通过练习曲线进行评价，即通过单位时间内完成的工作量或正确率进行评价，同时也可用反应时、错误率、距离、位移、速度、加速度等指标来进行评价。然后，通过练习曲线观察技能获得过程各阶段及前后的练习规律。例如通过练习曲线得出的规律有练习进程先快后馒、先慢后快、高原现象和起伏现象等。但应当注意，由传统实验得出的这些规律大多是通过练习绩效获得的，这可能会夸大或低估学习的效果，客观地评价应该是采用保持测验或迁移测验。

b. 保持测验与迁移测验：练习后休息一段时间，再测验与练习时相同的内容，称为保持测验。练习后休息一段时间，再测验与练习时相似（但不同）的内容，则称为迁移测验。保持测验与迁移测验都是用来评价行为相对持久变化的。休息一段时间的目的是消除非学习因素（如疲劳）的影响和练习效应，以观察真正的学习效果。学校体育的许多运动技能测验多为保持测验，测验总在技能结束后某段进行，而在研究中则多使用迁移测验设计，因为这种设计更能了解不同的练习策略对技能学习的影响。

c. 前测与后测：对运动技能学习的研究是要观察一个人经过练习后运动行为的改变情况。但由于每个人的特点与经验是不同的，所以学习前对某一技能的了解程度可能有所不同，若只看到学习的最终表现而忽略学习的起点可能无法了解学习的真正效果。因此，在评价学习的效果时，往往通过技能水平的前测和练习后测验的比较进行。如果学习者有不同的特点、经验背景，则应考虑根据观察的目的与实际情况选择不同的方式进行运动学习的测量。

d. 次任务测验：当技能练习到一定水平时，往往会因为所学技能的动作形式较简单或技能操作日趋完备，其表现的结果已经到达巅峰的状态，无法再提高或增加对动作的限制以观察其进步的情形。这时，通常在主要行为表现没有显著的改变下加入第二个任务，即次任务，用以考查其主要运动行为的进步情况。由于次任务与主要任务同时进行，因此在运动技能学习的研究领域常以认知性的工作为次任务。例如，进行追踪测验时，要求被试同时进行算术运算。这一方法对于高水平运动员的技能水平监测与评价以及运动员间的技能水平比较具有重要意义，优秀运动员的技能水平已经达到近乎巅峰状态，个体间的水平差异或训练进步程度很小，会出现明显的"天花板"效应。若此时的完成主技能操作的同时，再增加一项任务如算数、信息判断等，主任务的注意需求和信息加工速度在次任务的绩效上能得到很好的反映，次任务的绩效好说明主任务的熟练程度高。这种方法已经在乒乓球、篮球等项目中得到了验证。

2. 运动技能的形成过程

(1) 运动技能形成的理论

运动技能形成的机制一直是运动科学领域高度关注的重要课题。技能的形成机制已从佳佳耶娃纯生理学的刺激——连接和强化理论，发展到今天以认知的信息理论观点来研究学习发生的内在机制。归纳起来来主要有以下三类理论模型：

① 技能学习理论。

Cratty（1964）根据影响学习和操作的假定性因素，提出技能学习的三个水平理论模型，从三个方面对运动技能进行一般性描述评价。该模型的主要特点是将影响技能学习的因素分为以下三个水平。

A. 第一层次为影响技能操作的一般因素，它包括抱负水平、毅力水平、唤起和动机水平、分析能力和各种知觉能力。这些因素虽然是相当固定的，但仍可能受个体经验的影响而改变。

B. 第二层次为影响运动技能操作的能力持质，它包括力量、耐力、伸缩性、平衡和协调能力等，达些是每个人都能发展的潜能，而且也影响其动作技能水平的质量。

C. 第二个层次是与技能操作任务相关的因素，是工作和情境所特有的，如练习条件、过去经验及操作任务所要求的特定动作模式，在生活实践中，实际可观察到的动作技能是在这个层次上出现的。

② 信息加工理论。

技能获得的信息加工理论主要是从信息加工角度对技能学习的过程中所涉及的加工装置、加工流程及各加工阶段的特点进行描述，揭示影响技能操作的内部机制（Singer，1980）。Stallings（1982）的信息加工模型主要侧重于技能获得的加工系统组成及其功能的论述，认为信息的加工过程是由感觉输入、知觉过滤、短时储存、有限注意通道、运动控制、运动输出和信息反馈组成，每一阶段有其自身的特点。

Schmidt（1991）将技能操作的信息加工过程分为以下三个阶段。

A. 刺激辨别阶段：确定刺激是否存在，如果有，它是什么。这一阶段的作用是获得刺激的一些表征。

B. 反应选择阶段：根据现有的环境待点，决定做什么动作。在这一阶段需要选择一个有效的动作，如把篮球传给队友还是自己投篮，这是感觉输入和动作输出之间的一个转换阶段。

C. 反应编程阶段：对运动系统进行组织以完成所希望的动作，在动作实施前，系统必须在脑干和脊髓等低级中枢为操作做好准备，组织好一个最终控制动作输出的运动程序，指挥肌肉以正确的次序、适当的力量和时机收缩，以产生这个有效的动作。

③ 控制性理论。

运动技能操作的控制模型是从控制论角度对运动行为的形成过程和变化进行

解释的理论模型。最早以 Adams（1968）的闭环控制理论为代表，强调个体自我调整，认为刺激的本体感受能控制习得性反应，技能是通过反馈与过去习得的参照标准进行比较而实现的。这种理论对于封闭性技能的形成具有较好的解释性。

另一种较有影响的控制性理论是 Schmidt（1975，1982）提出的图式理论，也是目前影响较广泛且最重要的动作学习理论（SchnMidt & Lee. 1999），此理论认为学习者在反复练习同一类别的动作过程中，每一次动作反应的结果与组成运动程序的参数，均能形成一组相关数据而储存在记忆之中，随着练习的进行，这种参数与动作结果间的对应关系逐步稳定，形成动作图式。它含有一类动作的概括性运动程序，是一类动作的各种结果与运动参数间的相关规则的体现。练习者只要能掌握动作与动作间可变的参数，并通过知觉历程来加以选择，就能够促进个体预期的能力。影响运动因式变化的信息有：动作开始时的基本参数、运动操作的要求、感觉结果和反应结果等。

(2) 运动技能形成的阶段

运动技能是由个别动作构成的系统，它是在练习过程中逐步形成和发展起来的。运动技能的形成是有阶段性的，不同的阶段具有不同的特点，对其特点的分析是评价个人技能水平的重要方法。目前比较一致的观点是把运动技能的形成划分为三个阶段：

① 认知定向阶段。

在技能学习的开始阶段，个体的注意主要集中在认知问题上，强调对任务的认知，知觉和理解动作的术语、要领、原理或规则，以及做动作时应知觉的线索（包括来自身体内部或外部的线索），学习与它有关的知识，在头脑中形成这种技能的最一般的、最粗略的表象，这就是技能的认知定向阶段。例如，什么时候要紧张，而什么时候又应放松。我的动作是否正确以及哪儿不对等，以此建立对技能的初步知觉与表象。

在认知定向阶段，练习者的神经过程处于泛化阶段，内抑制过程尚未建立，多余动作较多，动作在空间、时间上都不精确，缺乏一致性，并时常会出现一些大的错误。在这个阶段，练习者主要依靠动作的比较与外部反馈来学习，通过视听信息进行模仿练习，示范与指导对于学习尤为重要。

② 动作的联结阶段。

在通过练习建立一定的感知和表象基础之后，运动技能的学习进入动作的联结阶段。在此阶段，认知阶段的知识得到了应用，个体已经学会把某些环境线索与完成技能所需的活动联系起来。虽然掌握技能的基本原理和技术仍需提高，但犯错误越来越少，兴奋和抑制过程在空间和时间上更加准确，错误觉察能力逐步形成。个体可以将注意力集中于如何能成功地完成技能，从认知转向运动，并且使它从一次练习到下一次练习更具一致性。这阶段的练习要强调在正确的知觉和积极思维的基础上反复练习，以找到改进动作的方法，合理地使用力量、速度，建立准确的空间方位，最后把动作的各个组成部分联合成一个整体，建立起动作连锁。

③ 协调完善阶段。

这是技能形成的最后阶段。在这一阶段，技能几乎变成自动而习惯化的，人们不再有意识地去思考自己正在做什么，意识对动作的控制作用减小到最低限度。动作的执行完全由程序来控制，受个体感受器调节，动作操作似乎是自动流出来的，无须特殊的注意与纠正，心理与机体的能耗出现节省化。练习者的动作已在大脑中建立起稳固的动力定型，神经过程的兴奋与抑制更加集中与精确，同时，练习者已经形成较高的错误觉察能力，能够自己发现错误和纠正错误。但应当清楚，运动技能的协调完善阶段是要经过多年的和大量的练习才能达到的。

(3) 运动技能形成的途径

运动技能的获得主要是通过练习和反馈实现的，他们是影响运动技能形成的重要因素。

① 练习。

A. 练习与练习曲线。

它们是影响运动技能形成练习时指以掌握一定的动作或活动方式为目标的反复操作过程。任何技能都是通过练习逐渐形成，并完成从认知定向向协调完善即自动化阶段过渡，这一过程十分漫长，但又是必需的。因此，练习是运动技能获得的主要方法。

评估练习的一种方法是对个体一段时间内的绩效水平进行记录，常用的方法是通过绘制绩效曲线来评价学习绩效。它是一种表示技能形成过程中练习绩效随时间变化的曲线图。练习曲线通常有三种表述方式：练习次数与完成动作所需要时间的关系；练习次数与单位时间内完成工作量的关系；练习次数与错误量的关系（均方根误差 RMSE）。

B. 练习过程的一般规律。

运动技能是通过练习而获得的。在技能的形成过程中，不同技能的练习进程可能不完全一样，但它们之间又存在某些共同的规律和特点，只有一般的发展趋势。当个体学习某项新技能时，练习曲线一般有五种共同趋势：

a. 练习的进步先快后慢；在多数运动技能的学习过程中，练习初期进步较快，以后就逐渐缓慢，呈现负加速（下图 b）。其主要原因是：开始练习时可以利用旧的经验和方法，教师往往把复杂的任务进行分解练习，加之学生的练习兴趣较浓，情绪饱满，学习认真，但到了后期可利用的经验越来越少，整体技能的动作程序可能与单个动作有所不同，需要新建的神经联系越来越多，这时技能的任何进步都要付出较大努力，再加上练习的枯燥和积极性的降低，所以成绩的提高逐渐缓慢。

b. 练习的进步先慢后快：在某些运动技能的学习中，会出现练习初期的进步比较缓慢，以后逐渐加快，呈现正加速（下图 c），如练习游泳、滑冰运动等。造成这种现象的原因可能是这类技能与个体的过去经验和方法相去甚远，可利用的运动程序有限，练习者必须建立新的神经联系，还要克服其他动作程序的干扰。因此，开始进步较慢，一旦掌握了基本的技能程序，进步速度就会明显加快。

c. 练习的进步先后比较一致：练习曲线呈直线，说明随着时间的推移，绩效水平成比例地增长，练习的进步幅度比较一致（下图 a）。

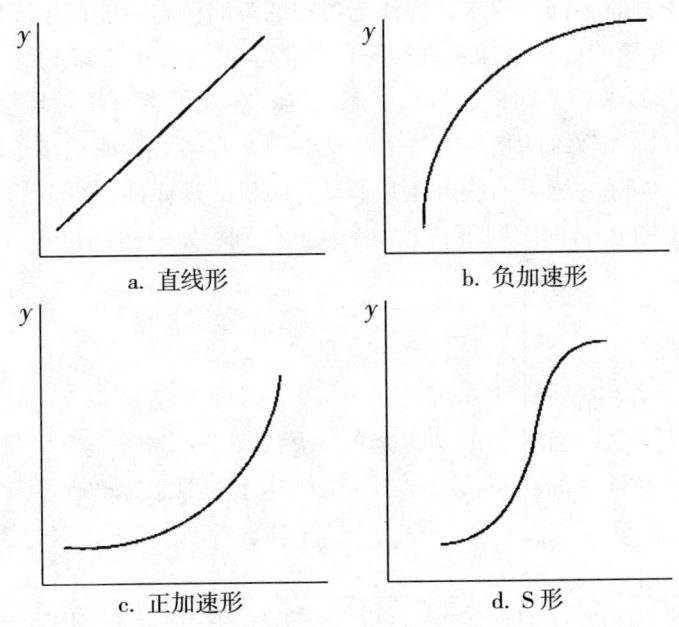

四种练习曲线（y 轴高分表示绩效好）

C. 高原现象。

个体练习成绩的进步并非一直上升，有时会出现暂时停顿的现象，这种现象叫"高原现象"。其主要表现是练习曲线在某水平出现停滞不前，甚至有些下降，但经一段时间的调整，曲线又继续上升（如下图所示）。这是某人完成一项复杂追踪任务的练习 dh 曲线，在第 23~27 次练习之间出现了明显的高原现象。

产生高原现象可能有以下几种原因：

a. 高原现象表明个体正从技能学习的一个阶段向另一个阶段过渡，此阶段个体将会发展任务所需的新策略以提高技能操作水平，因此，只有新策略完全形成并得以实施，技能水平才会有所提高。

b. 某些技能的提高需要复杂追踪任务的练习曲线身体素质做保障。技能水平发展到一定阶段再要继续发展，必须将原有身体素质进一步提高。技能水平才可继续发展。

c. 随练习的进行。练习者的兴趣降低，情绪厌倦，身体疲劳或疾病等。也会影响到运动技能的发展。

d. 复杂技能可能比简单技能更易出现高原现象。在复杂技能中，单个动作的连接以及整体技能的程序都较复杂。分解练习中的单个动作的执行时机、力度在整体技能中都有不同的要求，整体练习中的策略调整可能产生高原现象。

D. 练习成绩的起伏现象：在交际的技能学习过程中，影响练习绩效的主观因素有练习者的兴趣、动机、情绪、态度等；客观因素有练习环境、练习设备、练习内容、教师和教练的指导方法等。这些因素都会直接或间接地影响到练习的效果。因此，实际的练习曲线可能并不具有明显的规律性，更多的是不同发展速度的组合（上图 d），时上时下，是一个从起伏到稳定一致的过程（下图）。

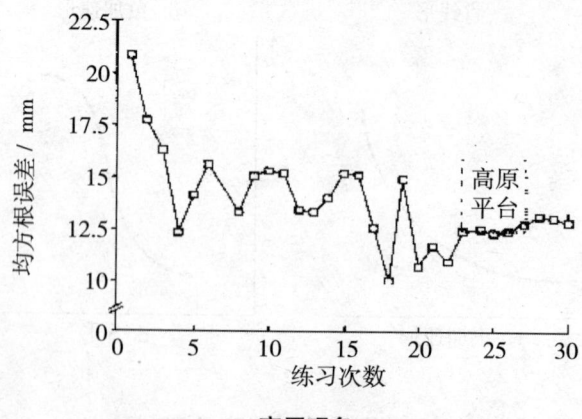

高原现象

② 反馈。

在一些运动技能学习的情境中，出于种种原因，个体无法觉察自己的错误动作，或者能够觉察到这些信息但无法运用这些信息，必须借助外部反馈来改正动作，才能形成正确的运动技能。因此，反馈对于运动技能的形成必不可少。

反馈对运动技能的获得起着两方面的作用：第一是促进作用。因为反馈提供关于技能操作成功程度的信息，所以学习者能够确定适宜的运动方式，以便正确操作技能，因此，与无反馈相比，反馈可以帮助个体更快更容易地获得所学技能，并达到更高水平。反馈的另一个作用是激励学习者向目标持续努力，即激发动机作用。操作者通过反馈将自己的操作与目标绩效进行比较，然后个体必须决策是继续向目标努力、改变目标还是停止操作活动。

3. 影响运动技能学习的因素

影响运动技能学习效率的因素可分为两类：内部因素和外部因素。

(1) 影响运动技能学习的内部因素

① 经验与成熟。

大量的研究表明，个体学习运动技能的能力随着年龄和经验的不断增加而提高。例如，Hicks（1930）年对儿童进行追踪任务等测验研究表明，技能的提高主要是由于成熟和平时练习的结果：Fouler（1962）认为，对于特别复杂的技能学习，越从小开始训练，成绩就越好。一般来说，成熟与经验存在着相互作用，它们对动作技能的影响也是相互的。例如，游泳、舞蹈等比较复杂的动作技能，从小开始学习为好。但要因项目而定，要按照个体的身心发育规律进行训练，从运动生理学的角度来看，过早地进行专项技能训练可能不利于个体发展。

② 智力。

关于智力和运动技能学习的关系，已有的研究很多，现在总体上存在两种截然不同的观点。以 Husbend 等为代表的研究者认为，两者之间的相关程度很低。这可能要根据不同的技能项目而定，不同类型的运动技能对智力的要求程度可能是不同的。

对于复杂的、高策略性运动技能（多为小肌肉群动作技能），学习绩效与智力之间的相关程度较高，即智力水平越高，学习成绩越好。例如，羽毛球和乒乓球等球速较快的项目，技能对抗中的情境判断与决策较复杂，需要加工的因素较多，要求个体必须在最短的时间内做出最佳的判断，要求思维转换速度较快，从而能快速的进行动作应答。而对于复杂程度和策略性较低的大肌肉群动作技能的学习，练习绩效与智力之间的相关性则较低。例如，铅球、铁饼和跳远等项目，运动绩效主要依靠练习者的绝对实力，决策和判断等智力因素对练习绩效的影响不大。

③ 个性。

在进行某种运动技能的操作时，不同的人有着不同的操作方式，并且，个体选择什么运动项目也和人的个性特征有较大关系。Ogilve 等（1967）研究标明，与出色完成技能操作有关的个性因素有：实现目标的动机、意志力、对刺激的抵抗力、保持稳定的能力、控制能力、吃苦耐劳的能力、自信心、高于大学生平均水平的智力等。

关于个性与动作技能学习的关系，研究较多的是关于运动员的个性与运动项目的选择和学习绩效关系问题。现在一般认为，外向型的人动机水平较高，易形成社会动机，在运动场上更容易和迅速地掌握运动技能，在众人面前做动作的心理压力小，但较难形成条件反射，适于进行力量大的活动；而内向性格的人，其兴奋与抑制过程消退慢且持续的时间长，内部变动小，更能承受困难的任务，强调准确性，适于进行单调而精细准确的练习活动，运动技能形成速度可能不如外向型性格，但成绩可能比外向件格的要稳定（祝蓓里等，1990）。所以，一般认为内向型性格的人往往较适宜从事射击、射箭、中长跑等项目，而外向型的人则多适宜于集体体育活动。

应该清楚，个性与运动技能学习的影响是相互的，人的性格特征影响技能的学习效果，而运动技能的学习又可以改造和培养人的性格。

④ 运动能力。

由于运动能力的差异而导致技能学习绩效的差异是不言而喻的。运动能力的个体差异，首先体现在身体发育上的差异，突出表现在年龄与性别间的差异，其次是同年龄和同性别的个体间的运动能力差异。

身体发育的个体差异包括身体形态和肌肉力量两个方面。据韩进之（1990）对中学生的研究表明，同龄学生身体发育差距很大，男生身高最大差距为 46 厘米，体重相差 34 千克；女生身高差距为 31.5 厘米，体重相差 30.5 千克。国外有研究者已经根据身体形态发育与各运动能力间的相关关系，来指导技能学习的分组教学。在肌肉力量方面，学生之间的差异也非常明显。松井三雄（1985）研究发现，同年龄男生右手握力差距达 40 千克，女生为 27.5 千克，男生背肌力最大差距为 113 千克，女生可达 82 千克。肌肉力量是一般运动能力的基础，肌肉强大的学生在经过训练后，运动技能很容易达到较高水平。

当然，影响运动技能学习的个人因素还有很多，如动机状态、自信心、情绪状态和意志品质等。消极地练习、缺乏自信和抱负水平，练习的成绩就不会有很大提高。所以在运动技能学习的过程中要重视个体的差异性，在教学或训练中应严格贯彻"区别对待""因材施教"的原则，以获取最大的学习绩效。

(2) 影响动作技能学习的外部因素

① 技能的指导与示范。

"名师出高徒"，说明了指导的重要性。在技能学习的初期，练习者的动作图式尚未形成，利用形象而生动的讲解与技能演示将所学内容与学生已有经验联系起来，从概念或框架性指导到实际运用，使学生逐步形成对运动技能的全面认识。通过观察和模仿别人的动作对于技能学习是必不可少的，做示范的是学生还是教练并不重要，关键的是示范必须展示技能的重要特征，将示范与言语指导结合起来，将更有利于运动技能的学习。但是人的短时记忆容量有限，并且易受干扰，所以指导必须简明，切中要点，重点突出。

科学的指导与示范对获得运动技能的作用是显而易见的。在某种情况下，利用现代化的多媒体视听手段进行技能的学习指导通过多信息通道的感知与反馈，对于运动技能的获得有更为有效的促进作用。

② 练习。

影响运动技能获得的另一个重要外部因素就是个体的练习，同一批运动员学习同样的运动技能，其最后的效果不同，有的人学得快，有的人学得慢。除了有个人因素的制约外，联系行为及其方式方法对技能的获得将起到至关重要的作用。指导与示范只能形成技能的外部表象，完成技能的肌肉间的内部联系只有采用科学的练习方法，按照学习规律合理安排练习时间，通过反复练习已形成清晰而完整的内部表象来实现。

③ 反馈。

联系不是动作的简单重复，让学习者从他们的动作或动作的结果中及时得到反馈，能够促进运动技能的学习。没有反馈与指导的学习只能是一种盲目的学习，即使花费再多时间练习，也很难形成正确的运动技能。因此提供信息的反馈是动作技能学习最重要的外部条件之一。

4. 运动技能的学习与训练

众所周之，运动技能的获得受个体内外很多因素和条件的制约。其中，教练与教师的指导与示范，个体的联系与反馈是影响运动技能获得的重要因素。

(1) 语言指导与示范

① 言语指导。

言语指导是向个体传递运动技能操作方式的常用手段，其作用勿需赘述，但要进行更有效的指导，应注意以下几个问题。

A. 指导与注意。

人类的注意容量是有限的，所以，指导者必须重视指导的质量，要突出动作的关键与重点，而不能轻重不分、漫无边际。初学者一般很难同时将注意分配到多个任务上，即使很少的语言信息都会超出个体注意的有限加工容量。例如，让一名篮球初学者运球的同时再进行本队的技战术布置是不现实的。

有效的指导首先应将注意集中于运动结果。指导的一个重要功能是将学习者的注意指向有利于操作的关键信息上。Wulf 和 Toole（1999）对示范与指导在高尔夫击球动作学习过程中的作用进行了比较研究，结果发现，指导练习者将注意集中于击球手臂摆动的实验组的练习绩效和 24 小时的保持测试成绩，都要好于无指导的控制组。

其次，指导被试将注意集中于环境因素，告知个体环境中哪些是重要信息，让学生在多种情境中练习，以促进技能的学习。有时在技能的练习过程中，教练员或教师会告诉练习者应该看什么或关注什么，这可以帮助他们校准视觉注意的焦点。但也有研究者指出，个体可以内隐地从环境中获得相关信息，而并不需要在意识上知道是什么信息。

B. 指导线索。

指导的一个关键问题就是度的把握，指导过少可能因信息量不足而达不到技能学习的目标，过多则会因记忆容量有限而产生干扰，也不利于学习。所以，教练或教师应当使用言语线索将个体引向操作技能需要注意的情境上（Landin，1994）。言语线索应当简短而精练，能将个体的注意指向专项情境中的文脉线索，促进对运动技能关键信息的获取。例如，"看球"这一线索指引视觉注意球，而"屈膝"则强调了关键动作。简短的线索指导对技能的学习是非常有效的，既可以促进新技能的学习，又可以巩固已习得的运动技能。

在技能学习过程中，教师可以通过多种方式进行言语线索指导。一种方式就是示范的同时结合线索指导，以补充视觉信息，有助于集中注意（McCullagh 等，1990；Zetou 等，2002）。另一种方式是直接提供线索指导，帮助学习者注意集中于技能的关键部分。例如，Masser（1993）以学生学习头手倒立进行的研究表明，获得言语指导的学生即使在练习后 3 个月仍保持着该技能，而没有获得言语线索的学生成绩较差。

② 示范。

示范是传递技能操作信息的又一种重要方式，在某些技能学习情境中示范可能比其他手段更有效（McCullagh 和 Weiss.2001）。

无论示范者是同伴还是老师，示范首先必须要展示技能的重要特征，即示范必须正确规范。这样练习者才能形成一个正确的动作表象，继而形成一个清晰的概念模式（Singer，1982）。技能练习通常是在特定情境下以完成一定的任务为目标的，因此，示范动作既要表达所学技能的特征，又要启发学习者积极利用以往的相关经验，将新技能纳入到原有的认知结构中，从而形成特定的运动模式。

其次，技能各部分间的相对稳定关系是示范教学传递的关键信息。练习者从示范中获得的并不一定是其正在看或想要寻找的信息，而是获得关于技能操作的协调模式。练习者运用运动协调模式中相对稳定的特征，来发展和形成自己的技能操作模式（Whiting，1988；Zohid，1992）。Johansson（1973）等人以标记光点技术进行的技能学习研究表明。个体通过观察光点的运动模式，能够准确地辨认不同的步态，如走与跑。个体不需要看到整个身体或肢体的运动，就可以快而准确地辨认出不同的步态形式，区别的关键信息并不是某个步态的具体特征（像肢体移动速度等），而是步态各组成部分间相对不变的事实关系。

再次，同伴的示范更有利于技能的学习。尽管理论分析和实验证据均显示初学者观察熟练个体的示范有利于学习，但现在越来越多的研究证据显示，初学者更容易从非熟练个体的示范中获利，尤其当练习者和示范者同为初学者时，操作水平的进步更优于观察熟练者的示范学习、观察同伴示范的好处可能在于，观察者不会盲目模仿示范者的技能操作，而是更多地使用了自身的问题解决过程。

最后，技能示范的时机和频率。研究表明，在个体实际操作前进行示范是有益的，而在练习过程，指导者也应尽可能频繁地进行示范，从而获得更好的学习效果（Carroll & Bandura，1990；Sidaway，1993）。那么，什么时机进行示范对技能学习最有效？Week 等（2000）对示范的时机和频率问题进行实验研究后认为一次性或完全分散示范都不利于技能的学习，分阶段进行示范对技能学习更有利，示范的时机和频率有其自身的规律，并因项目而不同。此外，视觉示范与听觉示范相结合，可能更有利于技能的学习，尤其对于那些节奏性较强的技能项目（Wuyts 等，1995；Lai 等，2002）。

(2) **练习**

一批人同时开始学习某一种运动技能，其结果都会有很大差异。究其原因，除了有先天学习能力的制约以外，练习方法和策略等将对练习绩效起着重要作用。影响运动技能学习的练习因素主要有以下几方面：

① 练习时间的分配。

练习时间的分配是指实际练习时间及休息时间之间的比例。根据比例的大小，常把较长的练习加上较短的休息称为集中练习，而练习间若有较长的休息，称为分散练习。研究中通常以练习与休息时间比为1:1作为判断标准，若休息时间短于练习时间为集中练习，休息时间等于或长于练习时间则为分散练习。

研究者对集中练习和分散练习的研究兴趣主要集中在因训练而引起的疲劳对学习的影响。训练间的休息时间缩小，减少了疲劳消除的可能，从而使下一次训练的成绩下降，也阻碍了训练的进程。研究表明，对于（如投篮、跳远或掷棒球等）不连续任务，出于动作持续时间很短，多采用分散练习（Carron，1967；Lcc & Genovese，1988），而对于（如游泳或自行车等）连续性任务，一次练习很容易产生疲劳状态，所以集中训练对疲劳的恢复和随后的练习绩效影响很大。但也有许多研究者实验后发现，分散练习的绩效优于集中练习。

黄希庭（1991）在转盘追踪、镜画、描红、弹钢琴等运动技能的研究中发现，被试随每次练习间休息时间的增长而成绩越来越好，说明分散学习优于集中学习（下图）。但这些结论可能是在练习测验而非保持测验中获得的，可能迁移测验更能评价不同方法的效果，当然也可能与实验任务复杂性等因素有关。

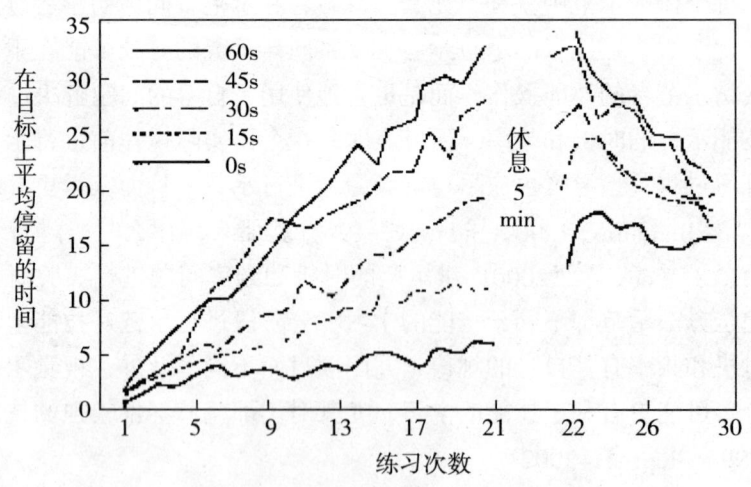

转盘追踪实验中分散学习与集中学习的比较

② 练习动作的分配。

如果每次动作练习都是从头到尾完整地操作一遍，这种练习方式称为整体练习。如果将动作拆成几个部分分别进行练习，熟练后再把几个部分联合起来练习。这种练习方式称为分解练习。

是否所有的技能都需要进行分解训练呢？将某些技能进行分解训练是否对学习整体技能有效？分解练习的内容是否可以迁移到总体任务上去？如何合理安排技能的整体练习和分解练习，以获得最大的技能迁移绩效？以上问题的回答对于技能的练习至关重要，但不同的技能可能有不同的练习要求。

A. 连续性技能。

在许多连续技能的学习过程中，练习者很难将一系列动作流畅地完成，如体操项目中的一套动作、滑雪运动的一连串的回转等，练习者必须进行分解练习。在周期很长的连续任务中，部分迁移的效果最好，对特定的单个动作训练通常有益于向整体技能迁移。因为在这些任务中部分动作在整体技能中相对独立，动作间的影响较小，练习者可以对比较难学的部分进行更多的训练，从而提高训练效果。但运动中的许多连续技能的动作间相互影响较大，如体操运动员在套路练习中的某一微小失误就会影响整套动作完成的质量。因此，如果部分间相互影响过大，分解练习可能是无效的。一个体操运动员可能会完成套路中的所有独立动作，但却不一定能完整地完成这套动作。

B. 不连续技能。

任何一个技能在某种程度上都是连续的。如最简单的棒球击球动作也包括移步、臀部转动和转体等连续过程。但严格来说，这些分解的动作与整体中的动作是不同的。如果将高尔夫挥杆动作进行任意的分割练习，可能就会败坏动作的基本特性，改变了后挥杆终端动作的力学模式，这种分解练习也是无效的，甚至对学习整体技能有害。

另外，从运动程序的角度看，快速动作主要受开放式环节控制，动作一旦开始就无法改变，所以在动作开始前就要预先决定所要完成动作的运动程序。对于这类动作进行分解练习，改变了它原有的运动程序，从而与整体技能序列中的原来那部分动作不再相关（Henry，1959），所以训练可能对分解动作有效，但对整体技能的获得没用。

所以练习的一个基本原则是：对那些速度较慢的、各部分之间影响较小的连续动作，使用分解训练比较有效；而对于短时间的快速动作，由于动作各阶段间关联较高，最好是让学习者尽快进入整体训练。

C. 单个技能练习。

如果练习的内容只一项任务，那么如何使单个技能的学习更加有效呢？这种情境下的练习方法有变换练习和重复练习之分。变换练习是指练习同一个动作但对某些参数加以变化。例如，练习篮球投篮技能时，以相似动作但以不同距离、不同力量和不同角度进行投篮练习。这类动作使用的是同一类运动程序，只是用不同的参数来调整投球的速度和力度，加强对投球规则的理解和学习。重复练习是指一节或一段时间始终练习一个动作。例如，一节课只练习罚球线的定点投篮。现在一般认为变换练习比重复练习效果好（Schmidt，1988）。

D. 多项任务训练。

在许多实际练习情境中，教学的内容可能不止一个。例如，在一堂训练课中可以学习足球的长传球、网球的发球、排球的扣球和跨栏等任务中的两项或多项。此种情境有两种明显不同的练习方法：组块练习和随机练习。显然，不同的练习方法将产生不同的练习绩效，假设一堂训练课中要学习三种不同的运动技能 A、B 和 C，加体操套路、网球发球、排球。一种训练方法是先进行技能 A 的练习，完成技能 A 的所有练习后进行技能 B 的练习，最后进行技能 C 的练习，一个动作一次性完成，尽量不让其他活动打断，让练习者在一段时间内把精力集中于某一个任务上，这种练习计划称为组块练习。另一种练习方式是随机练习，三种任务的练习顺序是随机的，前后练习任务是交叉混合的，而不是连续地练习同一个任务。

研究者一般认为，随机练习效果优于组块练习。关于随机练习是如何促进学习的，有以下几种解释：a. 变换任务后，随机练习使学习者忘记了暂时解决运动问题的办法，迫使学习者在随后的练习中更新思考解决问题的办法，从而提高了学习效率。b. 因为先前的选择已经遗忘，随机练习迫使学习者更积极地变换学习程序，必须对每个任务选用不同的程序和参数，以完成不同的动作，这种程序的检索和参数的选择促进了练习。c. 随机练习使学习者形成了不同任务间的许多意义性的和区别性的记忆，增强了记忆能力并降低了任务间的混淆。

E. 心理训练。

有技能学习的整体训练阶段，心理训练是一种非常有效的方法。练习者在大脑中用表象模拟真实情境，想象已学的各个技能，将一串技能一步步演练，并对如何连接和有效完成动作进行动觉和视觉的表象过程。除此之外，运动员在比赛场边等待出场时，也可以在头脑中从头至尾将整个套路的动作及其每个细节演练一番，为即将到来的比赛做准备，这种心理训练是运动准备的一种手段，或者在网球比赛中，运动员刚完成了一次漂亮的发球，他在头脑中多次复述刚才成功发球的动作，为下一次发球做准备。也就是说心理训练和技能的学习和操作两种情境中都能发挥作用，即心理训练不仅能促进动作的存储，还可以促进动作从记忆中的提取。

(3) 反馈

在运动技能学习过程中，有效而恰当的反馈对于技能的获得尤其重要。反馈按信息来源可分为以下两类：

① 自然反馈。

自然反馈是动作完成后自然产生、不需要借用其他方式而产生的信息，是动作的必然结果，不需要他人告知自然可以获得的（Hewell，1991）。例如，在网球正手击球时，由听觉及触觉即可得知是否击中，由视觉即可知觉回球的具体位置等，均属自然反馈，不是由外界的人或物提供，而是在个体完成动作后，通过自身感觉系统提供有关动作的信息，就属于自然反馈。这是人类进行学习的主要反馈信息。而感觉系统中的视觉、听觉、触觉、本体觉等信息，是自然反馈的信息源。

② 追加反馈。

追加反馈指动作执行后所获得的信息是凭借外力和外物对于动作结果所外加的信息（Adams，1968；Newell，1985），如记分和评分的结果等。外加信息常有两种不同的形式：结果反馈和绩效反馈。

A. 结果反馈。

通常在动作结束后，对于个体动作表现的结果所给予的相关信息，即为结果反馈。如 100 米比赛后告知运动员其成绩是多少。在运动学习的过程中，结果反馈是一个极为重要的影响因素，它可以通过语言或非语言的形式提供，可以在运动结束后即刻或结束一段时间之后给予如何使用结果反馈，以使运动技能的学习更有效，这涉及给予结果反馈的精确度、频率和时间问题。

第一，结果反馈的精确度应视具体情况测定。例如，在铅球训练中，结果反馈精确度的选择若分别以 0.5 米或 1 米为单位，可能就有不同的反馈效果。假如练习者的成绩为 12.4 米，以 0.5 米为精确度即 12.5 米，而以 1 米为精确度则是 12 米，显然两者提供的信息是不同的，精确度太大会使人产生错误的信息。但也不是精确度越高越好。例如，推铅球的距离为 12.55 米，与 12.50 米也缺乏实际控制意义。

第二，结果反馈的频率分为绝对频率及相对频率。绝对频率指在技能练习过程中给予反馈的总次数；相对频率是指给予反馈次数相对于总练习次数的比例（反馈次数/练习总次数）。例如，以 10 次练习给予 5 次结果反馈，其绝对频率为 5 次，相对频率则为 50%。长期以来人们总认为每次练习后都应提供追加反馈（100%），但 Winstein 等（1990）以不同频率反馈对复杂追踪任务学习的影响研究表明，50%频率反馈的保持测验成绩好于 100%频率反馈。现在研究者一般认为，降低追加反馈频率可以促进运动技能的学习，但并不一定有利于所有运动技能的学习，这要根据所学运动技能的性质和个人特点而定。

第三，给予结果反馈的时间点问题，即在一次练习后多长时间给予结果反馈最有效，是即刻结果反馈还是延缓的结果反馈，延缓的时间长度多少最有效。长期以来，这个问题一直是该领域的研究焦点，传统的观点和早期的研究一般认为准确、频繁和及时的结果反馈可促进运动技能的学习，延迟结果反馈不利于运动技能的学习（Yoshiyuki et al，1990 等）。但近来这一观点受到了人们的普遍质疑。有研究者发现，在某些特定情境中，即刻的结果反馈不利于技能的获得（Swinnen，1996）。这是因为结果反馈可以提供解决问题的信息，即刻给予结果反馈可以起到强大的指导作用，这在练习的早期很有用，但随着练习的进行，个体对反馈产生了依赖，这种依赖阻碍了个体利用其他学习的信息，无法形成自身的错误觉察能力，导致绩效下降。

因此，不同类型的技能学习有着不同的反馈要求，即刻的结果反馈更有利于复杂任务、开放性任务和不熟练任务的学习，而适当地延迟结果反馈较利于简单任务、封闭性任务和较熟练任务的学习。延迟结果反馈时间点适宜值可能与练习任务的复杂程度、任务性质、个体技能的熟练程度、年龄与成熟度以及获取信息的通道有关（金亚虹，2004）。

B. 绩效反馈。

运动后提供的有关运动操作特征的外部反馈称为绩效反馈。例如，在进行投篮练习中，教练说"压腕不充分"等（Magill，1993）。绩效反馈通常以录像带反馈、运动学反馈、动力学反馈等方式进行（Newell 等，1981）。Newell 等认为，对于复杂的、需要身体综合协调完成的运动技能，学习是提供有关技能形态的运动学反馈、动力学反馈，比只提供运动结果更有效。练习者通过录像等观察到练习过程中身体的动态信息，对于技能的习得是大有益处的，当然这需要关键部位和线索的提示和分析（Kernodle，1992）。因为运动学反馈提供的是技能形成过程中的状态参数，如动作时机、运动轨迹、速度、加速度等，动力学反馈提供的是动作产生的力学参数，如力、力矩、能量等，通过与标准参数比较来改正动作，这些信息对于运动技能的获得具有建设性作用。此外，还可以通过生物反馈方式将学习过程中的个体内部生理状态显示出来，以达到控制身体内在的生理变化。例如，在射击练习中，最佳扣扳机的时机是在两次心跳空当之间，通过生物反馈提供心跳的信息，个体学习察觉心跳，进而控制心跳。

5. 运动技能的迁移

(1) 技能迁移

已经形成的运动技能对掌握另一种技能的影响称做技能迁移。技能的迁移有正迁移和负迁移之分。已经形成的技能对新技能的形成产生积极影响，叫技能的正迁移。例如，学会了篮球基本技能之后再学习手球，学会了技巧的前翻动作后再学习跳马动作等，都能因原先的技能学习而使新技能的学习加快。相反，已经形成的技能对新技能的形成产生消极影响，即妨碍新技能的获得，这种现象称为技能的负迁移，也称为运动技能的干扰。例如，学会打网球之后再学习打乒乓球，学会了俯卧式跳高之后再学习背跃式跳高等。两种技能看似同类或很相似，使用的运动程序差异也不大，但正是这种相似性使人具有很强的依赖性，很难形成新的运动程序，所以在练习时便显出明显的干扰现象。

运动技能学习领域的迁移现象是相当普遍的。网球学习得好的学生，学习羽毛球也较好；篮球技能学习好的学生，学习排球技能也较好。Shapiro（1989）等人研究指出，技能的学习不仅可以向非利手迁移，甚至每一个局部动作操作的时间模式也大致相同。

(2) 技能歉意的测量与评价

分解练习或辅助练习对于目标技能的学习是否有效，一个技能的学习对另一技能的保持或学习存在怎样的影响，这可以通过对技能迁移的测量来进行评价。从时间序列来看，不仅有已学技能对新技能学习的影响（称前摄迁移），也有后学技能对新技能保持的影响（称后摄迁移）。现在比较经典的迁移测验是由Cratty（1973）设计的，用以研究前后任务间的相互影响。

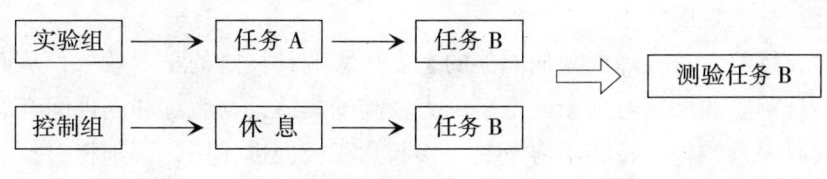

前摄测验：任务 A 对任务 B 的影响

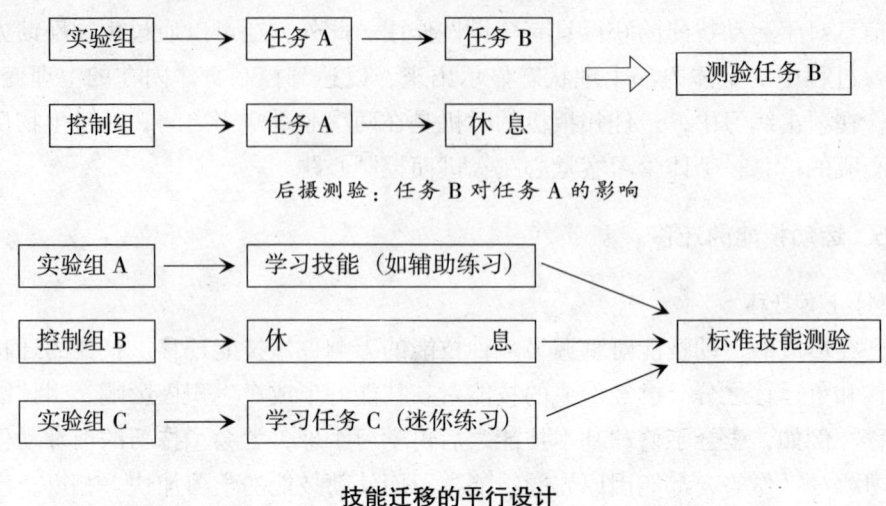

技能迁移的平行设计

在前摄迁移测验中，如果实验最后测得两组的任务 B 成绩相同，说明任务 A 对任务 B 无影响，如果实验组成绩好于控制组，则说明学习任务 A 对学习新任务 B 起到了促进作用，反之则起到了干扰作用。后摄迁移检测中，如果实验最后测得两组任务 A 成绩相同，则说明 B 任务的学习没有对已学任务 A 的保持产生影响。如果实验组的成绩好于控制组，说明后学任务 B 对前任务 A 的保持起到了促进作用，反之则起到了干扰作用。

(3) 影响技能迁移的原因

① 个人因素。

A. 学习的态度。

个体学习运动技能时的态度影响所学技能在新情境中的应用。练习者如果能认识到所学技能对以后学习的意义，并能联想到当前技能可能的应用情境，会有助于在以后的新情境中主动积极地运用所学技能和运动知识来解决问题，找出两者的联系，形成有利于技能迁移的心境，学习的迁移可能在不知不觉中发生。反之，学习态度消极，则不会积极主动地从已有的知识经验中寻找新技能的连接点，技能迁移就难以发生。

同时，练习者对教师或其他同伴的态度也影响其技能的学习效果，从而影响到技能的迁移。如果练习处于一个凝聚力较高的集体，与教练和同伴间有着和谐融洽的人际关系，将对技能学习及其迁移起到积极促进作用，否则将对技能的学习与迁移起到消极作用。

B. 学习的目标。

在技能学习过程中，个体不仅需要清楚什么样的练习可以迁移到其他相似的技能中，更需要清楚练习追求的是短期迁移还是长期迁移，不同的目标取向将影响技能练习的迁移量。一种练习的目的是为另一技能练习服务的，两个练习任务的部分动作与结构非常相似，这种练习迁移称为短期迁移（也称接近迁移）。例如，一名篮球教练在比赛前一天对球队进行了各种攻防技战术训练，教练的愿望是希望球队能够习得这些技战术，并能在第二天的比赛中运用，这种训练追求的即是短期迁移，通常这种练习的迁移量较大。

但在更多的训练过程中，教练追求的目标是技能的规范化练习，培养练习者对不同情境中技能变化的适应能力，着眼于未来的长远目标，所以练习能立刻迁移到技能发展上的量很少，这种迁移称为长期迁移。例如，北方冬季中学体育课中学习的滑雪与滑冰技能，课程目标就是学习最基本的雪地或冰上技巧和动作，为个人以后的冬季生活或未来进行冰雪项目练习和其他一般冰雪娱乐活动打基础，追求的是一种长期迁移。

C. 认知结构。

认知结构一般是指个人在以前学习和感知客观世界的基础上形成的，由知识经验组成的一种心理结构。在运动技能的学习中，已有技能与知识经验的积累、运动程序的丰富性、稳定性与可控性等，都影响个体在学习新技能和解决新问题时提取已有知识经验与调用程序的速度和准确性，从而影响到迁移的发生。

Ausbel 认为，学习的迁移是在原有学习的基础上产生的，不受原有认知结构影响的有意义学习是不存在的。学习并不是获得一些孤立的反应，而是融入原有知识结构，形成新的认加结构或体系的过程。所以原有认知结构的可利用性、可辨别性和稳定性是影响学习迁移的关键因素。可见，主体的认知结构是影响技能迁移的重要条件。

D. 认知技能与策略。

迁移过程是通过复杂的认知活动实现的，所以认知技能和策略的掌握及其发展水平直接影响到迁移的实现。有时，练习的技能间有着明显的共同因素，练习者对知识经验的概括程度也比较高，但就是实现不了对新技能学习的迁移。原因就是练习者虽然掌握了有关的技能知识，但没有掌握解决迁移问题中的认知技能和策略。许多运动技能间都具有相似的策略、规则、指导方针或概念。例如，在篮球、橄榄球、足球、冰球、曲棍球等项目中，虽然技能的实际操作方式不同，但其过程控制和攻防技战术方面则具有相似的策略，练习者可以通过自己已经习得的对一个或几个球类项目的一些稳定的认知策略、打球风格和运动程序，来实现技能间的操作策略迁移。有些项目可能使用的场地或器材不同，但有着相似的比赛规则。如体操和跳水比赛中的转体与空翻动作。

E. 练习者的心理定势。

心理定势是一种特殊的心理准备状态，是由先前学习引起的对后继学习活动产生影响的一种心理准备状态。在新技能的学习过程中，运用已有技能等多种策略来进行学习，这种心理准备状态对于技能的迁移是十分有利的，它反映了心理活动的稳定性和前后一致性。研究者曾经做了一个实验，让被试学习无意义音节，结果发现事先被告知用有意义的概念去学习的被试学习效果明显要好，说明定势促进迁移的发生。

学习定势具有定向作用，定势既可以成为积极迁移的心理背景，也可以成为消极迁移的心理背景，关键在于学习者能否准确地分析所面临的学习情境，从中发现哪些是可以利用已有知识和策略进行学习和问题解决的，哪些需要打破已经形成的反应定势，需要灵活处理和创造性地进行解决，以避免负迁移的产生。快速球类项目中优秀运动员优异的知觉技能就与这种心理定势有关，优秀运动员能够把已有的认知结构迁移到现实情境中，形成良好的心理定势、作出最有效的预期。

此外，个体的年龄、所处的思维发展阶段、对知识经验的概括水平等都会影响到技能间的迁移。知识经验概括水平越高，迁移的可能性也较大，效果也就越好。反之，迁移的范围小且效果差。

② 客观因素。

A. 技能间的相似性。

相似性指新学习的技能与已经习得的技能间存在共同的要素或成分，如组织结构、表面特征、逻辑层次和技能的应用价值等。那些包含了正确的原理、原则，具有良好的组织结构的技能以及能引导学生概括总结的学习材料，有利于个体在学习新技能或解决新问题时产生积极的迁移。已经习得的运动技能同新学习技能间所包含的共同要素越多，迁移也就越容易产生。随着任务间相似性的提高，两个任务间产生迁移的可能性也会提高。

B. 有效的指导与示范。

教师在教学中有意地引导学生去发现不同技能间的相似性，启发学生去概括总结，注意提高他们的学习策略与学习方法，采用启发式和引导式教学，指导学生监控自己的学习或教会学生如何学习，都会对学生的学习和迁移产生良好的影响。

指导学生练习时怎样操作技能以及站在哪儿、怎样站、如何抓住器械或其他设备、眼睛注视什么、做什么，这些是教师指导的主要内容。告诉学生新技能与已学技能的相似处也是很有帮助的。研究者认为，迁移的发生不仅要求两种技能间的刺激情境相似，而且要求个体必须具有觉察出这种相似性的能力。

此外，练习的情境相似性也是影响技能迁移的因素之一。例如，两种技能练习时的场所、环境布置、教学组织和测验人员等存在某种相似性，练习者就能够较好地利用已学技能时的有关线索，来促进新技能练习或问题解决。

③迁移的原则。

教练员和教师如何进行更科学而有效的指导以实现最大化的技能迁移，应注意以下原则：

A. 在技能学习的开始阶段中，概念和策略性因素的迁移是很大的，因此应指导学生以获得最大的迁移。

B. 在运动技能学习的后期，即运动模式的获得阶段，不应鼓励练习者从某些相似的技能中进行迁移学习，此时是学习参数的选择过程而不是模式地获得过程，每个相似的动作都有着不同的选择参数。

C. 应强调对未来技能的迁移。虽然两个技能间的迁移是直接而具体的，但在实际练习中，要求个体思考如何把所学策略与概念应用于其他情境中，并尽量采用变换练习法。这样具体的练习至少部分地指向了概括化的未来，提高了练习者的概括化水平。从而促进对未来情境的迁移。

D. 指出技能间的相似性。让学生寻找技能间相似的一般运动模式，借用已经熟悉的运动模式，以完成新技能的学习，从而实现技能间的快速迁移。

E. 除了运动模式外，还应指出技能间的认知因素方面的相似性，如规则、概念、策略和机械原理等，认知策略的迁移同样能够促进技能的迁移。

F. 使用语言线索来引导迁移的产生。许多技能间的某一部分动作具有相同的运动模式，可以用各种教学线索来强调动作间的相似性，如"吊环中的臀部展开时机和双杠上的要求是相同的"，以加强技能间的快速迁移。

G. 运动技能的迁移量一般很小。即使两个技能间非常相似，通常迁移量也非常小，尤其是在技能学习的后期。

H. 基本运动能力无法迁移。人们通常希望对运动员进行各种"加速"练习，可以快速提高其基本能力，但一般认为这种训练提高的是运动技能水平，基本运动能力是稳定的、遗传性的，通过练习无法改变（Schmidt, 1991）。

第二节　学习要求和知识拓展

一、学习要求

(一) 学习要求

① 掌握运动技能的概念；理解能力与技能的区别。

② 了解运动技能的分类；理解不同类型运动技能在体育教学中的应用。

③ 掌握运动技能形成的理论和过程；了解运动技能获得的途径。

④ 掌握反馈的概念和种类，了解在运动实践中如何更有效地利用反馈来提高运动成绩的方法。

⑤ 掌握技能迁移的概念；了解技能迁移的理论；了解影响技能迁移的因素。

(二) 重点和难点

① 重点：运动技能的概念、组成和基本特征；运动技能的分类、测量与评价；运动技能形成的理论、阶段和途径；如何进行运动技能的学习与训练；影响运动技能迁移的因素。

② 难点：影响运动技能学习的内部因素和外部因素；运动技能迁移的原则、测量与评价。

二、知识拓展

(一) 反馈对技能学习动机的促进作用

指导者可以用反馈来影响个体技能操作的自我效能。这是一种有效的方法，可以激发个体继续追求任务目标或操作技能的动机，诸如"你做得很好"这类反馈提示个体从事活动非常成功，相关研究已经证明此类语言反馈的动机效应。

Greenapoon 等 (1956) 实验研究指出，反馈信息的及时与否对练习效率有直接影响，了解结果越快，学习成绩也越好。按照斯金纳的强化理论，这种强化将进一步提高学习动机的水平。Schmidt (1986) 等也研究认为，来自运动肢体、视觉和外部指导的反馈信息，将有利于个体对前一次练习成功程度作出评价，特别是一些鼓励性的语言反馈，能够对后继学习起到积极的推动作用。Solmon 和 Boone（1993）报告，在体育教学情境中与自我效能低的个体相比，自我效能高的学生在技能操作上表现出更长的更持久的期望值。关于自我效能与技能绩效间的关系，Feltz（1992）认为，过去操作成功与否的经历是影响自我效能的关键因素，自我效能水平直接关系到学习动机的形成。

总之，现在较一致的观点认为，在技能学习的过程中教练员或教师可以使用反馈方式对个体成功（失败）的情感施加影响，从而促使个体继续参加体育活动。

（二）教练员或教师对影响运动技能迁移因素的控制策略

1. 对练习者学习目标的控制策略

① 在进行学习评价时，首先要确定学习的技能或行为目标：具体技能短期迁移或长期迁移。

② 如果练习的目标是具体技能。那么就用延缓保持测验；来对学习绩效进行评价，测验内容为实际情境中的具体技能。

③ 如果短期迁移是学习的目标，那么进行迁移测验的操作变量应与练习变量不同。

④ 如果长期迁移是学习的目标。要对具体情境中的操作进行评价十分困难，因为这种练习的即刻迁移量很小，测量很困难。

⑤ 在练习中进行技能评价时，不应强调具体技能的熟练性，而更应强调作为真正学习目标的迁移操作，能否做到举一反三。

2. 指导示范的运用策略

① 言语指导在学习早期是有用的、但必须直截了当，不要有太多概念。

② 训练中的言语指导，应先强调最基本的概念，然后再介绍应注意的细节。

③ 在训练的初期，即使是使用最基本的生物力学、物理学或生理学原理进行动作解释，效果也很有限，因为练习者没有感觉认识。

④ 当教练与练习者出现意见不一致时，通常是减少言语指导而代之以实际训练，让学生常看自己的视频，并在实践中去验证。

⑤ 尽量用以前学过的动作或概念来加强对新技能的迁移。

⑥ 应对技能的关键部分进行分析，让练习者在实际训练中自己检查。

第三节　综合练习题

一、名词解释

① 运动技能。

② 练习。

③ 高原现象。

④ 运动技能的迁移和干扰。

二、填空题

① _____ 是指通过学习而巩固下来的，自动化的完美的动作活动方式。

② 所有运动技能都包含 _____ 和 _____。不同运动技能的这两个过程的强弱和方向是不同的。

③ 根据技能操作中环境背景和稳定性特征将运动技能分为 _____ 和 _____ 运动技能。

④ 根据动作操作过程中的连贯度可将动作分为 _____、_____ 和 _____。

⑤ 根据动作形成时所需要的认知策略多少而划分为 _____ 和 _____。

⑥ _____ 是运动技能评价的重要参数，尤其对复杂性技能学习的测量与评价，已经成为该领域现阶段的研究热点问题。

⑦ 已经形成的运动技能对掌握另一种技能的影响称做 _____。

三、单项选择题

① 射击项目是 _____ 类型的动作技能。

A. 开放性技能 　　　　　　　B. 连续性技能

C. 系列性技能 　　　　　　　D. 不连续性技能

② 驾驶赛车是 _____ 类型的运动技能。

A. 是一种决策很少而运动技能成分较多的运动技能

B. 是一种有着较多决策和较多运动技能的运动——认知性技能

C. 是一种有着较少决策和较少运动技能的运动——认知性技能

D. 是一种有着较多决策和较少运动技能的认知技能

③ _____ 明显需要练习者根据目标个体的动作进行反应应答。

A. 闭锁性技能　　　　　　　　　B. 开放性技能

C. 不连续性技能　　　　　　　　D. 连续性技能

④ 射箭和弹钢琴是两种完全不同的技能，但根据环境稳定性来进行分类，它们可归为 _____。

A. 闭锁性技能　　　　　　　　　B. 开放性技能

C. 不连续性技能　　　　　　　　D. 高策略性技能

⑤ 运动技能的组成包括 _____。

A. 智力过程和心理过程　　　　　B. 心理过程和生理过程

C. 心理过程和技能实施过程　　　D. 智力过程和技能实施过程

⑥ 以下测量指标中，反映对运动技能操作过程进行评价的是。

A. 反应时　　　　B. 误差值　　　　C. 肌电图　　　　D. 成功次数

⑦ 以下哪一项不是运动技能学习的评价方法 _____。

A. 协调性　　　　　　　　　　　B. 前测与后测

C. 学习曲线　　　　　　　　　　D. 保持测验与迁移测验

⑧ 以下哪一规律不属于技能练习过程中的一般规律有 _____。

A. 先慢后快　　　　B. 一蹶不振　　　　C. 高原现象　　　　D. 起伏现象

⑨ 影响运动技能学习的内部因素是 _____。

A. 反馈　　　　　　　　　　　　B. 运动能力

C. 技能的指导与示范　　　　　　D. 练习

⑩ 不属于单个技能的训练原则的是 _____。

A. 对于单个技能的练习应采用多次的反复练习

B. 只要有可能，技能的练习应以随机的顺序进行

C. 进行变换练习的参数变化不要超过一定界线

D. 当个体进行一组规定动作的学习时，应按某些指标进行变换练习

⑪ 以下不属自然反馈信息源的是 _____。

A. 运动轨迹　　　　B. 视觉　　　　C. 本体感觉　　　　D. 听觉

⑫ 以下属于言语反馈的是 _____。

A. "压腕不充分"　　　　　　　　B. "跑动不积极"

C. "动作节奏再快些"　　　　D. "这次成绩快了 5 秒"

⑬ 以下理论不属于迁移解释理论的是 _____。

A. 概括化理论　　B. 共同要素说　　C. 信息加工理论　D. 图式理论

⑭ 影响技能迁移的客观因素是 _____。

A. 技能间的相似性　　　　　　B. 心理定势

C. 认知技能与策略　　　　　　D. 学习的态度

⑮ 以下陈述不正确的是 _____。

A. 基本运动能力无法迁移

B. 技能的分解练习不利于技能间的迁移

C. 在运动技能学习的后期，不要希望从相似的技能中获取更多的迁移

D. 一般而言，运动技能间的迁移很小

四、简答题

① 什么是运动技能？并简述运动技能学习过程的变化特征。

② 简述运动技能操作的测量指标与评价方法。

③ 简述运动技能形成的阶段。

④ 简述高原现象产生的原因。

⑤ 影响运动技能学习的内部原因是哪些。

⑥ 示范教学应注意的几个问题。

⑦ 什么是技能学习的心理训练？谈谈心理训练在运动技能学习过程中的作用。

五、论述题

① 论述运动技能的形成过程。

② 在实际教学与训练过程中如何进行运动技能的学习与训练。

③ 技能间为什么会有迁移发生？Magill（2004）认为，运动技能间的迁移量一般很小，即使两个技能非常相似，通常迁移量也非常小，尤其是在技能学习的后期。请结合体育教学实际谈谈你的看法。

第四节　参考答案

一、名词解释

① 运动技能：运动技能是动作技能的一种，是在体育运动特定的条件下，表现出来的一种动作以完善、合理的方式组织起来并顺利地进行的活动方式。

② 练习：所谓练习是指以掌握特定的动作或活动方式为目标的反复的操作过程。

③ 高原现象：练习的进步出现暂时停顿后，经过一段时间。又继续进步的现象叫高原现象。

④ 运动技能的迁移与干扰：已经形成的技能对新技能的形成产生积极影响和促进作用，称之为技能的迁移，又叫做正迁移。已经形成的技能对新技能的形成产生消极影响和阻碍作用，称之为技能的干扰，又叫做负迁移。

二、填空题

① 运动技能
② 心理过程　　　　运动技能操作过程
③ 封闭性　　　　　开放性
④ 连续性　　　　　不连续性　　　系列性
⑤ 低策略性机能　　高策略性技能
⑥ 协调性
⑦ 技能迁移

三、单项选择题

①D　②D　③B　④A　⑤C　⑥C　⑦A　⑧B
⑨B　⑩A　⑪A　⑫D　⑬C　⑭A　⑮B

四、简答题

① 什么是运动技能？并简述运动技能学习过程的变化特征。

运动技能是指通过练习而巩固下来的，自动化的、完善的动作活动方式。运动技能学习过程的变化特征有：A. 运动技能是后天习得的。B. 运动技能的学习从意识性向无意识过渡。C. 运动程序的作用。D. 动作技能的自动化。E. 能量消耗的节省化。F. 觉察错误能力的逐步提高。

② 简述运动技能操作的测量指标与评价方法。

运动技能操作的测量多种多样，根据测量实施的时机可分为两大类。第一类为操作结果测量，主要是测量动作技能的操作结果或绩效。第二类为操作过程测量，即是对产生操作结果的操作过程及其特征进行评价，获得在技能操作前、中和后诸如神经系统的作用机制、肌肉系统的工作原理、肢体或关节的运动特征等信息。在运动技能学习过程中常用的测量指标有：反应时、误差值、运动学指标、动力学指标、肌电图和协调性；常用的测量方法有：练习曲线、保持测验与迁移测验、前测与后测和次任务测验。

③ 简述运动技能形成的阶段。

动作技能是由个别动作构成的系统，它是在练习过程中逐步形成和发展起来的。运动技能的形成是有阶段性的，不同的阶段具有不同的特点，对其特点的分析是评价个人技能水平的重要方法。心理学家对运动技能的学习过程已做过多种解释，目前比较一致的观点是把运动技能的形成划分为三个阶段：A. 认知定向阶段。B. 动作的联结阶段。C. 协调完善阶段。

④ 简述高原现象产生的原因。

产生高原现象可能有以下几种原因：A. 高原现象表明个体正从技能学习的一个阶段向另一个阶段过渡，此阶段个体将发展任务所需的新策略以提高技能操作水平，因此，只有新策略完全形成并得以实施，技能水平才会有所提高。B. 有些技能的提高需要身体素质作保障，技能水平发展到一定阶段再要继续发展，必须对原有身体素质做进一步提高，技能水平才可继续发展。C. 随练习的进行，练习者的兴趣降低，情绪厌倦，身体疲劳或疾病等，也会影响到运动技能的发展。D. 复杂技能可能比简单技能更易出现高原现象。在复杂技能中，单个动作的连接以及整体技能的程序都较复杂，分解练习中的单个动作的执行时机、力度在整体技能中都有不同的要求，整体练习中的策略调整可能产生高原现象。

⑤影响运动技能学习的内部原因是哪些。

影响运动技能学习的内部因素主要有：A. 经验与成熟度。B. 智力。C. 个性。D. 运动能力。当然，影响运动技能学习的个人因素还有很多，如动机状态、自信心、情绪状态和意志品质等。消极地练习、缺乏自信和抱负水平，练习的成绩就不会有很大提高。

⑥示范教学应注意的几个问题。

示范是传递技能操作信息的一种重要方式，在某些技能学习情境中示范可能比其他手段更有效。为了有效地进行学习，示范教学的几个问题：A. 示范必须正确规范。B. 技能各部分间的相对稳定关系是示范教学传递的关键信息。C. 同伴的示范更有利于技能的学习。D. 注意技能示范的时机和频率。

⑦什么是技能学习的心理训练？谈谈心理训练在运动技能学习过程中的作用。

心理训练就是让练习者在头脑中演练整个动作技能（心理训练），而不是实际训练。心理训练属于一种心理技能，应用非常广泛，从一般体育爱好者的技能学习到优秀运动员的赛前调整，心理训练都有其不可替代的作用。

在技能学习的整体训练阶段，心理训练是一种非常有效的方法。练习者在大脑中用表象模拟真实情境，想象已学的各个技能，将一串技能一步步演练，并对如何连接和有效完成动作进行动觉和视觉的表象过程。除此之外，运动员在比赛场边等待出场时，也可以在头脑中从头至尾将整个套路的动作及其每个细节演练一番，为即将到来的比赛做准备，这种心理训练是运动准备的一种手段；或者在网球比赛中，运动员刚完成了一次漂亮的发球，他在头脑中多次复述刚才成功发球的动作，为下一次发球做准备。也就是说，心理训练在技能的学习和操作两种情境中都能发挥作用，即心理训练不仅能促进动作的存储，还可以促进动作从记忆中的提取。

五、论述题

①论述运动技能的形成过程。

A. 运动技能形成的理论解释。运动技能形成的机制一直是运动科学领域高度关注的重要课题，现在较有影响的解释理论主要有以下三种理论：一般性描述理论、信息加工理论和控制性理论。

B. 运动技能形成的阶段。动作技能是由个别动作构成的系统，它是在练习过程中逐步形成和发展起来的。运动技能的形成是有阶段性的，目前比较一致的观点是把运动技能的形成划分为三个阶段：认知定向阶段、动作的联结阶段和协调完善阶段。

C. 运动技能形成的途径。运动技能的获得主要是通过练习和反馈实现的，它们是影响运动技能形成的重要因素。练习过程的一般规律：练习的进步先快后慢、先慢后快、进步先后比较一致、高原现象和练习成绩的起伏现象。

② 在实际教学与训练过程中如何进行运动技能的学习与训练。

我们知道，运动技能的获得受个体内外很多因素和条件的制约，因此为了使运动技能的学习与训练更加有效，必须在实际练习与训练过程中对这些影响技能获得的因素加以控制和干预。

A. 言语指导与示范。

a. 言语指导。言语指导是向个体传递运动技能操作方式的常用手段，其作用勿需赘述，但要进行更有效地指导，应注意以下几个问题。

指导与注意：应将注意集中于运动结果、将注意集中于环境因素。

指导线索：以通过多种方式进行言语线索指导。

b. 示范。示范是传递技能操作信息的一种重要方式，在某些技能学习情境中示范可能比其他手段更有效。示范教学的关键问题是指导者应当明确示范教学的内容及其适用范围。

B. 练习。一批人同时开始学习某一种运动技能，其结果都会有很大差异，有的人学得快，有的人学得慢；有的人能达到很高的水平，有的人却始终在较低水平徘徊不前。究其原因除了有先天学习能力的制约以外，练习方法和策略等将对练习绩效起着重要作用。影响运动技能学习的练习因素主要有：练习时间的分配、练习动作的分配、变换练习以及心理训练等。

不同类型的技能练习分配方式不同：连续性技能和不连续性技能。

a. 练习时间的分配：集中练习和分散练习。

b. 练习动作的分配：整体练习、分解练习。

c. 单个技能练习：单个技能的练习尽量使用变换练习。

d. 多项任务训练：随机练习好于组块练习。

e. 心理训练。

心理训练属于一种心理技能，应用非常广泛，从一般体育爱好者的技能学习到优秀运动员的赛前调整，心理训练都有其不可替代的作用。

在技能学习的整体训练阶段，心理训练是一种非常有效的方法。

C. 反馈。在运动技能学习过程中，有效而恰当地反馈对于技能的获得尤其重要。反馈的目的是向学习者提供动作过程或结果的有关信息，使学习者了解和比较其运动操作与学习目标之间的距离，从而调整练习的方式。反馈按信息来源可分为以下两类：

a. 自然反馈。自然反馈是人类进行学习的主要反馈信息，人大部分练习是在自然反馈下进行的。

b. 追加反馈。追加反馈指动作执行后所获得的信息是凭借外力和外物对于动作结果所外加的信息。通常的两种形式：结果反馈和绩效反馈。

结果反馈：如何使用反馈以使运动技能的学习更有效，这涉及到给予反馈的精确度、频率和时间问题。

绩效反馈：运动后提供的有关运动操作特征的外部反馈称为绩效反馈，绩效反馈比结果反馈更重要。

③ 技能间为什么会有迁移发生？Magill（2004）认为，运动技能间的迁移量一般很小，即使两个技能非常相似，通常迁移量也非常小，尤其是在技能学习的后期。请结合体育教学实际谈谈你的看法。

多年来，尽管研究者已经提出了很多的假说来解释学习迁移发生的原因，但以下几种理论假说最能为人们所接受，也最容易使人理解迁移是如何发生的。

A. 技能和情景结构的相似性。传统观点更多地认为迁移是由于两种技能或两种技能操作情形之间的结构相似引起的，即如果两种技能或两种技能操作情境的构成有很多的相似之处，那么两者间将会产生大量的正迁移。所以说要达到更多的迁移，关键取决于技能间的相似性。相似部分有两个方面表现，一个是两运动技能中任何能够看得见的部分相关，如一个上臂动作或一个击球动作；另一种相似部分是指任务特定的协调动力学模式相似，例如，从运动控制的动力学模式来看，相同任务之间相同的趋势和相关关系将对正迁移的发生起到积极的促进作用。

B. 操作任务的认知过程相似性。迁移的发生是由于两项技能或两种操作情境所需认知过程的相似性。按照这一观点，为了在训练和目标任务之间获得正迁移，训练任务也必须包括操作实际任务所需的认知过程，如决策制定、规则运用和注意力控制等。

C. 技能间运动程序的相似性。如果两种技能共用较多的程序性知识，即能产生显著的迁移，如果两种技能共用的程序性知识较少，即使它们共用相同的陈述性知识，它们之间也将产生很少的迁移或者没有迁移。

249

所以，两种技能之间发生迁移的条件，是它们之间必须共用相同的程序性知识，大部分研究者都承认迁移是一种基本的学习现象，实际教学中应"为迁移而教"。在技能学习的早期阶段，当技能水平很低时，已有的经验与技能对于练习者学习新技能可能是有用的。此时应鼓励练习者从相似的技能中借用已有的程序或模式，来构建新的运动程序。

但随着练习的进行，在运动技能学习的后期，即运动模式的获得阶段，早期学习的迁移作用明显降低了。因为随着练习的进行和能力的增加，一个技能将变得更特殊，并很难再用其他技能的同类动作。如早期练习中，一个上手投掷和一个网球发球在动作上很相似，动作间的相关可以帮助新手获得评价开始动作的概念。然而，随着动作的逐步熟练，网球的一次发球和一个上手投掷动作完全不是一回事，有一定熟练水平之后，两者的区别非常明显。因此，在运动技能学习的中后期，不应鼓励练习者从某些相似的技能中进行迁移学习，此时是学习参数的选择过程而不是模式的获得过程，每个相似的动作都有着不同的选择参数。因为技能都有其各自的特征，不同的技能必须使用特殊练习方法才能形成，即使两个技能间非常相似，通常迁移量也非常小。

第十章 运动员的心理训练

心理训练已经成为现代运动训练的重要组成部分。它同传统的身体训练、技术训练和战术训练相结合，构成了现代运动训练的完整体系。因为现代运动训练和竞赛活动，运动员不仅要消耗巨大的身体能量，而且也要付出巨大的心理能量，如果运动员缺乏专项运动所需要的心理素质和相应的心理准备状态，便不能顺利地完成训练任务，更难以取得比赛的优异成绩。尤其是当参加比赛者双方在身体和技、战术实力水平相当的情况下，心理能量的发挥水平，往往成为决定胜败的重要条件。熟悉和掌握心理训练的有关概念和实施方法是体育运动专业学生必备的知识。本章将就心理训练的概念、运动员采用的心理训练方法和运动员心理训练的实施方法作一介绍。

第一节 知识要点

一、知识点

心理训练的概念、意义和作用；心理训练的分类和任务；心理训练的原则。运动员常用的心理训练方法：注意集中训练、放松训练、目标设置训练、想象训练、模拟训练；运动员心理训练的实施。

二、主要内容

1. 心理训练的概念

心理训练是指采用一定的方法和手段，有目的有计划地对受训者的心理施加影响的过程。通过专门的训练，使受训者的思想观念、心理状态、心理能力和行为习惯发生期望的积极改变，以达到更好地适应生活实践需要的目的。

对于运动员的心理训练，也可以定义为：是指训练运动员为完成专项运动所需要的心理状态和心理素质得到稳定地加强和提高，并学会调节心理状态的各种方法，以便在训练和比赛中促进身体和技战术水平得到正常或超长地发挥。

在运动心理学领域，人们更多重视的是心理技能的训练。的确，心理技能训练是运动员心理训练的重点，但不是运动员心理训练的全部。我们认为，心理训练的概念比心理技能训练的概念更宽，心理训练不仅包括教会受训者掌握心理调控技能的心理技能训练，还包括改变受训者心理状态的训练、改变受训者人格素质，如意志品质、行为习惯等的训练。

在现代社会生活中，由于脑力已经逐渐超越体力而在人们的生活实践中发挥着越来越重要的作用。心理活动状态和心理素质越来越成为影响人们学习、工作、生活质量和效率的重要因素。通过一些特殊的方法和手段来使个体的心理状态和心理素质发生积极的改变，从而改善人们的学习、工作和生活的质量的效率，无论从理论还是从实践来说，这都是完全可能的。

在竞技运动领域中，心理训练可以使运动员为完成专项运动训练和比赛所需要的心理状态和心理素质得到改善和提高，使运动员能够更好地适应运动训练和比赛的要求，形成最佳竞技状态，为在比赛中体能、技术和战术的最佳发挥，创造优异成绩奠定良好的心理基础。因此，心理训练已经成为现代运动训练系统不可或缺的一部分。

实际上，除体育运动领域对运动员的心理训练以外，心理训练已经广泛地应用在航空飞行员、航天宇航员、特种兵战士、企业员工管理，以及心理病员的治疗等方面。

2. 心理训练的方法分类

目前对心理训练还没有一个统一分类方法，我们可以从以下几个方面进行分类：

① 以训练的心理内容来分：A. 针对观念态度的训练，如自信训练。B. 针对心理状态的训练，如注意集中训练、情绪激发唤醒与放松的训练。C. 针对能力素质的训练，如各种心理调控技能训练、压力应对策略训练、比赛谋略训练。D. 针对人格素质的训练，如意志训练、各种良好习惯养成的训练，或者分为认知训练和行为训练等。

② 以心理训练的方法手段来分：A. 想象训练。B. 放松训练。C. 生物反馈训练。D. 催眠暗示训练。E. 目标设置训练。F. 模拟训练等。

③ 根据心理训练的目标和训练的时间周期可分为:A. 一般性心理训练：主要为平常的针对心理素质的长期训练，目的在于培养适合训练、比赛的良好心理素质。B. 准备专项具体比赛的心理训练：主要为针对即将到来的比赛的心理训练，目的在于调整心理状态和学习掌握各种心理应对策略。

④ 根据心理训练参与人数：可以分为个别心理训练和团体心理训练。个别心理训练主要针对个体的心理问题进行的训练。团体心理训练可以是对于具有共同心理问题的队员一起参与的心理训练，也可以是针对团队项目如何增加团队凝聚力、如何发挥各自特长、相互配合形成整体等团体项目的心理训练。

3. 心理训练的意义和作用

由于现代运动的训练和比赛活动，运动员不仅要消耗巨大的身体能量，而且也要付出巨大的心理能量，如果运动员缺乏专项运动所需要的心理素质和相应的心理准备状态，便不能顺利地完成训练和比赛任务，更难以取得比赛的优异成绩。尤其是当参加比赛者双方在身体和技、战术实力水平相当的情况下，心理状态和心理素质的好坏、心理能量的发挥水平，往往成为决定胜败的重要条件。心理训练的目的在于使运动员的心理状态和心理素质发生积极改变，以便能更好地适应训练和比赛的要求，最终为取得比赛的胜利提供保障。

现代科学研究证明，心理因素影响着运动员身体、技术和战术的发挥程度。体力受心理因素的影响是显而易见的，如果运动员参加训练和比赛时的情绪低落、意志消沉、信心不足、遇事胆怯等，便不能使机体的潜在力量得以充分发挥。从技术和战术来说，要在训练和比赛中得到充分发挥，更需要进行心理训练，因为运动员必须能够根据临场情况的变化，当机立断地采取行动，这便要求运动员不仅要有注意高度集中的训练，而且还要有思维敏捷性和灵活性的训练，适宜的情绪兴奋性和稳定性训练，意志果断性、顽固性、自觉性的训练等，才能充分施展运动员的技术和战术水平。如果缺乏必要的心理训练，运动员的心理素质发展不好，心理能量发挥不好，即使身体、技术、战术水平较好，但在竞赛中也难以稳定地取得好的成绩。所以，运动员要能在训练和比赛中稳定地取得优异成绩，不仅应具备身体和技术方面的优势，而且也要具备心理方面的优势，只有具备上述两方面的优势，才能充分发挥运动员的实力水平，达到以弱制强、出奇制胜之功效。

具体说来，心理训练可在以下方面发挥其重要作用：

(1) 有利于培养运动员的积极态度和认知观念

运动员可能存在一些对自己、对比赛、对对手、对生活等各种消极或不合理的态度和观念，从而影响训练和比赛。通过一些特殊的心理技术和方法，即通过心理训练可以改变他们消极或不合理的态度和观念，树立积极或合理的态度和观念，从而改变情绪和行为。励志心理学家希尔顿特别强调积极心态的力量，中国前国家足球队教练米卢也常常说态度决定一切。态度改变了，情绪行为也就改变了。运动员许多问题的根源，归根结底是观念态度问题。但消极观念的形成往往是人生成长过程中逐渐形成的，其改变也不是一两次说教就可以改变的，而是需要通过一系列特殊的手段和方法，经过一定时间才能改变，即需要经过专门的心理训练才能改变。

(2) 有利于形成最佳的心理状态

通过对认知以及对注意和情绪状态的训练，可以帮助运动员形成最佳的注意状态和情绪状态。良好的注意和情绪状态有助于身体能量和技战术水平的最佳发挥，专门的心理训练如情绪激发与唤醒训练、放松训练、生物反馈训练等可以直接改善运动员的情绪状态。

(3) 有利于提高自我心理调控能力

通过专门的心理技能训练，教会运动员掌握各种自我心理调控的技能，以便在训练和比赛中进行自我调控。如压力应对策略、情绪唤醒与激发技术、各种放松技术、注意集中技术、行为控制技术等心理调控技能的掌握，对于运动员进行自我心理调控，应对各种突发情况、保持最佳比赛状态、保障比赛的能量储备，进而为取得比赛胜利提供保障。

(4) 有利于形成适合专项运动的最佳人格

针对专项运动所需要的人格品质进行专门的心理训练，有利于形成适合专项运动的最佳人格特质。如自我表演项目自信、沉着、专注于自我，对抗项目的机智、灵活、诡计多端，集体项目的热情开朗、合作精神，以及所有运动项目都需要的顽强、拼搏、敢于胜利、不怕苦、不怕累的坚强意志品质等。

(5) 有利于运动技能的掌握

运动技能的掌握常常需要进行反复、大量的身体练习，但身体练习很容易疲劳，不可能长时间进行，同时也受时间、空间的限制，而针对专门运动技能进行的想象训练，或称心理练习，可以突破时空的限制，只需要在脑子里进行想象练习就可以达到强化、巩固的效果，从而有助于运动技能的掌握。

(6) 有助于身心疲劳的恢复

对于身心疲劳的恢复，过去一般采用休息、睡眠、按摩等手段来加以消除。现在随着心理训练在体育运动中的应用，则可以利用各种放松技术来帮助运动员进行疲劳的恢复。

4. 心理训练的原则

(1) 自觉主动原则

运动员心理技能训练的效果，首先取决于运动员的自觉与主动性，如果运动员不相信心理训练作用，对待心理训练持观望、怀疑甚至否定的态度，在教练员的强迫或命令下接受心理训练，不仅不会产生良好的效果，甚至还会起反作用。因为任何心理技能训练手段的掌握和运用，都不可能脱离人的主观状态而起作用，如果没有对心理技能训练的自觉积极态度，被动地接受心理技能训练，就失去了内部动力，甚至产生厌烦、对立情绪。

为了提高运动员对心理技能训练的自觉、主动性，首先必须深刻理解心理技能训练的意义和作用，掌握心理技能训练的知识和方法，使运动员树立信心。其次，要注意做好启发诱导工作，帮助运动员分析自己的个性特点和心理品质发展特点，使其逐步学会进行自我分析、自我检查、自我评定、自我调节和自我控制的方法，促进自己的心理品质不断发展和完善。

(2) 重复坚持原则

重复坚持原则是指心理技能训练要反复进行，反复实践，坚持训练，使运动员的心理品质在反复进行和反复实践中得到发展和提高。因为一个心理习惯的形成不是一天两天就形成的，同样，要改变一个心理行为习惯也要一个较长的时间才行。并且，有些心理技能训练方法，运动员不是轻而易举所能掌握的，特别是中枢神经系统对植物神经系统的控制和调节，必须经过长期的重复训练和实践才能奏效。

(3) 有针对性原则

所谓有针对性原则，一是指在进行心理训练时要根据运动员的个人心理差异区别对待。例如，有些运动员属于活泼型，注意的特点表现为灵活性高，转移能力强，稳定性较差；有的运动员属于安静型，注意则表现为稳定性较好，灵活性不足。根据运动员注意特点的差异，对前者应加强注意稳定性训练，对后者应加强注意转移和分配的训练。又如，运动中常易产生恐惧、胆怯的心理状态，有的运动员可能是由于技术上的原因引起的，有的可能是由于经验不足而引起的，有的是由于困难的存在而引起的等等。这就必须根据其不同原因，采用不同的方法或者措施，区别对待，帮助运动员克服恐惧、胆怯的心理状态。

二是指要针对具体的专项，要把心理训练同具体专项运动的身体训练、技术训练、战术训练等有机地结合起来，把心理训练的内容巧妙地贯穿到具体专项的身体、技术和战术训练中去，贯穿到每个动作的正确掌握和错误动作的纠正中去，使专项训练中全面渗透着心理训练的内容，完成心理训练的各项要求。

5. 运动员常用的心理训练方法

(1) 注意集中训练

运动员学会集中自己的注意力，对于完成训练和比赛任务是非常重要的。运动员只有提高集中注意的能力，才能促进认识的活跃状态，提高情绪的兴奋水平，加强意志的努力程度，达到提高训练和竞赛效果的目的。运动员在训练和比赛中分散注意的因素很多，诸如身体方面、环境方面、心理方面等，都会分散注意力，这就有必要进行注意集中训练。

注意集中训练，就是使运动员学会全神贯注于一个确定目标，不受任何外来刺激的影响和内心杂念所分散，始终把心理活动指向和集中于当前的活动任务上。

注意集中的能力是因人而异的，有些人抗干扰的能力很强，对外界事物的影响"视而不见""听而不闻"；有些人则常因外界事物的影响而分心，他们抗干扰的能力差。运动员应根据个人的特点和项目的特点，设计一套适合自己集中注意的方法。下例一些方法，可供运动员选择使用。

① 视觉守点法：即选择一个固定的视觉目标，对其仔细观察几秒钟后，闭上眼睛努力回忆被观察对象的形象，如果回忆起来的形象某些地方还不太清楚，就睁开眼睛看看，然后再闭眼回忆，如此重复数次，直到十分清晰地回忆出被观察对象的形象为止。

② 视觉追踪法：即选择一个活动的物体作为视觉目标进行观察，如注视手表秒针的转动，先看 1 分钟，假如 1 分钟内注意没有离开过秒针，再延长观察时间到 2 分钟、3 分钟，等到确定了注意力不离开秒针最长时间后，再按此时间重复 3~4 次，每次间隔 10~15 秒，如果能持续注释 5 分钟而不转移注意力，就是较好的成绩。每天进行几次这种练习，经过一段时间后，便会有良好效果。

③ 意守法：即把注意力集中在所要完成的动作或活动上去。不为外来刺激和内在因素所干扰。如在比赛气氛热烈、紧张、嘈杂的情况下，集中注意于自己

的动作要领，排除思想杂念的干扰。把注意力集中到运动器官的活动上去。尤其要善于从焦虑的思考状态中把注意力转移到自身动作的感知上或集中于当前的活动上。也可以把自己的注意力集中于那些即将到来的活动任务或比赛策略上等。

④ 低声发令法：即教练员以极其微弱的、勉强能让运动员听清的声音发出命令，让运动员执行，迫使运动员高度集中注意力。这种方法持续运用的时间不易太长，一般不超过 3 分钟。

⑤ 思维阻断法：实践中导致运动员分心的常常是对结果的过分关注，特别是在领先或落后时，常常使运动员把注意力从原来的关注比赛过程转向关注结果，关注结果是把注意指向未来而不是现在。另外一个常见情况就是对已经发生并已经结束的动作的关注，如老是停留在前面的失误上面，思考自己错在哪里、为什么失误等。然而，比赛是连续进行的，当比赛还在继续前行时，你停下来想问题，必然导致分心、导致新的失误。采用思维阻断的方法，是用积极、智慧的思维告诉、命令自己关注眼前的比赛过程，过去已经成为过去，未来还在未来，只有把握现在才能把握未来，把握了现在也就把握了过去。并用语言提醒自己，让自己相信自己，自己训练有素，一定有办法战胜对手，自己只需要关注眼前的路该怎么一步一步地走就行了。

(2) 放松训练

放松训练（relaxation training）是指放松身体及过度紧张情绪的一套心理训练方法。过度紧张身体和过度紧张、兴奋的情绪常常消耗大量的能量储备，不利于比赛的应对。同时过度紧张、僵硬的身体，常常导致动作变形、拉伤肌肉。所以，运动员学会放松和在心理上保持镇静，对获得优异成绩、避免受伤具有重要作用。放松的方法有很多，下面介绍几种常用的心理放松训练方法。

① 自生放松练习。

自生放松（autogenic relaxation）练习是一种在他人指导语或自我指导语的暗示下，通过想象、集中注意、调整呼吸等方法来达到身心放松的心理训练方法。

首先坐在舒适的沙发或躺在床上，以自己感到最舒适、最放松的姿势，调整呼吸，轻轻地闭上双眼，慢慢地按指导语进行想象。常用的指导语如下：

- 平静而缓慢地呼吸，我的呼吸很慢、很深。
- 我感到很安静。
- 我感到很放松。
- 我的双腿感到沉重和放松。

● 我的踝关节感到了沉重和放松，我的膝关节感到了沉重和放松，我的双腿、踝关节、膝关节、臀部全部感到沉重和放松。

● 我的腹部、我的身体的中间部分感到了沉重和放松。

● 我的双手感到了沉重和放松，我的手臂感到沉重和放松，我的双肩感到沉重和放松，我的双手、手臂、双肩全部感到沉重和放松。

● 我的脖子感到沉重和放松，我的下巴感到沉重和放松，我的额部感到沉重和放松，我的脖子、下巴和额部全部感到沉重和放松。

● 我整个身体都感到安静、沉重、舒适、放松。

● 我感到很放松。

……

最后暗示：放松和沉静现在结束。深吸一口气，慢慢地睁开双眼，我感到生命和力量流通了我的双腿、臀部、腹部、胸部、双臂、双手、颈部、头部。这种力量使我感到轻松和充满活力。我恢复了活动。

从以上描述可以看出，自生放松是一种通过暗示语使身体各部位直接放松，最后达到全身放松的方法。自生放松强调的是呼吸调节、温暖感和沉重感。

② 渐进式放松法。

也称逐步放松法。这是一种通过想象和语言命令按照一定顺序，让全身肌肉一块一块逐步地先紧张后放松，直到最后全身放松的方法。

准备姿势可参照自生放松练习程序。然后根据训练者的指导语进行：

A. 请注意倾听以下指示语，它们会有助于你提高放松能力。每次我停顿时，继续做你刚才正在做的事。好，轻轻地闭上双眼并深呼吸三次……

B. 左手紧握拳，握紧，注意有什么感觉。……现在放松……

……再一次握紧你的左手，体会一下你感觉到的紧张情况。……再来一次，然后放松并想象紧张从手指上消失……

C. 右手紧紧握拳，全力紧握，注意手指，手和前臂的紧张状况。……好，现在放松……

……再一次握紧右拳。……再来一次……请放松……

D. 左手紧紧握拳，左手臂弯曲使二头肌发紧，紧紧坚持着。……好，全部放松，感觉暖流沿二头肌流经前臂，流出手指……

E. 右手握紧拳头，抬起手，使二头肌发紧，紧紧坚持着，感觉这紧张状态。……好，放松，集中注意这感觉流过你的手臂……

……请立即握紧双拳，双臂弯曲，是双臂全部处于紧张状态，保持姿势，想一下感觉到的紧张。……好，放松，感觉整个暖流流过肌肉。…所有紧张流出手指……

F. 请皱眉头，并使双眼尽量闭小（戴眼镜的人需要摘掉眼镜）。要使劲眯眼睛，感觉到这种紧张通过额头和双眼。好，放松注意放松的感觉流过双眼。好，继续放松……

……好了，上下颚紧合在一起，抬高下巴使颈部肌肉拉紧并闭紧嘴唇。……好，放松……

G. 现在，尽可能使劲地把双肩往前举，一直感到后背肌肉被拉得很紧，特别是肩胛骨之间的地方。拉紧肌肉，保持姿势。好，放松……

……重复上述动作，同时把腹部尽可能往里收，拉紧腹部肌肉，感到整个腹部都被拉紧并保持姿势。把肩胛骨往前推。腹部尽可能往里吸，拉紧腹部肌肉，紧拉的感觉贯穿全身。好，放松……

H. 现在轮到腿部，把左脚紧紧靠向椅子上，努力往下压，抬高脚趾，结果使小腿和大腿都绷得很紧。紧抬脚趾，使劲蹬紧后脚跟。好，放松……
……

I. 双腿一起来，双脚后跟紧朝椅子压，压下双脚后跟，尽力使劲抬高双脚趾，保持姿势。好，放松……

……好，深呼吸三次。……正像你所练习的一样，把所有练习过的肌肉都拉紧，左拳和二头肌，右拳和二头肌、前额，眼睛、额部、颈肌、嘴唇、肩膀、腹部、右腿、左腿，保持姿势。……好，放松。……深呼吸三次，然后从头到尾再做一次，接着全部放松，在你深呼吸后全部绷紧接着又放松的同时，注意全部放松后的感觉。好，拉紧，……放松，……接着，进行正常的呼吸，享受你身体和肌肉完全无紧张的惬意之感。……

J. 放松和沉静现在结束。深吸一口气，慢慢地睁开双眼，我感到生命和力量流通了我的双腿、臀部、腹部、胸部、双臂、双手、颈部、头部。这力量使我感到轻松和充满活力。我恢复了活动。

从以上的描述可以看出，渐进放松是一种通过暗示语使身体各部位先紧张再放松，最后达到全身放松的方法，渐进放松强调的是肌肉不同程度地紧张和放松的准确体验。

③ 想象放松法。

这是一种通过想象的方法来进行放松。前期准备同自生放松练习。可以坐在躺椅或沙发上，也可躺在床上，适当放松后缓慢呼吸，闭上眼睛，进行情境想象：可以想象自己舒适地躺在温泉浴缸里；也可以想象自己躺在沙滩上，沐浴着阳光，听着波涛……也可以想象自己漫步在林间小道，呼吸着清新的空气……总之，凡是能够使自己感到放松的情境都可以想象，想象越逼真越好。

④ 呼吸调节法。

主要通过缓慢、深大的呼吸，加上注意和想象来放松自己情绪的方法。具体方法：深长、缓慢地吸气，深长、缓慢地呼气，将注意集中在吸入和呼出的气体上，加上想象，每次呼出时，想象自己在把紧张呼出体外，随着呼气，身体随之放松。任何姿势下都可通过深呼吸来放松自己的情绪，躺下时效果更好，特别是对于失眠者，入睡前通过呼吸放松法，常常能很快放松，帮助入睡。

⑤ 生物反馈法。

也称生物反馈训练，生物反馈训练是借助于现代仪器把机体的生理信息传递给运动员，使其经过反复练习，学会调节自己的生理机能的一种心理训练方法。生物反馈训练又称"内脏学习""自主神经学习"或"教育自己的内脏"。这种方法是使用电子仪器将机体生理过程变化的信息适时地反馈给生物机体本身，使其即刻知道自己的生理功能变化的情况和趋势，做到自己控制自己。比如，运动员在训练或比赛中出现了情绪紧张，必然在生理方面反映出来，特别是植物性神经系统控制的机体部分会发生一系列变化，如心率加快、毛细血管扩张、血压升高等。使用电子仪器显示出各种信号，告诉运动员在紧张的情况下一些主要生理机能的反应，使运动员学会控制自己的生理反应，进而消除情绪紧张，这就是"生物反馈"的作用。

生物反馈训练不仅具有调整情绪状态，消除紧张，改善机体各器官系统机能的作用，而且还可以提高运动感和能力，加速运动机能的形成，校正技术动作使之更为协调。例如，运动员在练习做动作时，利用肌电仪使运动员在示波器上直接观察肌电变化，可以提高运动员的肌肉用力感觉，准确区分完成动作的用力时间和用力强度，从而加速运动技能的形成。在耐力性项目的运动中，使用心率仪使运动员能直接听到自己的心率变化情况，以便调节和控制练习的强度，改进运动技术。

但须指出，运动员掌握这种方法，需要经过长期训练，因为它是属于中枢神经系统对植物性神经系统的调节和控制的过程，这决不是短期训练所能达到的，即使有了"结果的信息"，也不见得就能随意左右这个"结果"。因此，生物反馈训练与放松训练结合进行，就有可能取得较好的训练效果。

生物反馈训练最初主要用作放松训练的一种辅助训练方法，现在也有将生物反馈训练也用作帮助集中注意、进行技术动作的心理练习的方法。

(3) 意志训练

意志训练是针对意志力品质的一种心理训练，其目的在于增强意志品质。意志品质主要包括自觉性、果断性、自制性和坚韧性。意志的核心在于克服困难，所以目前有关意志力训练的方法大多集中在如何增强克服困难方面，如加大难度、增加困难，在感到疲劳、痛苦时坚持、再坚持，夏练酷暑、冬练严寒等都是在磨炼意志的训练。美国的特种兵，我国的武警战士、解放军等都在应用这种方法进行意志训练。进行意志训练时要让运动员认识到意志品质对一个优秀运动员获取比赛胜利的重要性，增强意志训练的自觉参与积极，自觉地、有意识地对自己的意志品质进行训练。通过训练让队员认识到，坚持就是胜利，在困难面前，只要自己坚持就完全可能战胜困难。意志训练还包括意志目标行为的自觉性训练和行为果断性训练。

(4) 目标设置训练

目标设置是指对动机活动将要达到的最后结果进行的规划。目标设置直接关系到动机的方向和强度。正确、有效的目标可以集中人的能量，激发、引导和组织人的活动，这是行为的重要推动和指导力量。目标设置与动机、操作成绩以及个性培养有重要关系，这一主题最早见于管理心理学的研究，后来应用到运动心理学。

目标设置训练是根据有效推动行为的原则设置合理目标的过程。

下面来讨论这些原则。

① 目标设置中的四对重要关系。

A. 长期目标与短期目标。

长期目标是指在若干年后希望实现的目标，而短期目标是指近期内希望实现的目标。短期目标可以是几天、数周或数月。

一般来说，运动员都会有自己的长期目标，但有相当一部分人不善于将他们的长期目标化整为零，变为中期和短期的目标。而恰恰是这一将长期目标转化为短期目标的过程才是长时期维持高昂动机和自信心的关键。因为每实现一个小的子目标都可以使人相对较快地、较明显地看到自己的进步，看到自己的努力和成绩进步的因果关系，并产生不断克服困难以达到下一个子目标的欲望和动机。

一般说来，短期目标最有效，对人的行动最容易产生立竿见影的推动作用。但必须有长期目标的引导，行动才能更加自觉、坚持不懈。例如，"我每周做3次、每次做3组、每组做20次负重深蹲练习，一个月内提高腿部力量10%"，就是短期目标；"我争取三年内通过国家锻炼标准"，就是长期目标。

B. 具体目标和模糊目标。

明确、具体、可进行数量分析的目标，是具体的目标，它对于激发动机最有效；模糊的、无法进行数量分析的目标则少有激发的作用。

许多实验显示，设置具体的、可测量的目标会比仅仅设置一般性的目标（如"尽最大努力"）产生更大推动作用并导致更好的成绩。比如，在一项实验中，255 名男女儿童被随机分为进行仰卧起坐训练的短期目标组（每次练习测验提高4%）、长期目标组（10 周训练提高 20%）、短期目标加长期目标组和尽最大努力组共 4 个组，然后每天进行仰卧起坐训练，每周进行一次练习测验，每两周进行一次正式测验，共进行 10 周。结果表明，有具体目标的各组，其成绩提高幅度比只有模糊目标组（"尽最大努力"）更大（Weinberg，Byrne，Longino & Jackson，1988）。"身体训练做三组仰卧起坐，每组 50 个，5 分钟一组"之所以会比"身体训练做仰卧起坐，尽量做，越多越好"更为有效，不但是因为明确的目标有助于导致明确而有效率的行为，而且还有助于结果的评估，有助于定量化的检验是否达到了目标。这种反馈对于目标的动机功能具有极重要的意义。不可测量的目标很难起到促进动机的作用。对于一个体育教师来说，"我要争取提高学生的体育课成绩"这个目标就不如"我的目标是将学生的体育达标率从 70%提高到 90%以上"更精确，因而对体育教师的促动作用也就小一些。

也有研究表明，对于简单任务，设置具体的目标比设置一般目标要更有效，取得的成绩更好。对于复杂任务，则没有这种效应，即具体目标和一般目标对成绩的影响无可靠差异。

C. 现实目标和不现实目标。

现实目标是指通过艰苦努力仍可达到的目标。不现实目标是指不论通过多少努力也根本不可能实现的目标。在现实目标的指导下，通过一段时间的努力，获得一定的成功，自然会加强人们从事体育活动的兴趣和自信心。富有挑战性的、困难的，但经过努力完全可以达到的现实目标，对于激发动机更有效。也就是说，应该为自己设立难度适当的目标。因为超过现实可能性的过高目标会使人产生挫折感，怀疑自己放弃努力。过易的目标又不可能充分动员、激发人的活动，挖掘人的潜力。

根据班杜拉的自我效能理论，人的自我效能（或自信心）受四种因素影响：行为成就、替代经验、言语劝导和情绪唤醒。其中最重要的就是第一点。成就就是目标的实现。运动员所达到的目标越多，所体验到的成功感就越强，自信心也就越强。因此，体育课的学习和运动队的训练中将长期目标转化为现实的，具体的中期目标和短期目标是极其重要的。比如，一位体校运动员在平衡木的比赛中总是失败，如果只是自叹"看来我是过不了平衡木这一关了"，当然于事无补。她应当在教练的指导下制订一个中、短期计划，比如进行三个月的训练，第一个月将平衡木的成功率提高到80%，第二个月提高到90%，第三个月提高到95%，然后再相应地制订每周的训练目标。这样，她便可以开始作出切实的努力来解决这一问题了。

高难目标可能有助于达到个人的最佳成绩，实现个人的最大潜力，但如果未达到所设置的目标，也可能造成失败感，使自信心和兴趣受到损害。比如，一个运动员设置一个做5次引体向上的训练目标，并且实际完成了5次；接着，他设置了一个做7次引体向上的训练目标，结果实际完成7次。这样，高难目标使他提高了成绩，也使他体验到了成功感。这时，他又设置了一个做9次引体向上的训练目标，并尽了最大努力，但只完成了8次。在这种情况下，他的成绩虽然提高了，充分发挥了自己的最大潜力，但他却没有实现自己的目标。他体验到的可能不是成功感而是失败感，如果他未经前两次尝试，而是一次定位在9次的目标上，结果可能使他充分发挥了自己的潜能，完成了8次，但也可能会损伤他的自信心和对体育活动的兴趣，从长远的观点来看，是失大于得。

D. 任务定向目标和自我定向目标。

任务定向是强调纵向的自己与自己相比，注重个人努力，以掌握技能，完成任务为目标的心理定向。它有助于内部动机的维持和提高。因此，只要自己全力以赴并刷新了自己的个人记录，就会产生成功感。自我定向则是强调横向的自己与他人相比，注重社会参照，以超过他人为目标的心理定向。自我定向对内部动机有损害作用。因此，即使自己的成绩与他人相同，但只要自己付出的努力少一些，也会产生成功感。目标定向理论提出（Duda，1993），任务定向的目标是更好的目标。在实际教学训练中，教师应尽量营造一种高任务定向的气氛，以便有利于运动员良好个性的培养和发展。

② 目标设置中需要注意的问题。

A. 对目标的接受和认同。

即便根据以上原则制定了极好的目标，也不等于这种目标设置过程有一定可以起到充分的作用。要使所设置的目标起到充分的作用，还必须完全接受和认同目标，即全身心地投入到实现目标的过程中去。投入的程度越高，实现目标的可能性也就越大，从目标设置中的获益也就越大。

B. 及时反馈，了解结果。

经常将现有成绩与既定的目标相比较，有利于目标的调整和动机的激发。这种比较告诉运动员两个方面的信息：一方面，目标设置的是否合适，是否有必要进行修改；另一方面，对个人努力的程度进行评价，看是否达到了实现目标的要求。

C. 目标的公开化。

一个人人皆知的目标，有利于社会监督，造成社会推动力，促使目标制定者努力，这是从外部对动机的激发。例如，我国著名乒乓球运动员容国团曾公开了自己要在第 25 届世界乒乓球锦标赛上获得男子单打冠军的目标，这个目标激励他为维护祖国的荣誉和个人的自尊心而奋勇拼搏。一般说来，凡是公开的目标，在可比环境中都不会是低目标，因为低目标会让人耻笑，伤害自己的自尊心。在竞争环境中，大多数人都有维护自己声誉的强烈需要，这种需要，构成了一种极强的外部动机，促使人加倍努力。

D. 目标的多极化。

在一些形势复杂、竞争十分激烈的领域中，为减轻心理压力，人们常常设立多级目标。所谓"多级"，一般也不超过如下三级：

最理想的目标：超水平发挥时应达到的目标。

最现实的目标：正常发挥时应达到的目标。

最低目标：无论出现什么意外情况，也应奋力达到的目标。

这样做避免了那种"不成功便成仁"式的单一目标所造成的心理负荷，更有利于现实目标的实现。但是，如果目标级数太多，目标本身也就失去了动机作用。

(5) 想象训练

想象训练也被称为"表象训练""心理练习""念动训练"，它是在暗示语的指导下，在头脑中反复想象某种运动动作或运动情境，从而提高运动技能和情绪控制能力的过程。想象训练有利于建立和巩固正确动作的动力定型，有助于加快动作的熟悉和加深动作记忆；测验前或比赛前对于成功动作做想象的体验将起到动员作用，使运动员充满必胜的信心，达到最佳竞技状态。如跳高时可以想象自己打破个人纪录的过杆动作，跳远时可以想象自己助跑和腾跃的成套动作等，长跑时可在跑程中想象盖房子、做算数题或想象自己是一列火车在向前奔跑等，这有助于消除肌肉酸痛和单调乏味的感觉。

实验研究发现，请赛跑运动员做赛跑的想象和请小提琴家做拉小提琴的想象时，同时记录他们腿上和手臂上的肌肉电流反应，可以看出与安静时不同，有想象活动时，肌肉电流明显增强。目前，心理学上已把这种现象归纳为心理神经肌肉理论（mental-neuro-muscle-theory）。人们可以主动地去想象做某一运动动作，从而引起有关的运动中枢兴奋，兴奋传出神经传至有关肌肉，往往会引起难以觉察的运动动作。这种神经—肌肉运动模式与实际动作时的神经—肌肉运动模式相似，这就使得通过想象练习来改善运动技能成为可能。

可以根据不同的运动专项，不同的练习目的和不同的运动员的不同情况设计相应的想象练习的内容和程序，如田径课时让运动员在暗示语的指导下，头脑中反复想象跑步时蹬地、摆腿、送胯等动作的情境，建立以上动作的正确的动力定型；或让运动员想象自己正在一块烧得很热的钢板上跑过，钢板被烧得通红，频率慢了，两脚将被烫坏。想象的动作情境尽量与比赛一致，如想象面对红色的跑道就像是面对被烧红的钢板，对手表现出紧张、害怕，自己却充满信心，奋力冲了过去。

想象训练不仅可以用来进行运动动作的心理练习，也可以用来改善情绪，进行情绪的放松与激发。

(6) 模拟训练

模拟训练就是针对比赛中可能出现的情况或问题进行模拟实战的情况进行反复练习的过程，目的是适应各种比赛条件，保证技术战术在变化的情境中也能得到正常发挥。

模拟训练的核心思想是适应（adaptation）。所谓适应，是指个体为自身的生存和发展，在生理或心理结构上产生改变以便与环境保持平衡的过程。例如，不断进行裁判错判的模拟训练，以降低对错判的过激反应，就是寻求与真实比赛情景保持平衡的过程。

模拟训练的主要作用在于提高运动员的临场适应性，在头脑中建立起合理的动力定型结构，以便使技战术在千变万化的特殊情况下得到正常发挥。如果不进行模拟训练，运动员对于意外的不适应的超强度刺激没有做好相应的准备，比赛中就可能出现暂时联系的中断和自动化的消失，使技战术不能充分发挥，甚至造成比赛中的失常现象。

模拟训练可分为实景模拟和语言图像模拟两类。实景模拟是设置竞赛的情景和条件对运动员进行训练，包括模拟对手可能采用的技术和战术，场上可能出现的意外情况，比赛地点的气候、场地，观众的倾向性等等。语言图像的模拟是利用语言或图像描述实际比赛的情境。例如，描述比赛的情境、对手的行为和自己的行动，通过电影、录像及播放录音等来显示对手的特征和比赛的气氛等，以便使运动员形成对比赛情境的先期适应，对稳定运动员的情绪状态和发挥战术水平是有好处的。

模拟训练所包含的内容很广，应根据比赛的实际情况和运动员本人的特点来测定，下面介绍几种常见的模拟训练方法：

① 对手特点的模拟。

模拟国内外比赛对手的技术、战术特点以及他们的比赛风格、气质表现等是许多对抗运动项目训练的常用方法。可以让队友扮演对手的各种活动，以更深入细致地了解对手的特征，演习各种有效地对策。

② 不同起点比赛的模拟。

不同起点的比赛包括领先、落后和关键球相持三种情况。例如羽毛球比赛在模拟训练中可以从 14∶3 开始，强手从 3 分开始，弱手从 14 分开始，以锻炼在落后情况下转败为胜的顽强意志。再如，乒乓球比赛的模拟训练可从 7∶8 开始，以锻炼在关键时沉着冷静、处理果断的品质。

③ 裁判误判的模拟。

裁判的错误判断是比赛场上最难应付的问题之一。这种模拟可以帮助运动员将注意力集中在可以控制的事情上，即下一步的技术、战术上，而忽略那些自己难以控制的事情，如裁判行为。

④ 观众影响的模拟。

观众的态度和立场往往通过震耳欲聋的呼喊声和激烈的表情动作表现出来。支持的或不支持的、喝倒彩的或加油呐喊的、沉默无语的、观众冷清稀疏的等都会给运动员心理带来影响。通过不同观众状况的模拟，可以提高运动员的适应能力。

⑤ 对环境条件适应性的模拟。

包括器材、场地、天气、时差、比赛时间等的模拟。可以选择不同环境条件下进行训练或比赛，如下雨天的训练与比赛、早上或中午的比赛、潮湿闷热气候条件下的比赛、不同场地器材的比赛等，这些均有助于锻炼运动员对不同环境的适应能力。特别是对即将进行比赛的环境情况进行模拟，对于更好地适应将要进行的比赛会有很大的帮助。

其他心理训练方法还有如应激接种训练、自信训练、催眠训练以及拓展训练等。

6. 运动员心理训练的实施

(1) 运动员心理问题的诊断与评估

运动员心理训练必须要有针对性地进行，因此，首先要对这个队、这个队员的心理问题进行诊断与评估，确定要训练、改变的目标。运动员的心理问题通常可以由教练或运动员自己提出来，并且还要由心理专业人员通过交谈、观察、心理测量等方法来发现运动员存在的心理问题。包括问题存在的方面、存在的时间、影响因素等。有些问题属于表层问题，如比赛时紧张、训练消极等，这些只是一个表征，其背后往往有更深层次的问题，比如认知态度问题、自信心问题等。只有找到了真正的问题，才能制订出有针对的训练方案，进而也才能达到心理训练的目的。

(2) 运动员心理训练方案的制订

确定运动员的心理特点和心理问题后，接下来需要考虑的是制订运动员心理训练的方案。根据受训者的个性特点、存在的问题、运动专项、条件等综合考虑心理训练的方案和计划。心理训练的方案包括确定心理训练的目标、心理训练的具体内容、时间周期及时间安排、单独进行还是与专项训练相结合，以及如何进行效果评估等等。在制订心理训练方案和计划时，要充分考虑受训者的个人特点及本人的可接受性，与受训者充分讨论心理训练的价值和意义，以取得其配合与主动参与，还要和教练协商计划的实施时间安排等问题，避免与专项训练相冲突，以确定方案实施的可行性问题。

(3) 心理训练的实施

心理训练的方案和计划制订好后，接着就是心理训练的实施问题。心理训练的实施一般根据心理训练的具体内容和方案，可以是单独进行，也可以是与专项训练相结合的方式进行。针对心理素质的心理训练常常需要一个较长时期的训练才能起作用，可以单独进行，也可以与专项训练相结合。而针对心理状态的心理训练所需时间常常不会太长，一般采用单独进行的方式。在实施中严格按照要求执行，避免敷衍走过场。每次心理训练都要写训练记录，特别是要记录实施中出现的问题、队员的反应和接受情况、训练持续时间、坚持等，发现问题及时处理或修正最初方案，同时也便于在分析训练效果时做参考。

(4) 心理训练效果评估

心理训练效果的评估包括心理训练中期对实施进行情况与效果进行评估，也包括实施结束后对整个心理训练效果的评估。评估需要根据起始情况、最初的问题和目前训练以后的情况进行比较，原来的问题改善了吗？需要提高的素质提高了吗？还存在什么问题？心理训练效果评估需要充分听取运动员的意见，最好能与运动员一起讨论，共同进行，同时还要充分听取教练的意见，如能有客观数据，能让运动员看到训练的进步，那么运动员参与训练的积极性就会增加。

第二节　学习要求和知识拓展

一、学习要求

(一) 学习要求

掌握心理训练的概念、运动员心理训练的意义与作用、心理训练的原则、心理训练的常用方法；熟悉心理训练的分类、心理训练的实施过程；了解心理训练方案的制订和运动员心理问题的诊断与心理训练效果的评估方法。

(二) 重点和难点

① 重点：心理训练的概念、运动员心理训练的意义和作用、心理训练的常用方法。

② 难点：心理训练的分类、心理训练方案的制订。

二、知识拓展

应激接种训练

应激接种训练又称为压力应对训练，或称应对陈述技术，这是由心理学家 Donald Meichenbaum 和他的同事创造的、用来教会人们减轻应激和实现个人目标的技能（Donald Meichenbaum & Cameron，1983）。主要学会通过自己内心的积极的应对陈述来战胜在应激情境下出现的恐惧和焦虑。在训练中，首先要学会辨别和发现那些消极的自我陈述，即那些自责自贬的、使自己焦虑加重的想法。消极的想法容易直接诱发机体的应激唤醒水平，从而使人感到焦虑。为了抵抗消极想法，受训者需要学会用那些事先写在纸上的积极应对陈述来代替消极陈述。这种训练的最后一步是让每一位受训者写出适合于自己的一系列应对陈述。这种压力应对训练特别适合于那些在比赛中容易出现紧张的运动员的赛前心理训练。

在运动情境中，应激接种训练分为四个阶段：① 与运动员讨论在竞赛情境中体验到的独特感觉。心理训练师解释这种感觉可能对运动成绩造成的影响。② 对运动员进行强化教育，使运动员了解基本的自我调节技能。③ 确定具体的应对行为，教会运动员把消极思维转化为积极思维。④ 通过想象的方法，设置一个阶梯式应激情境进行逐步学会如何应用新学习的应对策略。

第三节 综合练习题

一、名词解释

① 心理训练。
② 目标设置训练。
③ 任务定向。
④ 自我定向。
⑤ 注意训练。
⑥ 意志训练。
⑦ 想象训练。
⑧ 放松训练。
⑨ 生物反馈训练。
⑩ 模拟训练。
⑪ 应激接种训练。

二、填空题

① _____ 是指放松身体及过度紧张情绪的一套心理训练方法。
② 通过想象和语言命令按照一定顺序，让全身肌肉一块一块逐步的 _____，直到最后全身放松的方法。称为 _____。
③ 任务定向是 _____ 的自己与自己相比，注重个人努力，以掌握技能，完成任务为目标的心里定向。

④ 专门化感知觉的训练方法有 _____、_____、_____ 和 _____。

⑤ _____ 是体育运动领域最为常用的一种心理技能训练方法，被视为心理技能训练的核心环节。

三、单项选择题

① 什么训练已成为现代运动训练的重要组成部分 _____。

A. 身体训练　　　B. 技术锻炼　　　C. 战术训练　　　D. 心理训练

② 下列不属于心理训练的原则是 _____。

A. 自觉主动原则　　　　　　　B. 重负坚持原则

C. 因材施教原则　　　　　　　D. 有针对性原则

③ 注意力集中的练习方法不包括下列哪一项 _____。

A. 视物法　　　　B. 自述法　　　　C. 看表法　　　　D. 辨音法

④ 下列关于比赛阶段的心理技能训练法不准确的一项是 _____。

A. 集中注意力训练　　　　　　B. 他人暗示训练法

C. 呼吸调整训练法　　　　　　D. 握手放松法

⑤ 下列关于模拟训练方法描述不准确的一项是 _____。

A. 气候条件的模拟　　　　　　B. 观众影响的模拟

C. 裁判影响的模拟　　　　　　D. 场地大小的模拟

四、简答题

① 心理训练的原则？

② 常用的心理训练方法有哪些？

③ 心理训练的作用有哪些？

④ 简述心理训练实施的程序步骤？

⑤ 常用的心理放松方法有哪些？

⑥ 常用的注意集中训练方法有哪些？

⑦ 模拟训练的作用和意义是什么？

五、论述题

① 试述心理技能训练的意义。

② 如何实施心理训练?

③ 如何进行放松训练?

④ 如何进行目标设置训练?

⑤ 如何进行想象训练?

⑥ 如何进行注意集中训练?

⑦ 如何进行模拟训练?

第四节　参考答案

一、名词解释

① 心理训练:心理训练是指采用一定的方法和手段,有目的有计划地对受训者的心理施加影响的过程。通过专门的训练,使受训者的思想观念、心理状态、心理能力和行为习惯发生期望的积极改变,以达到更好地适应生活实践需要的目的。对于运动员的心理训练,也可以定义为训练运动员为完成专项运动所需要的心理状态和心理素质得到稳定地加强和提高,并学会调节心理状态的各种方法,以便在训练和比赛中促进身体和技战术水平得到正常或超长的发挥。

② 目标设置训练:目标设置是指对动机活动将要达到的最后结果进行的规划。目标设置直接关系到动机的方向和强度。正确、有效的目标可以集中人的能量,激发、引导和组织人的活动,这是行为的重要推动和指导力量。目标设置训练就是根据有效推动行为的原则设置合理目标的过程。

③ 任务定向:任务定向是强调纵向的自己与自己相比,注重个人努力,以掌握技能完成任务为目标的心理定向。它有助于内部动机的维持和提高。

④ 自我定向:自我定向是强调横向的自己与他人相比,注重社会参照,以超过他人为目标的心理定向。它对内部动机有损害作用。

⑤ 注意训练:注意训练是指通过各种方法,在身体、环境、心理等方面,提高受训者注意的稳定性、抗干扰性或注意集中程度的过程。

⑥意志训练：意志训练是指以增强意志品质为目的，针对意志力品质进行心理训练的过程。它包括意志目标行为的自觉性训练、行为果断性训练、增强自制力的训练和增强抗困难、抗挫折的坚韧性训练。

⑦想象训练：亦称"表象训练""心理练习"或"念动训练"，是指在暗示语的指导作用下，在头脑中反复想象某种运动动作或运动情境，从而提高运动技能和情绪控制能力的一种心理训练方法。

⑧放松训练：放松训练是指一系列放松身心的心理训练方法。即通过暗示想象、放松肌肉、调节呼吸等方法来使身体及过度紧张情绪达到放松的过程。

⑨生物反馈训练：又称"内脏学习""自主神经学习"，是借助于现代仪器把机体的生理信息传递给运动员，使其经过反复练习，学会调节自己的生理机能的一种心理训练方法。

⑩模拟训练：模拟训练是指以适应各种比赛条件为目的，保证技术战术在变化的情境中得到正常发挥的针对比赛中可能出现的情况或问题进行模拟实战的反复练习的过程。

⑪应激接种训练：又称压力应对训练或应对陈述技术，是指教会人们学会通过自己内心的积极应对陈述来减轻应激的压力和实现个人目标的心理训练方法。

二、填空题

① 放松训练
② 先紧张后放松　　　渐进式放松法
③ 强调纵向
④ 分解法　　　限制法　　　预报训练法　　　自述法
⑤ 表象训练

三、单项选择题

① D　　② C　　③ B　　④ B　　⑤ D

四、简答题

① 心理训练的原则?

自觉主动原则、重复坚持原则、有针对性原则。

② 常用的心理训练方法有哪些?

A. 注意集中训练。

B. 放松训练。

C. 意志训练。

D. 目标设置训练。

E. 想象训练。

F. 模拟训练。

③ 心理训练的作用有哪些?

A. 有利于培养运动员的积极态度和认知观念。

B. 有利于形成最佳的心理状态。

C. 有利于提高自我心理调控能力。

D. 有利于形成适合专项运动的最佳人格。

E. 有助于身心疲劳的恢复。

F. 有利于运动技能的掌握。

④ 简述心理训练实施的程序步骤?

A. 运动员心理问题的诊断与评估。

B. 运动员心理训练方案的制订。

C. 心理训练的实施。

D. 心理训练效果评估。

⑤ 常用的心理放松方法有哪些?

A. 自生放松练习法。

B. 渐进式放松法。

C. 想象放松法。

D. 呼吸调节法。

E. 生物反馈法。

⑥ 常用的注意集中训练方法有哪些?

A. 视觉守点法。

B. 视觉追踪法。

C. 意守法。

D. 低声发令法。

E. 思维阻断法。

⑦ 模拟训练的作用和意义是什么？

模拟训练的主要作用在于提高运动员的临场适应性，在头脑中建立起合理的动力定型结构，以便使技战术在千变万化的特殊情况下得到正常发挥。如果不进行模拟训练，运动员对于意外的不适应的超强度刺激没有做好相应的准备，比赛中就可能出现暂时联系的中断和自动化的消失，使技战术不能充分发挥，甚至造成比赛中的失常现象。

五、论述题

① 试述心理技能训练的意义。

A. 有利于提高情绪调控能力。

紧张、恐惧等消极情绪可导致生理和心理功能的降低，并使人降低自我控制的能力，直接影响技术水平的发挥。在体育教学和训练中，一些青少年学生和运动员平时训练成绩很好，可是一到考试比赛时，就发挥不好，甚至发生"怯场"现象。这是一种非常典型的困扰青少年学生和运动员的心理问题，此外，还有一些比较突出的情绪问题，如在体育考试、表演时的过度紧张，在学习某种动作机能时恐惧、害怕心理，以及在体育活动中有消极的思维和情绪等，这些都可能导致学生和运动员形成自卑、恐惧、忧虑不良反应，不利于他们的良性发展。通过在教学和训练过程中对青少年学生和运动员进行有针对性的心理机能训练，如反馈训练，它可以使学生知道自己在出现情绪反应时的生理变化信息，从而有意识地控制它们，这对消除过度紧张、恐惧和焦虑等不良情绪大有裨益。通过逐步提高学生们的情绪调控能力，可以有效地解决由于情绪问题而导致的学习障碍。研究也表明，在对新学习的动作机能进行考试时，青少年学生和运动员一般都会出现状态焦虑，如果接受了心理机能训练，他们则能以良好的情绪状态迎接考试。

B. 有利于增强意志品质。

体育活动与青少年学生和运动员的意志品质有着密切的联系。在体育教学、训练和竞争中，常常会出现预期结果和实际结果矛盾、人际关系不良、教师或教练员的苛刻要求、各种社会因素的影响、比赛的不成功以及身体受伤等情况，这些都有可能导致学生和运动员形成自卑、恐惧、忧虑等不良意志品质。意志品质薄弱常是一些青少年学生和运动员在体育活动中表现不好的原因之一，而坚强的意志品质有利于他们克服学习和训练中的种种困难，如恶劣的天气、身体上的能力的限制等主观客观的不利条件，并最大限度地表现出自身的运动能力。在体育教学和训练过程中，对青少年学生和运动员进行有针对性的心理技能训练，可以增强他们的意志品质，积极应对各种困难。因此，在体育运动中加强对青少年学生和运动员的心理技能训练，使他们在积极参加体育运动中改善体能状况的同时，培养出坚强的意志品质。

C. 有利于掌握和改进动作技能。

青少年学生和运动员在体院教学和训练过程中，需要学习和掌握各种不同的运动技能。动作技能的学习，不仅依赖于肌肉活动的训练，而且也需要对心理技能进行训练。传统的动作技能学习只是通过反复多次的身体练习来实现的，然而，动作技能的学习不仅需要较长时间的身体练习，也需要适宜的心理练习。在动作技能的信息加工过程中，心理作用尤为重要。心理技能训练可以有效提高大脑对肢体的调节支配能力，如表象训练能在头脑中反复重现正确的动作过程，这就起到了积极强化动作的作用。因此，应把动作技能的学习过程理解为智力和体力活动结合的过程，把心理练习与身体练习结合起来，能更好地促进动作技能的形成和发展。心理练习基本上不受时间、地点和器材等方面的限制，身体几乎不会产生疲劳。在提高教学和训练过程中可以广泛采用。研究表明，在青少年学生学习动作技能的过程中面对动作技能进行心理练习比完全不进行心理练习的学习效果好。但是，只进行心理练习而从不进行身体练习，其效果又是最差的。

D. 消除身心疲劳，加速恢复过程。

一定负荷量的体育运动会引起学生和运动员身体和神经系统的疲劳，尤其是进行一些技术复杂、竞争激烈的运动项目之后，他们最容易出现神经疲劳。有不少优秀的青少年运动员在承受了连续大负荷训练或比赛后，产生训练倦怠、中断体育锻炼和受伤等不良的后果。过去对于这种身心疲劳一般是通过休息、睡眠和营养的手段来加以消除。现在。消除身心疲劳的手段呈现多样化的发展趋势，出现了诸如医学、生物学、教育学和心理学等手段。心理技能训练（如放松训练）可以加快消除疲劳及恢复体力和脑力的进程，尤其是消除学生神经系统的疲劳，效果更为显著，可以使不少长期神经疲劳而不能从事正常训练的学生运动员恢复正常。因此，在青少年学生和运动员从事体育活动之后，采用心理调节的方法，加快消除他们的疲劳，不仅有利于体育教学和训练，而且有助于他们身心的健康发展。

②如何实施心理训练?

A. 对运动员的心理问题进行诊断与评估。

运动员心理训练必须要有针对性地进行,首先要对这个队、这个队员的心理问题进行诊断与评估,确定要训练、改变的目标。运动员的心理问题通常可以由教练或运动员自己提出来,并且还要由心理专业人员通过交谈、观察、心理测量等方法来发现运动员存在的心理问题,包括问题存在的方面、存在的时间、影响因素等。有些问题属于表层问题,如比赛时紧张、训练消极等,这些只是一个表征,其背后往往有更深层次的问题,比如认知态度问题、自信心问题等。只有找到了真正的问题,才能制订出有针对的训练方案,进而也才能达到心理训练的目的。

B. 制订运动员心理训练方案。

确定运动员的心理特点和心理问题后,接下来需要考虑的是制订运动员心理训练的方案。根据受训者的个性特点、存在的问题、运动专项、条件等综合考虑心理训练的方案和计划。心理训练的方案包括确定心理训练的目标、心理训练的具体内容、时间周期及时间安排等等。在制订心理训练方案和计划时,要充分考虑受训者的个人特点及本人的可接受性,与受训者充分讨论心理训练的价值和意义,以取得其配合与主动参与,还要和教练协商计划的实施时间安排等问题,避免与专项训练相冲突,以确定方案实施的可行性问题。

C. 心理训练的实施。

心理训练的方案和计划制订好后,接着就是心理训练的实施问题。心理训练的实施一般根据心理训练的具体内容和方案,可以是单独进行,也可以是与专项训练相结合的方式进行。针对心理素质的心理训练常常需要一个较长时期的训练才能起作用,可以单独进行,也可以与专项训练相结合。而针对心理状态的心理训练所需时间常常不会太长,一般采用单独进行的方式。在实施中严格按照要求执行,避免敷衍走过场。每次心理训练都要写训练记录,特别是要记录实施中出现的问题、队员的反应和接受情况、训练持续时间、坚持等,发现问题及时处理或修正最初方案,同时也便于在分析训练效果时做参考。

D. 对心理训练效果进行评估。

心理训练效果的评估包括心理训练中期对实施进行情况与效果进行评估,也包括实施结束后对整个心理训练效果的评估。评估需要根据起始情况、最初的问题和目前训练以后的情况进行比较,与此同时,心理训练效果评估还需要充分听取运动员的意见，最好能与运动员一起讨论，共同进行，同时还要充分听取教练员的意见，如能有客观数据，能让运动员看到训练的进步，那么运动员参与训练的积极性就会增加。

③ 如何进行放松训练？

放松训练是指用一定的暗示语，帮助集中注意，调节呼吸，使肌肉得到充分放松，从而调节中枢神经系统兴奋性，放松身体及过度紧张情绪的过程。

A. 自生放松练习法。

自生放松练习是一种在他人指导语或自我指导语的暗示下，通过想象、集中注意、调整呼吸等方法来达到身心放松的心理训练方法。

具体方法：首先坐在舒适的沙发或躺在床上，以自己感到最舒适、最放松的姿势，调整呼吸，轻轻地闭上双眼，慢慢地按指导语进行想象。常用的指导语如下：

a. 平静而缓慢地呼吸，我的呼吸很慢、很深。

b. 我感到很安静。

c. 我感到很放松。

d. 我的双腿感到沉重和放松。

……

最后暗示：放松和沉静现在结束。深吸一口气，慢慢地睁开双眼，我感到生命和力量流通了我的双腿、臀部、腹部、胸部、双臂、双手、颈部、头部。这种力量使我感到轻松和充满活力。我恢复了活动。

自生放松是一种通过暗示语使身体各部位直接放松，最后达到全身放松的方法。自生放松强调的是呼吸调节、温暖感和沉重感。

B. 渐进式放松法。

也称逐步放松法。这是一种通过想象和语言命令按照一定顺序，让全身肌肉一块一块逐步地先紧张后放松，直到最后全身放松的方法。

准备姿势可参照自生放松练习程序。然后根据训练者的指导语进行：

a. 请注意倾听以下指示语，它们会有助于你提高放松能力。每次我停顿时，继续做你刚才正在做的事。好，轻轻地闭上双眼并深呼吸三次……

b. 左手紧握拳，握紧，注意有什么感觉。…现在放松…

……再一次握紧你的左手，体会一下你感觉到的紧张情况。……再来一次，然后放松并想象紧张从手指上消失…

c. 右手紧紧握拳，全力紧握，注意手指，手和前臂的紧张状况。……好，现在放松……

……再一次握紧右拳。……再来一次……请放松……
……

d. 放松和沉静现在结束。深吸一口气，慢慢地睁开双眼，我感到生命和力量流通了我的双腿、臀部、腹部、胸部、双臂、双手、颈部、头部。这力量使我感到轻松和充满活力。我恢复了活动。

渐进放松是一种通过暗示语使身体各部位先紧张再放松，最后达到全身放松的方法，渐进放松强调的是肌肉不同程度的紧张和放松的准确体验。

C. 想象放松法。

这是一种通过想象的方法来进行放松。前期准备同自生放松练习。可以坐在躺椅或沙发上，也可躺在床上，适当放松后缓慢呼吸，闭上眼睛，进行情境想象：可以想象自己舒适地躺在温泉浴缸里；也可以想象自己躺在沙滩上，沐浴着阳光，听着波涛……也可以想象自己漫步在林间小道，呼吸着清新的空气……总之，凡是能够使自己感到放松的情境都可以想象，想象越逼真越好。

D. 呼吸调节法。

主要通过缓慢、深大的呼吸，加上注意和想象来放松自己情绪的方法。具体方法是：深长、缓慢地吸气，深长、缓慢地呼气，将注意集中在吸入和呼出的气体上，加上想象，每次呼出时，想象自己在把紧张呼出体外，随着呼气，身体随之放松。任何姿势下都可通过深呼吸来放松自己的情绪，躺下时效果更好，特别是对于失眠者，入睡前通过呼吸放松法，常常能很快放松，帮助入睡。

④ 如何进行目标设置训练？

目标设置训练：是根据有效推动行为的原则设置合理目标的过程。

A. 对目标的接受和认同。

根据目标设置训练的原则制订了好的目标，然后全身心地投入到实现目标的过程中去。投入的程度越高，实现目标的可能性也就越大，从目标设置中的获益也就越大。

B. 及时反馈，了解结果。

经常将现有成绩与既定的目标相比较，有利于目标的调整和动机的激发。这种比较告诉运动员两个方面的信息：一方面，目标设置的是否合适，是否有必要进行修改；另一方面，对个人努力的程度进行评价，看是否达到了实现目标的要求。

C. 目标的公开化。

一个人人皆知的目标，有利于社会监督，造成社会推动力，促使目标制订者努力，这是从外部对动机的激发。例如，我国著名乒乓球运动员容国团曾公开了自己要在第 25 届世界乒乓球锦标赛上获得男子单打冠军的目标，这个目标激励他为维护祖国的荣誉和个人的自尊心而奋勇拼搏。一般说来，凡是公开的目标，在可比环境中都不会是低目标，因为低目标会让人耻笑，伤害自己的自尊心。在竞争环境中，大多数人都有维护自己声誉的强烈需要，这种需要，构成了一种极强的外部动机，促使人加倍努力。

D. 目标的多极化。

在一些形势复杂、竞争十分激烈的领域中，为减轻心理压力，人们常常设立多级目标。所谓"多级"，一般也不超过如下三级：

a. 最理想的目标：超水平发挥时应达到的目标。

b. 最现实的目标：正常发挥时应达到的目标。

c. 最低目标：无论出现什么意外情况，也应奋力达到的目标。

这样做避免了那种"不成功便成仁"式的单一目标所造成的心理负荷，更有利于现实目标的实现。当然，目标级数不宜太多，否则将失去动机作用。

⑤ 如何进行想象训练？

想象训练：亦称"表象训练""心理练习"或"念动训练"，是指在暗示语的指导作用下，在头脑中反复想象某种运动动作或运动情境，从而提高运动技能和情绪控制能力的过程。

想象训练有利于建立和巩固正确动作的动力定型，有助于加快动作的熟悉和加深动作记忆；测验前或比赛前对于成功动作做想象的体验将起到动员作用，使运动员充满必胜的信心，达到最佳竞技状态。如跳高时可以想象自己打破个人纪录的过杆动作，跳远时可以想象自己助跑和腾跃的成套动作等，长跑时可在跑程中想象盖房子、做算数题或想象自己是一列火车在向前奔跑等，这有助于消除肌肉酸痛和单调乏味的感觉。想象训练不仅可以用来进行运动动作的心理练习，也可以用来改善情绪，进行情绪的放松与激发。可以根据不同的运动专项，不同的练习目的和不同的运动员的不同情况设计相应的想象练习的内容和程序，如田径课时让运动员在暗示语的指导下，头脑中反复想象跑步时蹬地、摆腿、送髋等动作的情境，建立以上动作的正确的动力定型；或让运动员想象自己正在一块烧得很热的钢板上跑过，钢板被烧的通红，频率慢了，两脚将被烫坏。想象的动作情境尽量与比赛一致，如想象面对红色的跑道就像是面对被烧红的钢板，对手表现出紧张、害怕，自己却充满信心，奋力冲了过去。

⑥ 如何进行注意集中训练?

注意集中训练,就是使运动员学会全神贯注于一个确定目标,不受任何外来刺激的影响和内心杂念所分散,始终把心理活动指向和集中于当前的活动任务上。

运动员学会集中自己的注意力,对于完成训练和比赛任务是非常重要的。运动员只有提高集中注意的能力,才能促进认识的活跃状态,提高情绪的兴奋水平,加强意志的努力程度,达到提高训练和竞赛效果的目的。注意集中的能力是因人而异的,有些人抗干扰的能力很强,对外界事物的影响"视而不见""听而不闻";有些人则常因外界事物的影响而分心,他们抗干扰的能力差。运动员应根据个人的特点和项目的特点,设计一套适合自己集中注意的方法。下例一些方法,可供运动员选择使用。

A. 视觉守点法:即选择一个固定的视觉目标,对其仔细观察几秒钟后,闭上眼睛努力回忆被观察对象的形象,如果回忆起来的形象某些地方还不太清楚,就睁开眼睛看看,然后再闭眼回忆,如此重复数次,直到十分清晰地回忆出被观察对象的形象为止。

B. 视觉追踪法:即选择一个活动的物体作为视觉目标进行观察,如注视手表秒针的转动,先看 1 分钟,假如 1 分钟内注意没有离开过秒针,再延长观察时间到 2 分钟、3 分钟,等到确定了注意力不离开秒针最长时间后,再按此时间重复 3~4 次,每次间隔 10~15 秒,如果能持续注视 5 分钟而不转移注意力,就是较好的成绩。每天进行几次这种练习,经过一段时间后,便会有良好效果。

C. 意守法:即把注意力集中在所要完成的动作或活动上去。不为外来刺激和内在因素所干扰。如在比赛气氛热烈、紧张、嘈杂的情况下,集中注意于自己的动作要领,排除思想杂念的干扰。把注意力集中到运动器官的活动上去。尤其要善于从焦虑的思考状态中把注意力转移到自身动作的感知上或集中于当前的活动上。也可以把自己的注意力集中于那些即将到来的活动任务或比赛策略上等。

D. 低声发令法:即教练员以极其微弱的、勉强能让运动员听清的声音发出命令,让运动员执行,迫使运动员高度集中注意力。这种方法持续运用的时间不易太长,一般不超过 3 分钟。

E. 思维阻断法:实践中导致运动员分心的常常是对结果的过分关注,特别是在领先或落后时,常常使运动员把注意力从原来的关注比赛过程转向关注结果,关注结果是把注意指向未来而不是现在。另外一个常见情况就是对已经发生并已经结束的动作的关注,如老是停留在前面的失误上面,思考自己错在哪里、为什么失误等。然而,比赛是连续进行的,当比赛还在继续前行时,你停下来想问题，必然导致分心、导致新的失误。采用思维阻断的方法，是用积极、智慧的思维告诉、命令自己关注眼前的比赛过程，过去已经成为过去，未来还在未来，只有把握现在才能把握未来，把握了现在也就把握了过去。并用语言提醒自己，让自己相信自己，自己训练有素，一定有办法战胜对手，自己只需要关注眼前的路该怎么一步一步地走就行了。

⑦ 如何进行模拟训练？

模拟训练：是指以适应各种比赛条件为目的，保证技术战术在变化的情境中得到正常发挥的针对比赛中可能出现的情况或问题进行模拟实战的反复练习的过程。

A. 对手特点的模拟。

模拟国内外比赛对手的技术、战术特点以及他们的比赛风格、气质表现等是许多对抗运动项目训练的常用方法。可以让队友扮演对手的各种活动，以更深入细致地了解对手的特征，演习各种有效的对策。

B. 不同起点比赛的模拟。

不同起点的比赛包括领先、落后和关键球相持三种情况。例如羽毛球比赛在模拟训练中可以从 14∶3 开始，强手从 3 分开始，弱手从 14 分开始，以锻炼在落后情况下转败为胜的顽强意志。再如，乒乓球比赛的模拟训练可从 7∶8 开始，以锻炼在关键时沉着冷静、处理果断的品质。

C. 裁判误判的模拟。

裁判的错误判断是比赛场上最难应付的问题之一。这种模拟可以帮助运动员将注意力集中在可以控制的事情上，即下一步的技术、战术上，而忽略那些自己难以控制的事情，如裁判行为。

D. 观众影响的模拟。

观众的态度和立场往往通过震耳欲聋的呼喊声和激烈的表情动作表现出来。支持的或不支持的、喝倒彩的或加油呐喊的、沉默无语的、观众冷清稀疏的等都会给运动员心理带来影响。通过不同观众状况的模拟，可以提高运动员的适应能力。

E. 对环境条件适应性的模拟。

包括器材、场地、天气、时差、比赛时间等的模拟。可以选择不同环境条件下进行训练或比赛，如下雨天的训练与比赛、早上或中午的比赛、潮湿闷热气候条件下的比赛、不同场地器材的比赛等，这些均有助于锻炼运动员对不同环境的适应能力。特别是对即将进行比赛的环境情况进行模拟，对于更好地适应将要进行的比赛会有很大的帮助。

第十一章　运动竞赛心理

　　比赛对运动员来说是非常重要而又关键的事情，它不仅仅是几年苦练的检阅，而且常常关系着运动员的前途和命运，因此，比赛给运动员带来的心理压力是可想而知的。另一方面，比赛又受心理因素影响很大，特别是高水平的比赛，心理因素常常是决定成败的关键。了解比赛的心理学知识，让心理学更好地为比赛服务，是运动员、教练员以及运动心理学工作者十分关心的问题。

第一节　知识要点

一、知识点

　　运动竞赛的一般特点；影响运动员发挥的心理因素；运动员赛前的心理状态及其表现；运动员赛前的心理状态的评估与诊断；赛前的心理准备；赛中心理调节；赛后的心理恢复。

二、主要内容

1. 运动竞赛的一般特点

(1) 高度的紧张性

　　在竞赛中，运动员的身心处于高度紧张状态中，高度紧张贯穿在竞赛的始终，运动成绩也是在激烈紧张斗争中决出来的。运动员在竞赛中所有的心理过程都进行的异常迅速、激烈、活跃。

　　大多数运动员临场时都会感到有些紧张。据国外资料证明，参加奥运会的高级运动员约有50%临赛前都出现不同程度的紧张。世界著名小提琴家哈伊维兹，在等待出场的时间里，总是紧张地感到胃痛。有些表演家上场前紧张得浑身哆索，呼吸困难。可见，赛前感到紧张是一种正常的心理现象，而且比赛的规模越大、级别越高越易感到紧张。

运动员赛前出现一定程度的紧张是符合身心活动规律的，因为适度的紧张可以调动机体的应激，使储备能量释放、注意集中、机体进入战斗准备状态。但过度紧张又会使运动员能量过度消耗，出现动作拘束、僵硬、不协调等。所以，过度紧张常常是影响运动员正常发挥的大敌。

不过，无论何种程度的紧张又都是可以改变的。包括改变对比赛的认知态度，加强平时适应性训练，使其适应在紧张条件下发挥正常的心理机能，加强自我心理调节能力，通过一些特殊的心理调节方法，是完全可以把运动员情绪调整到一个有利于比赛的最佳状态。

(2) 强烈的竞争性

竞争，是体育运动本身固有的属性，运动竞赛结果的胜负是通过竞争决出来的。百米赛跑比的是速度，举重角逐比的是力量，体操比的是难、新、稳、健、美等。所以，竞争是运动竞赛的基本形态，运动员的成败、高低都是在竞争中接受严峻考验的。

一般认为，竞争是指两个以上对手为了夺取比对方优异的成绩而拼搏的过程。运动竞赛的竞争，根据其性质的不同可分为个人竞争、集体竞争、综合竞争。根据其表现形式不同又可分为直接竞争和间接竞争两种，在个人竞争中又有内在竞争和外在竞争，个人竞争的内在竞争，既是自我对比的竞争。

竞争常常导致不同的结果，有的运动员在竞争中能够发挥自己的潜力，提高自己的运动成绩，但有的运动员则在竞争中成绩下降。有的人在平时训练时能发挥出自己的运动水平，在比赛时却不能正常发挥，这种人被称为是"训练场上的冠军"。这些情况的产生是多种因素造成的，其中心理因素的作用是不可忽视的，特别是这和运动员个人的性格有密切关系。一般认为，自卑、胆怯、情绪不稳定的内向型运动员，在公众面前，在竞争状态下往往运动技能不能很好地发挥出来。

(3) 潜能开发性

现代运动技术已经发展到一个很高的水平，体育竞争内容空前广阔，难度日益提高，奖杯经常易手，纪录不断刷新，所以竞技场上不存在"终身制"，新陈代谢规律在竞争中体现得最明显。因此，要求运动员心理、技战术、身体机能要不断开发，不断发掘自己的潜在能力，不断提高自己的竞技运动水平。

心理学家把人的潜在能力大致分为躯体能力和心理能力两大类，体育运动中运动员的能力，看起来是一种躯体能力，实际既有躯体因素，又有心理因素，因为运动技能的形成和提高，没有运动员的感知觉、意志、思维、注意等心理因素的参与是不可能的。

竞赛场上事实表明：运动员为了夺取好成绩，必须经常向自己的纪录、成绩提出挑战，更不断地开发自己的潜能，谁的潜能开发越充分，谁才有可能夺取胜利。对于身体能力的比赛项目，对于敢于竞争、敢于拼搏的运动员，越是紧张激烈的竞争环境越能激发其潜能。

(4) 环境的适应性

适应是个体与环境之间保持的协调关系，运动竞赛是属于特殊环境，它不同于平时的训练场。场地不同、对手不同、裁判不同、观众不同、竞争氛围不同，运动员要想在这个特定环境中保持正常的发挥，就必须要具有高度的适应能力。所以，提高运动员的适应能力，是获得优异运动成绩的重要条件。

运动员在竞赛场上产生紧张、惊慌，往往是由于他们对比赛场地、设备、器材、观众、风向、服装以及其他新异刺激等不适应而造成的。不适应会使运动员情绪紧张，注意分散，动作紊乱，最终招致失败。相反，对比赛条件的适应，他们就会情绪稳定、轻松、有信心、注意集中在当前的比赛上。

总之，运动竞赛要求运动员具有很高的适应能力，适应激烈紧张的比赛，适应不断变化的各种条件，适应主体的变化，在瞬息万变中使自己的心理与环境保持高度平衡，这样他们的潜在能力才能充分有效地发挥出来，才有可能取得比赛的胜利。

2. 影响运动员竞技力发挥的心理因素

运动竞赛成绩取决于体能状态、技战术水平、心理状态三者的综合。其中任何一个因素出问题，要想取得比赛的胜利都是困难的。体能不足，常常使技术动作做不到位，同时也会影响情绪和自信心；技战术水平差，体能再好也会累死或发挥不出来；心理状态不好，不仅会影响到体能状态，也会影响到技战术水平的发挥。如果身体、技战术水平都没有问题的话，心理因素常常是决定比赛是否胜利的关键。分析起来，影响运动员竞技力发挥的心理因素常常包括以下几个方面：

(1) 动机水平

动机是推动一个人进行某种活动的心理动因或内部动力。动机引起并维持人的活动，将该活动导向一定目标，以满足个体的念头、愿望或理想等。动机的作用主要有三个：一是始发作用：动机可引起或发动一个人的活动；二是指向或选择作用：动机可指引活动向某一目标进行或选择活动的方向；三是维持或强化作用：动机是维持、增加或制止、减弱某一活动的力量。

运动员要想取得理想成绩，必须树立动机的适宜水平，美国心理学家赫布曾就动机水平和操作效率的关系进行过许多研究，他认为非常低的动机水平，操作效率较低，中等水平时效率最高，高水平动机水平反而导致效率下降。

运动员充分发挥竞技力和获得最佳成绩，是在动机水平不高不低即适宜水平（中等程度）时取得的这种看法被称为倒 U 形假说（或称倒 U 理论），该假说表示了伴随动机而产生的兴奋水平高低与运动成绩和竞技力发挥的关系。

人们通常认为，动机水平提高会促进运动学习的完成。但是，如果动机水平超出一定水平，动作的成功率反而会下降，换句话说，最能促进运动员竞技力发挥和完成动作的是中等动机水平。因为过高的动机水平和兴奋水平，会使运动员情绪混乱、注意分散、难以控制动作、运动成绩会显著下降。

不同运动项目，运动员动机的最适宜水平是不一样的。一般认为，技术较简单的项目，其动机最适宜水平相对就高，技术越复杂，其动机的适宜水平就越低。以力量和速度为主的运动项目，应有较高程度的动机水平，以复杂协调动作为主的项目，较低动机水平则会充分发挥运动员的竞技能力，取得较好的运动员成绩。如举重、游泳、短跑等项目需要较高的动机水平，而射击射箭可将动机控制在较低水平。所以，运动员充分发挥竞技能力和取得最佳成绩，必须恰当地调整好自己的动机水平，才能出现最好的竞技状态。

(2) 情绪状态

情绪可以影响和调节认知过程。情绪情感体验可以构成恒常心理背景或心理状态，对信息的加工起组织和协调作用。在心情良好、情绪适宜的状态下进行运动训练或参加运动竞赛时，思维敏捷，战术思路开阔，解决问题迅速，而心境低沉、郁闷或情绪淡漠的状态时，则思路阻塞、操作迟缓、无创造性可言。在运动竞赛条件下，经常会看到运动员由于产生恐惧、紧张、焦虑情绪而不能有效地发挥竞技力。

运动员在比赛过程中出现恐惧、紧张、焦虑常常是由于对失败的预感或怕失败的一种表现，这和一个人对成败的社会后果的理解有密切联系。另外也与观众产生的特殊气氛、比赛的性质、胜败的意义、竞赛对手的能力有关。

(3) 注意状态

注意是心理活动对一定事物的指向和集中。每一瞬间都有大量事物在影响着我们，指向性就是从众多的事物中选择出人要反映的对象，集中是指人在选择对象的同时，对别的事物的影响加以抑制不予理会，以保证对选择的对象有鲜明清晰的反映。例如：射击运动员举枪瞄准目标，全身贯注于靶心，这是注意高度集中的状态，整个心理活动都集中于射击的目标。

注意是一种积极的心理活动。第一，注意使心理活动具有选择意义，这就保证了心理活动的指向性。它就像一个过滤器，把那些不重要的信息过滤掉，使心理活动只对重要的信息进行关注。从这点去分析，注意是心理活动有效进行的保证因素。第二，注意使心理活动具有维持功能（即一定客体内容在意识中的保持），这种保持一直要到完成行为动作，完成认识活动，达到目的时为止。第三，注意对活动有调节和监督的作用，它使人们根据需要，使心理能量适当分配和转移。

注意的品质包括注意的范围、注意的稳定性、注意的分配和注意的转移。注意的范围指在一瞬间能够清楚地注意到对象的数量。注意的稳定性指在较长时间内，把注意集中在某一对象或活动上，注意的分配是在同时进行两种或几种活动的时候，能够把注意指向不同点的对象上。注意的转移是根据新任务，有意识地把注意从一个对象转移到另一个对象上。

注意不是独立的心理活动过程，而是一种伴随状态，它总是伴随着其他心理活动，伴随着感知、记忆、思维、想象，伴随着情感和意志行为，为其他心理活动提供一种背景，以保证其他心理活动的有效进行。各种活动中的失误、事故常常是由于注意不集中、注意涣散造成的。

(4) 自我效能感与自信心

自我效能源于班杜拉的社会认知理论，是社会心理学和自我心理学中的一个重要概念，指一个人对自己能否成功地完成一项任务所持的信心和认识，或者对自己成功地完成一项任务所具备的潜能的认识，自我效能感也可以看成是对自己能力的自信心。班杜拉认为，"自我效能判断关心的不是某人具有什么技能，而是个体用其拥有的技能能够做什么"。许多证据显示，可以通过效能期望来预测行为。例如，迪克雷门特考察了一组想戒烟的人，他们发现，自我效能感高者比自我效能感低者更容易成功戒烟。

按照班杜拉的观点，自我效能取决于以下四个因素：

第一，行为成就。效能期望主要取决于过去发生了什么；过去成功导致较高的效能期望，过去的失败导致较低的效能期望。

第二，替代经验。观察他人的成败，可以对自我效能感产生与自己的成败相似的影响。

第三，言语劝说。当你尊敬的人强烈认为你有能力成功地对付某一情境时，可以提高自我效能感。

第四，情绪唤醒。高水平的情绪唤醒可导致人们经历焦虑与紧张，并降低自我效能感。

自我效能感与运动成绩有着密切的关系。许多研究表明，自我效能感越高，努力程度越高，运动成绩也就越好。自信心是运动员潜力得以发挥的重要心理因素，因为自信心是一种相信自己的愿望或预料一定能够实现的心理状态。有自信心，能使心理活动过程积极起来，坚持下去，并富有创造性，从而激励运动员勇敢而顽强地进行战斗；无自信心，则会导致运动员心理活动过程的混乱，影响技术实力的发挥，甚至自己主动放弃努力，从而招致比赛的失败。竞赛中获胜的运动员，大都在赛前对比赛充满自信心，失利的运动员则往往是自信心不足所造成的，首先在心理上打了败仗。

运动员参加比赛时缺乏自信心的原因是多方面的。例如，身体或技术水平不高，或缺乏比赛经验，没有把握获胜，因而缺乏自信心；或者由于过去的失败而造成的心理障碍。或者对于对方估计过高；或者运动员对教练员不信任；或者对教练员训练的某些方面有怀疑等等，都可能成为运动员临场缺乏信心的原因。树立信心主要靠平时训练中有意识地培养和强化运动员的自信心。此外，还可以采用专门的心理训练的方法帮助运动员树立信心。

(5) 意志品质

意志是一个人自觉地确定目的，并根据目的来调节、支配自己的行动，克服困难，最终实现目的的心理过程。

意志体现在行为的自觉性和目的性上，凡是意志行动都是有目的地自觉的行动。意志体现在克服困难的活动中，意志的核心体现是克服困难，人们常常把克服困难的大小作为衡量意志强弱的标志。坚强的意志品质是克服困难、完成各种实践活动、取得活动成功的重要条件。意志的品质主要有自觉性、果断性、自制性和坚韧性。

意志的自觉性反映了对行为目标的觉悟程度，意志自觉性高的人，清楚自己要干什么、正在做什么，行为不盲目、不糊涂。意志的自觉性在赛场上表现为始终清楚以我为主、如何战胜对手取得比赛胜利这一参赛目的。

意志的果断性是指善于在困难中辨别事物的真伪，迅速做出决定和坚决执行品质。有果断性的人具有敏锐的智慧和当机立断相结合的品质。在紧要关头，在不允许拖延时间的情况下，他能排除疑惑、以毫不犹豫、毫不动摇的精神，用高度的机智判断是非，迅速而坚决地做出决定。如果时间允许，不需要立即行动，他能深谋远虑，从容地做出决定，使采取的决定更趋完善和切合实际。在比赛中，缺乏果断性的人常常表现为优柔寡断、犹豫不决，结果错失战机。

意志的自制性是指一个人为了实现自己的意志目标，善于控制自己的情绪、约束自己的言行的品质。有自制力的运动员，在比赛中能克制住自己的紧张、恐惧、暴怒、失望和冲动行为，具有组织性、纪律性，能够服从大局，为了根本目标，能够克己、忍耐，直至胜利。

意志的坚韧性是指在执行决定时，能够不屈不挠，坚持不懈地克服困难，以充沛的精力，顽强的毅力，不达目的誓不罢休的品质。在比赛中，运动员要取得优异运动成绩，必须要有坚持不懈、努力拼搏、克服困难、不服输、不言败、坚持到底，直至胜利的顽强意志品质。

可见，意志品质常常是影响竞技力发挥的一个重要因素。

(6) 智力水平

运动竞赛，不仅是身体运动能力的较量，而且是智力水平的较量，特别是对抗性项目更是需要斗智斗勇。能否迅速把握对手的特点、能否迅速识破对手的战术意图、能否根据场上情况迅速作出克敌制胜的战术决策、能否掩饰自己的战术意图、能否扬长避短、能否牵着对方鼻子走、能否始终掌握场上的主动权，往往是一个运动员智力水平的体现。特别是球类项目，比赛玩的就是智力！那些看是体力问题、技术问题，其实是智力问题。智力水平高者他会用智力来节省体力，技术的掌握需要智力，技术的应用更需要智力。战术本身实际上就是技术与体能的智力组合体。如果运动员不动脑筋，企图以勇取胜，结果看到的往往只是精神可嘉，得到的却是屡战屡败。因此，我们特别需要在运动心理选材和运动心理训练方面大大加强智力因素这一最重要竞技要素。

3. 运动员赛前的心理状态及其表现

运动员赛前的心理状态突出表现在情绪方面的变化，这些情绪变化使他们的身体机能也同时发生相应的变化，其中包括中枢神经兴奋变化，物质代谢过程、脉搏、呼吸、血压、体温及汗腺血糖水平等变化。这一系列变化是由于运动员赛前对比赛的认识而产生的情绪体验，并对比赛产生重要影响。根据运动实践研究表明，运动员赛前有下列四种情绪状态：

(1) 赛前过分激动状态

处于这种状态下的运动员，经常表现为情绪强烈紧张，呼吸短促、心跳加快、四肢颤抖、心神不定，经常是一种情绪状态被另一种情绪状态所代替，有时甚至转化为相反的情绪状态。运动员处于赛前过分激动状态，往往不能很好地控制自己的情绪行动，知觉和表现不连贯，注意失调，记忆力明显减弱，常常遗忘比赛中的重要信息，动作混乱，行动无效果。

赛前过分激动状态，主要是运动员由于刺激物引起的大脑皮质抑制过程减弱，兴奋过程异常升高，致使大脑皮质对皮下中枢和植物性神经系统的调节作用减弱的效果。

从产生的原因来看，与运动员的训练程度、比赛经验、意志品质、动机性质、道德修养及个性特点有密切联系。因此，为防止赛前过分激动状态的产生，应注意提高运动员的训练程度，丰富运动员的比赛经验，加强思想政治教育，提高运动员的动机水平和道德修养等。

(2) 赛前淡漠状态

赛前淡漠状态是与运动员大脑皮质兴奋过程下降，抑制过程加强有关，这时运动员情绪低落，心理过程进行的非常缓慢，全身软弱无力，意志消沉，萎靡不振、体力明显下降，知觉和注意强度减弱，反应迟钝，缺乏果断性，甚至设法逃避比赛。

产生的原因，往往与运动员对比赛不利条件想得过多，又无法解决，缺乏顽强战斗意志和信心，以及赛前训练过度疲劳有关。

克服赛前淡漠的方法，是形成运动员比赛的崇高社会动机，对比赛持正确态度，认真研究双方具体情况，制订具体可行的措施，增强信心，鼓舞斗志，防止赛前过度疲劳。

(3) 赛前盲目自信状态

处于赛前盲目自信状态的运动员，对即将来临的比赛的复杂性和困难估计不足，过高估计自己和本队的力量，认为自己能轻易取胜。在这种轻敌思想的支配下，不认真分析和研究比赛对策，对面临困难持安然消极的态度，盲目乐观。表现在心理过程方面，知觉、思维迟缓，注意强度下降，对比赛积极准备不足，因此，赛前盲目自信状态对运动员潜力发挥有着不良的影响。

克服方法：应使运动员具体分析双方有利和不利条件，充分估计困难。特别是对自己和本队应有正确的估计和评价，对对手的力量也应有正确的估计和评价，实事求是地恰当评估分析，既要敢于取胜又不盲目乐观，才能使之处于不败之地。

(4) 战斗准备状态

即运动员心理处于最佳竞技状态，表现在对面临的比赛任务有清楚的理解，对自己的技术力量充满信心，有全力以赴参加比赛和夺取胜利的愿望。他们的注意力集中注意范围增大、知觉敏锐、情绪饱满、精力充沛、全身放松、心理镇静、无焦虑情绪、能量充分动员、具有良好的控制力等等。

从神经活动特点来看，战斗准备状态是由于运动员大脑皮质具有与运动任务相适应的神经兴奋过程、有适宜的灵活性和平衡性、有相应的平衡过程使之平衡的结果。

上述四种情绪状态，对比赛的成败经常给予深刻的影响，第一、二、三种情绪状态，对运动员能力的发挥具有普遍性的消极影响。第一种类型的运动员，他们表现出典型的过度兴奋，从动作开始到动作结束全过程，会失去对动作的正确分配和调整能力。第二种类型的运动员，他们经常偏离运动活动的方向、动作缓慢无力、呵欠频发、意志消沉、对参加比赛持消极态度。第三种类型的运动员，盲目轻敌、缺乏比赛思想准备和警惕性，往往由于精神动员不够而失败。

唯有第四种类型的运动员，会出现好的竞技状态，能够保持适宜的兴奋水平，并形成良好的赛前准备。

4. 运动员赛前的心理状态的评估与诊断

了解运动员赛前的心理状态，对于预判运动员在即将到来的比赛中的表现具有重要的价值。如果发现运动员存在影响比赛结果的不良心理状态，及时采取补救措施，调整好运动员的心理，以便使比赛的结果按照期望的方向发展。因此，每一位教练员都必须对运动员赛前的心理状态进行评估与诊断。

心理评估是指对运动员心理状态或心理品质的评定。诊断是从临床医学的角度来看问题，运动员赛前心理评估就像医生诊断有无疾病一样，对运动员的心理过程、心理状态和心理特征进行评定，以判断有无需要处理的心理问题。对于运动员赛前心理状态的评估与诊断主要通过以下三个方面的途径进行综合分析：

(1) 观察

观察运动员的表情、言谈举止、行为表现可以判定运动员的情绪状态。其行为不仅包括训练中的行为表现，也包括生活起居中的行为表现，特别是训练、吃饭、睡眠的行为表现最容易反映出运动员的情绪状态。不少运动员在临近比赛前会出现吃不下饭、睡不着觉、频繁上厕所等情况，这是赛前焦虑的典型表现，如果过早出现，或者特别严重，常常是不正常焦虑，此时就需要进行心理干预。运动员临近比赛前大多会出现轻微紧张与焦虑，这是正常情况。如果临近比赛了，运动员过分平静，不仅没有一点紧张与焦虑，甚至还无动于衷或无所谓态度，这也不是一个正常情况，这是赛前淡漠状态，也需要进行心理干预。有经验的教练员或运动心理咨询师，通过观察运动员的行为表现就可大致发现运动员的问题。如果再结合其他心理评估方法，那诊断就更加准确。

(2) 会谈

赛前同运动员进行单独交谈，不仅可以了解运动员的心情和情绪状态，常常还可以了解内心深处的态度和认知问题，比如对比赛的态度、看法和打算。运动员的情绪感受如何？怎样看待即将到来的比赛？对比赛有什么期待？如何看待对手？如何分析对手与自己的实力对比？对即将到来的比赛做好了哪些准备？对可能出现的情况做好准备了吗？是否对自己的表现和取得胜利充满信心？对比赛担心吗？担心什么？害怕吗？害怕什么等等，这些问题在赛前的会谈中都应一一涉及，以便全面了解运动员的心理状况。与运动员会谈所了解的问题是观察和测量无法能了解到的，而且，会谈过程也是咨询、治疗、解决问题的过程。所以，赛前一定要同运动员进行一次交谈，会谈者可以是教练，也可以是运动心理咨询师，或者二者分别进行，特别是运动心理咨询师，他比教练员更加有优势。因为，出于利害关系考虑，许多运动员不愿对教练员说的话，常常愿意给心理咨询师说。

(3) 心理测验

应用专门的定式心理测验问卷量表或特殊的仪器，对运动员的心理进行测量，可以更加客观准确地对运动员赛前的心理状态或问题进行心理评估与诊断。它不仅可以克服会谈评估的主观与随意，而且，数量化的评估结果还可以方便前后比较，它是前面两种方法的很好的补充。常用的心理测量量表如焦虑量表、心境剖面图等。仪器如闪光融合测量仪、反应时测定仪、动作稳定测量仪等。赛前心理测量量表的选择，除了根据测验目的考虑选择外，还要注意不要进行过于冗长的测量，以便使运动员产生反感情绪。

另外，其他生理方面的测量也可以作为心理测量的参考。

5. 赛前的心理准备

做好赛前准备是取得比赛胜利的重要保障，对于赛前的准备大多数关注的是身体、技术、物资的准备，而对影响比赛最重要的心理准备问题却还没有受到应有的重视。只有做好充分的心理准备，才不至于在比赛中慌乱而不知所措，从而在比赛中能够沉着应对，最终取得比赛的胜利。赛前的心理准备包括许多方面。

(1) 知己知彼，掌握客观情况，提高应变能力

"知己知彼，百战不殆"。运动比赛和打仗一样，赛前一定要做到知己知彼，方才有可能取得胜利。作为教练员和运动员在参加比赛前，首先要自己的队员或运动员对自己的身体和心理状况，以及自己的身体、技术和战术上的特长和弱点要有清醒的认识，以便能在比赛中时刻做到扬长避短。同时，还需要对自己的对手情况有充分地了解。要收集对方情报，力争能在赛前预先准确而详细地掌握对方的情况，并事先准备好对策。同时，还要准备应付可能情报不准而发生的错误判断，在任何情况下，赛前情报只能作为参考。因为情报可能是过时的情报，情报也可能是错误的假情报等等。在准备的方案中还需要准备，如果在比赛中发现情报错误、预判不准的情况下，如何迅速掌握对手情况，迅速掌握对方的打法套路、对方的长处和短处，要尽力捕捉对方的弱点，要尽量发挥自己的长处，避免自己的短处，做到以己之长，攻彼之短，从而取得比赛的胜利。

(2) 对容易引起临场紧张的因素进行预防训练

战术心理准备的另一个重要方面，就是针对比赛中容易引起运动员情绪紧张的因素进行预防训练，进行各种模拟训练，以便使运动员临场能保持稳定的心理状态。如：篮球比赛中关键时刻的罚球，关键场次的比赛，最后 5 分钟战术；击剑比赛中重剑的最后 1 分钟战术；佩剑中主动轮换时的战术；往往会使运动员产生异常的心理变化，这就要注意训练运动员学会在各种复杂的情况下控制住自己。

(3) 明确比赛任务，正确角色定位

任务是行为的目标，运动员只有明确比赛的任务才知道自己努力的方向。比赛任务的确定往往与自我角色定位有关。赛前不同的角色定位，常常导致不同的比赛任务要求。

虽然，任何参加运动比赛的任务不外乎两种任务：要么是获取比赛的胜利，要么是展示自我。展示自我的任务虽然包含有一种精神风采在里面，但却暗含着对自己没有信心，自己在心理上已经觉得自己输掉比赛是大概率事件了，在角色定位上已经把自己摆在了"甘拜下风"的较低位置。这种赛前就对自己没有取得胜利的信心的"甘拜下风"的比赛，运动员也很难竭尽全力去比赛，其结果也是可想而知的。而获取比赛胜利的任务则包含着对自己的信心。但是，获取比赛胜利的任务还要分是"夺取"比赛的胜利还是"保住"比赛的胜利。那些"必须拿下这场比赛""这场比赛只许赢，不许输"的比赛任务就是一种"保住"比赛胜利的任务。这种任务听起来十分豪气，也暗含着极高的胜利自信，其背后的角色

定位则是已经把自己摆在了"冠军"的位置，似乎冠军已经非他莫属，把自己摆在了"保"的位置，这就像自己背上了一个"包袱"，束缚着自己的手脚，赢是正常的，输是不正常的，比赛中一遇不顺，队员就会紧张、慌乱，结果反而不能取胜。夺取比赛胜利的任务，是把自己摆在和对手相等或者稍低的角色位置，但含有敢于去拼、去夺、去争的决心、勇气和自信，而且没有了包袱，自己手中没有冠军的包袱，自然就是轻装上阵，取胜的把握反而会更大，即使没有夺下来也不会有思想包袱。

因此，在赛前一定要队员明确比赛的任务是夺取比赛的胜利，无论对手是谁，都要重视每一个对手，以及无论比赛进程如何，领先还是落后，都要把自己摆在夺的角色位置，任务是全力以赴，夺取比赛胜利。

(4) 制订比赛方案中的心理应对方案

比赛方案是教练员和运动员根据比赛任务目标而为比赛进程制订的详细计划。制订比赛方案本身就是一种赛前心理准备，因为制订比赛方案的目的在于提高运动员应对比赛的能力，对比赛中可能发生的情况进行预判并制定相应的应对策略，使运动员心里有底，出现什么情况知道该怎么去应对。在制订比赛方案时应该教练员、运动员和心理专家共同讨论，充分听取各方意见，群策群力。一方面有助于教练更好了解运动员的想法，也有助于运动员更好理解教练的意图。心理专家尤其应帮助运动员做好出现各种意外情况或经常令运动员紧张、慌乱的情况时的心理应对方案。如比赛顺利时该如何保持这种顺利事态？比赛不顺时该如何思考、面对？该如何扭转这种不利局面？裁判误判时该怎么应对？队员失误时我们该怎么对待？自己失误时又该怎么对待？特别是如何制定切实可行的逆境应对策略，对于在逆境中保持沉着冷静、扭转颓势、最后夺取比赛胜利具有重要意义。在制订比赛的方案中，如何应对媒体也应该考虑在内。

(5) 形成最佳的情绪状态

情绪具有动机和组织的作用。积极的情绪常常给人以动力，使人浑身是劲，干劲倍增；而消极的情绪常常成为活动的阻力，使人心灰意懒，浑身无力。情绪还会影响认知，恐惧、紧张、焦虑常常使人思维混乱、决策失误，抑郁时记忆提取困难，思维迟钝，而愉快、兴奋时，思维联想加速，反应灵活。过早、过度兴奋使能量过度消耗，到比赛时精力反而下降。随着比赛进程时间的不同，运动员应该呈现不同的情绪状态。通过平时和赛前的心理训练，运动员要学会调控自己的情绪，在需要兴奋时能够让自己兴奋激发起来，而在不需要自己兴奋时，又能让自己放松安静下来，以节省能量，保持体力和精力。一般来说，在赛前不需要兴奋激动时，不少运动员过度兴奋激动，此时常常需要帮助运动员放松自己的情绪，也保证休息和节省能量。而进入比赛时，则常常需要运动员激发自己情绪的兴奋，使之进入到一个最佳情绪状态，而当过度兴奋激动时（常常是在自己领先时），则需要让自己冷静下来，不致兴奋过度，因为，比赛还在继续，还不到最后庆祝胜利的时候。

（6）增强自我效能感，树立必胜信心

自我效能感是一个人对自己能否成功地完成一项任务所持的信心和认识，它是对自己胜任能力的一种自信心。自信心是运动员潜力得以发挥的重要心理因素。有信心，能使心理活动过程积极起来，坚持下去，并富有创造性，从而激励运动员勇敢而顽强地进行战斗；无信心，则会导致能量动员不力，或主动放弃，从而影响实力的发挥，招致比赛的失败。竞赛中获胜的运动员，大都在赛前充满信心，失利的运动员则往往是信心不足所造成的，首先在心理上打了败仗。

运动员参加比赛时缺乏信心的原因是多方面的。例如：身体或技术水平不高或缺乏比赛经验，没有把握获胜，因而缺乏信心；或者由于过去的失败而造成的心理障碍；或者对于对方估计过高；或者运动员对教练员不信任；或者对教练员训练的某些方面有怀疑等等，都可能成为运动员临场缺乏信心的原因。树立信心主要靠平时训练中有意识的培养和锻炼。在比赛前，可以通过与对手实力对比来发现自己的长处和对手的短处，以及降低比赛任务目标要求。对于"必胜信心"的"胜"字，关键在于对胜利的理解、在于对胜利的标准。在强大对手面前，打平或少输都是胜利。要辩证地看问题，对手强大可能是过去的强大，现在是否强大还不一定，此一时彼一时也。即使再强大的对手也有弱点或短处，同时也不可能整场比赛都一直强大。对方也有出现弱势的时候，而自己也有自己的长处，只要能够扬长避短、把握战机，以弱胜强也不是不可能的。赛前教练员要多肯定队员的长处和优点，少指责其不足和弱点，以便增强运动员的自信心。历史上三国时期著名的官渡之战，曹操能够以少胜多、以弱胜强，其中一个重要因素是曹操的谋士郭嘉对曹操进言"今绍有十败，公有十胜"的战前分析，从而增强了曹操的信心。此外，赛前通过寻找稍弱的对手比赛，也可增强队员的信心。

（7）激励战斗意志

运动员的战斗意志，是主观能动性的集中体现，它不仅是构成实力水平的内部条件，而且是决定比赛胜负的重要心理因素。意志本身虽不能代替技术和战术，但它是技术和战术在困难条件下充分发挥的重要心理条件，它能使运动员在遇到困难和阻力的情况下，充分施展技术和战术。运动员的意志力越强，就越能经得住困难的考验，不为那些暂时条件和客观环境所左右，从而把自己的技战术能力发挥到最高水平，这就控制了对方的长处，弥补了自己的短处，从而掌握自己的主动权。尤其是那些双方主动直接对抗的运动项目，总是顺利与困难、主动与被动、优势与劣势交替进行的，在比赛情况瞬息万变的情况下，意志薄弱的运动员，往往会被客观条件所限制和左右，不能发挥其主观能动性，临场沉不住气，情绪忽高忽低，遇到强手或阻碍时，容易灰心丧气，失掉取胜信心，遇到弱手或是顺利时，易骄傲轻敌，麻痹松懈，这样，运动员就不能冷静考虑和运用自己的技术和战术。由此看来，运动竞赛既是比体力、技术、战术的竞赛，也是比信心、毅力和意志的竞赛。竞赛中失败的地位是相互转化的，而运动员主观能动性的发挥也是无穷尽的，能否变不利为有利，变被动为主动，变破坏为反破坏，变阻力为动力，完全依赖于运动员勇敢顽强的战斗意志。

激励运动员的战斗意志，首先要使运动员树立高度的责任感和集体荣誉感，因为只有具有高度的政治责任感，因而才会有革命的英雄气概和顽强的拼搏精神。只有树立集体荣誉感，明白自己代表的并不仅仅是自己，还代表着教练、代表着全队、代表着国家和人民，自己没有权利轻易放弃，自己在要对得起这份荣誉，要不辜负人民的重托和期望，唯有勇敢顽强地去拼搏，直至夺取最后的胜利。

其次，要教育运动正确看待胜负，比赛中的胜负，是运动竞赛所产生的必然结果，但他们是有着内在联系的两个对立面，它们在一定条件下相互依存，又根据一定的条件相互转化。运动员要始终坚定对自己的信心，相信只要坚持就是胜利。运动比赛不仅仅是比输赢，同时也在比风尚、比精神，无论胜负，都要展现出自己永不言败、永不放弃、敢于竞争、顽强拼搏的体育精神。

再次，要学会在战略上藐视困难，战术上重视困难。所谓战略上蔑视困难，也就是不怕对手，不论对手强或弱，都要敢于战胜它，只有敢于战胜对手，才能建立必胜信心，激励战斗士气，使其在紧张激烈的战斗中不慌乱，充分发挥技术特长，夺取胜利。所谓战术上重视困难，就是说不能麻痹轻敌，不论对手强或弱，都要重视他们，要充分重视困难和认真研究情况，具体分析双方有利和不利的情况，做到心中有数。假如在战术上不重视困难，比赛中遇到困难就会慌作一团，莫知所措。

最后，要重视发挥运动员的主观能动精神，教练员要多肯定、鼓励运动员，给他们以信心，既要让队员坚定地相信教练制定的作战方案的正确性，又要敢于放手让运动员大胆地根据场上情况随机应变去创造性地发挥自己的才能，对他们英勇果敢的行为要给予表扬、支持和鼓励。这对调动运动员的积极性，发挥运动员顽强的战斗意志，都是十分必要的。

6. 赛中的心理调节

运动比赛中的情况错综复杂，瞬息万变，运动员的情绪难免会有波动起伏。对于运动员赛中的心理调节，由于比赛规则的限制，教练和心理专家常常无能为力，因此，只有靠运动员自己。运动员要注意应用平时或赛前学会的各种心理调节方法来调节自己的心理状态，根据比赛场上的需要及时调整自己。运动员赛中的心理调节突出反映在情绪的唤醒与激发、情绪的放松与镇静和如何集中注意的问题。

(1) 情绪的唤醒与激发

如果比赛已经开始了有的队员还没有进入应有的兴奋状态，或者遇到一阵不顺，团队士气或自己的情绪有些低落，此时就需要进行情绪的唤醒与激发。情绪的唤醒与激发的方法，包括通过呐喊、大叫、互相呼喊、击掌、跳跃等，也可通过自我内部语言提醒自己。此外，还可以通过场外自己的啦啦队的擂鼓、鼓掌、加油呐喊等。在规则允许的情况下，教练可以通过暂停、发指示、改变战术等办法来改变。

(2) 情绪的放松与镇静

比赛中有许多情况需要运动员冷静、放松。运动员可能过分紧张而不能放开，也可能因为比分领先而过分激动，也可能是比赛不顺而着急紧张。对于个人表演性项目，过度紧张常常会导致动作僵硬，甚至还会受伤，只有在情绪适当放松的情况下才能做出最佳动作来。对于对抗性项目，如果过分激动，甚至得意忘形，往往会被对手趁虚而入，抓住机会，许多运动员在领先的时候被对手追上，甚至让对手反败为胜，就是领先后过分激动、过早庆祝胜利造成的。因此，在不该庆祝胜利的时候不要过早激动，要时刻保持清醒，直到真正胜利那一刻。对于比赛不顺，着急是没有任何用处的，而且只会让自己思维混乱，情况更加糟糕，唯有让自己冷静下来，让头脑清醒，想想问题在哪、该如何才能改变现状。让自己放松、镇静的方法可以采用呼吸调节、认知调节等。

(3) 注意集中的调节

比赛过程中需要运动员把注意力高度集中在比赛上，不容许有半点走神和分心。赛场上许多失误、丢球、受伤都常常是由于注意不集中造成的。因此，教会运动员在比赛中如何集中注意，常常是平时心理训练的一个重点问题。其方法包括自我语言提醒、积极思维阻断、以及队友提醒等方法。

7. 赛后的心理调整

运动员赛后的心理调整不仅对于运动员心理疲劳的恢复具有积极作用，而且关系着运动员将来的比赛，甚至关系着一个运动员的运动生涯和职业命运。人们大多对赛前心理准备比较重视，而对赛后的心理调节重视不够。比赛赢了，又是总结又是报告，可是一旦输了，则常常就地解散，或者马上投入训练。这些都不是正确的做法。实际上，比赛过后，无论输赢都应该很好地进行总结，并对身心进行调整、恢复。

运动比赛是一种心理应激。运动员在比赛时心理一直处于紧张状态，比赛结束后，虽然情绪一下子觉得轻松了，但由于比赛时精神的高度集中，赛后并不是马上就可以恢复到正常平静的心理状态。所以，赛后必须对运动员的心理进行调整。在调整时应着重抓好下面两个方面的问题：

(1) 总结经验教训，正确看待比赛胜负

比赛虽然结束了，但一定不要让运动队和运动员放弃从比赛中学习的大好机会。比赛总会有输赢，无论是胜利还是失败，都已经属于过去，纠缠在胜败中已经没有多少实际意义，但赛后好好地进行客观的总结，从中学习到经验和教训才是最重要的。一场比赛，哪些地方把握得好、发挥得好，哪些地方没有发挥好、把握好，哪个时段发挥的好、哪个时段没有发挥好，原因是什么？如果重新再来该怎么做？下一次该怎么继续发扬？下一次该怎么避免？

在总结时，切忌要避免"成则为王，败则为寇"。对于失败者，一定要多总结成功的地方、好的地方，要看到成绩，以防止情绪沮丧和自信心丧失；对于胜利者，在庆祝胜利以增加自信心的同时，一定要总结几条不足和失误的地方，以防止骄傲自满。如果虽然赢了，但没有发挥出水平，甚至还错误频频，那是没有半点值得骄傲的；如果虽然输了，但发挥出了水平，超越了自己，那是虽败犹荣。要培养运动员正确看待胜负，真正认识到"胜败乃兵家常事"，作为运动员，要拿得起放得下，无论是胜利还是失败，比赛后一切归零，一切从头再来。

(2) 放松心情，消除比赛的紧张情绪

运动员为参加比赛常常进行了较长时期的紧张训练，而且比赛更是紧张激烈，无论是体能还是心理能量都被大量消耗，对于重大比赛，甚至可以说能量几乎消耗怠尽，如果不经过一段休息马上就投入训练中，消耗的能量得不到补充，则很容易导致运动性心理疲劳，甚至出现运动职业耗竭。

比赛后，紧张激烈的情绪不会马上消失，比赛中的极度紧张、焦虑、悔恨感、优越感，不会像流水那样平静地消失。赛后必须通过一定的手段消除运动员赛后的紧张情绪，这是不容忽视的一个问题。大赛之后可以组织队员进行参观、游览、暂时脱离比赛环境，或观赏具有启发意义的电影、录像、戏剧、音乐等活动。通过这些丰富多彩的转移活动，减弱运动员的紧张情绪，降低兴奋性水平，使之逐渐恢复到正常心理状态。

此外，还可以放一段时间假，让运动员与家人、亲人、朋友团聚，发展亲情、建立友谊，有一段自由支配的时间，发展自己的兴趣，以平衡生活，为下一赛季蓄积好能量。

第二节 学习要求和知识拓展

一、学习要求

(一) 学习要求

掌握影响运动员竞技力发挥的心理因素、赛前的心理准备、赛后的心理调整；熟悉运动员赛前的心理状态及表现、运动员赛前心理状态的评估与诊断、赛中的心理调节；了解运动竞赛的一般特点。

(二) 重点和难点

① 重点：影响运动员竞技力发挥的心理因素、赛前的心理准备、赛后的心理调整。

② 难点：影响运动员竞技力发挥的心理因素。

二、知识拓展

(一) 赛前焦虑的常见原因

在竞赛前出现紧张、害怕、担忧、不安等的焦虑情绪状态，被称为赛前状态焦虑。过度的赛前焦虑常常会影响运动员的正常发挥，了解赛前焦虑的常见原因，对于如何减轻运动员的赛前焦虑具有积极的意义。根据有关研究发现，赛前焦虑主要与以下因素有关：

1. 对失败的恐惧

害怕失败，尤其害怕被实力不如自己的对手打败，从而会对运动员的自我评价产生威胁。

2. 对消极社会评价的恐惧

害怕被观众、媒体、网友、粉丝等的消极、负面评价，从而感到丢面子、伤自尊。

3. 对受伤的恐惧

对一些容易受伤项目，如体操、蹦极、冰球、足球、棒球、拳击、散打等项目的运动员的赛前焦虑常常会因为害怕比赛中受伤而恐惧紧张。

4. 情况不明

不知道是否开始比赛了、不知道对手情况、不知道赛程安排也常常会产生应激性紧张、焦虑。

5. 常规被打破

如比赛时间和平常练习与比赛时间完全不同、不让练习就开始比赛、不给提醒就要求运动员改变原来做事的方式等，常常也会使运动员感到不习惯而出现紧张、焦虑。

6. 对比赛重要性的认识

比赛的级别越高、运动员越是看重的比赛越易出现紧张、焦虑。

7. 人格特质

具有焦虑特质、完美主义人格的运动员常常容易出现赛前状态焦虑。

知道了赛前焦虑的原因，消除或减轻赛前焦虑就比较容易了。不过有些属于人格特质和心理深层次信念方面的问题则需要较长期的心理认知训练才会改变。

（二）如何培养良好比赛心理定向

心理定向也称心向，指对同类刺激按固定方式予以反应的心理倾向，它是在长期实践和累计经验的基础上形成的，保持的时间较长，具有一定的惯性。运动员在比赛中的心理定向对运动员的发挥具有重要影响。下面介绍比赛心理定向的三个基本原则：

1. 坚持比赛的过程定向

比赛心理定向的第一个原则是过程定向，即比赛时将注意的方向定位在比赛过程要素而不是比赛最终结果的认识倾向。这里，比赛过程要素主要指与比赛表现直接联系的、且自己可以控制的要素。例如，比赛之前的器材维护、饮食调节、休息、练习等，以及比赛中的技术战术、体能分配等。比赛最终结果主要指比赛名次、比赛成绩、与他人相比的差距。将注意指向最终比赛结果之所以不利于运动员的比赛发挥，是因为第一，思考结果及某种结果对自己产生的影响，会使运动员的紧张程度不由自主地升高，甚至升高到难以自控的不适宜程度；第二，比赛结果是比赛进程的最终环节，主要受现行事件的影响，如运动员准备活动的充分程度、比赛器材的质量、技术战术应用情况。将注意集中在最终比赛结果上，会干扰对先行事件的准备，进而使比赛结果不能达到预定目标，产生越想结果越出现坏结果的情况。

2. 坚持比赛的当前定向

比赛心理定向的第二个原则是当前定向，即比赛时将注意的方向定位在当前任务而不是过去的结局和将来的结果的认识倾向。运动员参赛过程往往是一个分阶段且持续时间较长的过程，前一轮的比赛结果往往会对后一轮的表现产生重要影响。因此，如何在比赛过程中不断进行心理调节，树立正确的心理定势，成为运动员保持优势或反败为胜的重要保证。当前定向的原则要求运动员在不断进行心理调整的过程中，确立和保持从零开始的心理定向，将注意集中在立刻需要加以完成的具体任务上，既不过多缠绕在已经发生的事情上，也不过多缠绕在将要取得的成绩上。也就是说，要做的打一场甩一场，场场从零开始。这个原则具体化到射击比赛中，可以成为"比一项，甩一项，枪枪从零开始"；具体化到跳水比赛中，可以成为"跳一次，甩一次，次次从零开始"。

3. 坚持比赛的主位定向

比赛心理定向的第三个原则是主位定向，即比赛时将注意指向自己的思维活动和行动，而不是天气、裁判、比赛规则等难以控制的因素的认识倾向。大家都知道，决定比赛结果的因素很多，如裁判、天气、场地、观众、对手的基本技战术水平、体能水平、对手的比赛发挥情况以及运动员自己的比赛表现，这些因素中，有很多是运动员自己难以控制或根本就控制不了的因素上，而可以控制的因素主要是运动员自身的一些因素，如自己正要采取的技战术手段、体力分配策略、思维和表现的内容以及与教练员的沟通等。同时，应采取一切必要的措施，回避和排除于自己无关和与比赛过程无关的信息，例如，在射击比赛的间隙过程当中，在人较少且较安静的地方，带上耳机，闭目听自己预先准备好的轻音乐，以放松节省自己的体力，回避干扰信息，准备下一轮的比赛。

第三节　综合练习题

一、名词解释

① 自我效能感。
② 倒 U 理论。

二、填空题

① _____ 是体育运动不可分割的组成部分，是推动体育运动发展的重要手段。

② 运动竞赛的心理特点主要包括 _____、_____ 和 _____。

③ 运动员赛前心理状态的基本类型主要有 _____、_____、_____ 和 _____。

④ 应激现象是指运动员由于过度紧张延续，使有机体出现 _____ 和 _____ 各种异常反应，身心不能自制。

⑤ _____ 具有激发运动员饱满情绪，旺盛斗志，集中注意力和克服困难的巨大作用。

三、单项选择题

① 不属于竞赛的心理特点的一项是 _____。

A. 高度的紧张性　　　　　　B. 高度的兴奋性

C. 激烈的竞争型　　　　　　D. 心理适应性

② 关于运动员比赛成功的心理条件描述不准确的一项是 _____。

A. 明确比赛任务，确立良好的比赛动机

B. 准确判断形式的能力

C. 合适的角色定位

D. 无比自信的心态

③ 关于运动竞赛中的心理战术描述不准确的一项是 _____。

A. 赛前封锁信息，给对方制造神秘感

B. 出其不意，攻其不备，先发制人

C. 声东击西，虚实结合

D. 通过暗示稳定情绪，鼓足信心

④ 关于竞赛中运动员产生应激现象的原因描述不准确的一项是 _____。

A. 运动员比赛成绩要求过高，自信心过强，过于考虑比赛的成绩和名次，过于关注比赛成绩带来的社会后果

B. 外界不关注，比赛时观众冷漠

C. 对手过强，比赛中遇到困难过多，对自己的技术和体力又感不足，但又特别怕输

D. 对比赛的环境和条件不适应，造成心里紧张

⑤ 关于赛后运动员心理调整描述不准确的一项是 _____。

A. 要及时教育运动员迅速摆脱比赛成绩的影响，正确看待胜负

B. 清楚不正常的进攻心理

C. 提高自我认识，克服盲目自大，防止丧失自信心

D. 组织一些活动或运用语言调节，继续保持比赛后的紧张情绪

四、简答题

① 运动竞赛一般有哪些特点？

② 影响运动员发挥的心理因素有哪些？

③ 运动员赛前常见哪几种心理状态？

④ 比赛前应做好哪些方面的心理准备？

⑤ 运动员赛前心理状态的评估与诊断的方法或途径有哪些？

五、论述题

① 影响运动员竞技力发挥的心理因素有哪些？

② 试述运动员赛前的心理状态及其表现。

③ 论述运动员赛前心理状态的评估与诊断。

④ 论述运动员该如何做赛前的心理准备。

⑤ 赛前如何才能增强运动员的参赛信心？

第四节　参考答案

一、名词解释

① 自我效能感：自我效能感指一个人对自己能否成功地完成一项任务所持的信心和认识，或者对自己成功地完成一项任务所具备的潜能的认识，自我效能感也可以看着是对自己能力的自信心。

② 倒 U 理论：运动员充分发挥竞技力和获得最佳成绩，是在动机水平不高不低即适宜水平（中等程度）时取得的这种看法被称为倒 u 形假说（或称倒 U 理论），该假说表示了伴随动机而产生的兴奋水平高低与运动成绩和竞技力发挥的关系。

二、填空题

① 运动竞赛

② 高度紧张性　　　　　激烈的竞争型　　　心理适应性

③ 赛前过分激动状态　　赛前淡薄状态　　　赛前盲目自信状态
　　战斗准备状态

④ 生理上　　　　心理上

⑤ 动机

三、单项选择题

① B　　② D　　③ A　　④ B　⑤ D

四、简答题

① 运动竞赛一般有哪些特点？

A. 高度的紧张性。运动员在竞赛中所有的心理过程都进行的异常迅速、激烈、活跃。

B. 强烈的竞争性。竞争是运动竞赛的基本形态，运动员的成败、高低都是在竞争中接受严峻考验的。

C. 潜能开发性。现代运动技术已经发展到一个很高的水平，培养适应世界体育竞争需要的运动员，是一项复杂的系统工程。

D. 环境的适应性。提高运动员的适应能力，是获得优异运动成绩的重要条件。

② 影响运动员发挥的心理因素有哪些？

A. 动机。伴随动机而产生的兴奋水平高低与运动成绩和竞技力发挥的关系。

B. 情绪状态。情绪可以影响和调节认知过程。情绪情感体验可以构成恒常心理背景或心理状态，对信息的加工起组织和协调作用。

C. 注意状态。注意是心理活动对一定事物的指向和集中。

D. 自我效能感与自信心。自我效能感与运动成绩之间的关系研究表明，自我效能感越高，努力程度越高，运动成绩就越好。信心是运动员潜力得以发挥的重要心理因素。

E. 意志品质。坚强的意志品质是克服困难，完成各种实践活动的重要条件。

F. 智力水平。如音乐家的乐感，画家的空间想象能力，射击运动员的手动稳定性，体操运动员的平衡能力，球类运动员的快速判断和迅速决策能力等。

③ 运动员赛前常见哪几种心理状态？

A. 赛前过分激动状态。运动员处于赛前过分激动状态，往往不能很好地控制自己的情绪行动，知觉和表现不连贯，注意失调，记忆力明显减弱，常常遗忘比赛中的重要信息，动作混乱，行动无效果。

B. 赛前淡漠状态。赛前淡漠状态的运动员心理过程进行的非常缓慢，全身软弱无力，意志消沉，萎靡不振、体力明显下降，知觉和注意强度减弱，反应迟钝，缺乏果断性，甚至设法逃避比赛。

C. 赛前盲目自信状态。处于赛前盲目自信状态的运动员，对即将来临的比赛的复杂性和困难估计不足，过高估计自己和本队的力量，认为自己能轻易取胜。

D. 战斗准备状态。战斗准备状态的运动员，会出现好的竞技状态，能够保持适宜的兴奋水平，并形成良好的赛前准备。

④ 比赛前应做好哪些方面的心理准备？

A. 知己知彼，掌握客观情况，提高应变能力。运动员参加比赛，时刻要有清醒的战术头脑，要深知自己的思路，明确自己的心理状态和技术上的特长和弱点，比赛中如何明确地扬长避短，皆须在比赛前做好充分准备。

B. 对容易引起临场紧张的因素进行预防训练。战术心理准备的另一个重要方面，就是针对比赛中容易引起运动员情绪紧张的因素进行预防训练，使运动员临场发挥能保持稳定的心理状态。

C. 明确比赛任务，端正比赛动机。运动员只有在明确比赛任务的深远意义，才会加强责任感，由此，运动员自己的一切力量投身到比赛当中去，发挥勇猛顽强的拼搏精神，才有可能战胜困难，战胜强手。

D. 形成最佳的情绪状态。赛前运动员的情绪变化，是直接影响运动员成绩的重要心理因素。

E. 树立必胜信心。信心是运动员潜力得以发挥的重要心理因素。

F. 激励战斗意志。运动员的战斗意志，是主观能动性的集中体现，它不仅是构成实力水平的内部条件，而且是决定比赛胜负的重要心理因素。

⑤ 运动员赛前心理状态的评估与诊断的方法或途径有哪些？

A. 观察。观察运动员的表情、言谈举止、行为表现可以判定运动员的情绪状态。

B. 会谈。赛前同运动员进行单独交谈，不仅可以了解运动员的心情和情绪状态，常常还可以了解内心深处的态度和认知问题，比如对比赛的态度、看法和打算。

C. 心理测验。应用专门的定式心理测验问卷量表或特殊的仪器，对运动员的心理进行测量，可以更加客观准确地对运动员赛前的心理状态或问题进行心理评估与诊断。

另外，其他生理方面的测量也可以作为心理测量的参考。

五、论述题

① 影响运动员竞技力发挥的心理因素有哪些？

影响运动员竞技力发挥的心理因素常常包括以下几个方面：

A. 动机水平。动机是推动一个人进行某种活动的心理动因或内部动力。最能促进运动员竞技力发挥和完成动作的是中等动机水平。运动员充分发挥竞技能力和取得最佳成绩，必须恰当地调整好自己的动机水平，才能出现最好的竞技状态。

B. 情绪状态。情绪可以影响和调节认知过程。情绪情感体验可以构成恒常心理背景或心理状态，对信息的加工起组织和协调作用。

C. 注意状态。注意是心理活动对一定事物的指向和集中。注意不是独立的心理活动过程，而是一种伴随状态，它总是伴随着其他心理活动，伴随着感知、记忆、思维、想象，伴随着情感和意志行为，为其他心理活动提供一种背景，以保证其他心理活动的有效进行。各种活动中的失误、事故常常是由于注意不集中、注意涣散造成的。

D. 自我效能感与自信心。自我效能感指一个人对自己能否成功地完成一项任务所持的信心和认识，或者对自己成功地完成一项任务所具备的潜能的认识，自我效能感也可以看成是对自己能力的自信心。自我效能感与运动成绩有着密切的关系。许多研究表明，自我效能感越高，努力程度越高，运动成绩也就越好。

E. 意志品质。意志是一个人自觉地确定目的，并根据目的来调节、支配自己的行动，克服困难，最终实现目的的心理过程，是影响竞技力发挥的一个重要因素。

F. 智力水平。运动竞赛，不仅是身体运动能力的较量，而且是智力水平的较量，特别是对抗性项目更是需要斗智斗勇。因此，我们特别需要在运动心埋选材和运动心理训练方面大大加强智力因素这一最重要竞技要素。

② 试述运动员赛前的心理状态及其表现。

运动员赛前的心理状态突出表现在情绪方面的变化，这些情绪变化使他们的身体机能也同时发生相应的变化，其中包括中枢神经兴奋变化，物质代谢过程、脉搏、呼吸、血压、体温及汗腺血糖水平等变化。这一系列变化是由于运动员赛前对比赛的认识而产生的情绪体验，并对比赛产生重要影响。根据运动实践研究表明，运动员赛前有下列四种情绪状态：

A. 赛前过分激动状态。运动员处于赛前过分激动状态，往往不能很好地控制自己的情绪行动，知觉和表现不连贯，注意失调，记忆力明显减弱，常常遗忘比赛中的重要信息，动作混乱，行动无效果。

B. 赛前淡漠状态。赛前淡漠状态是与运动员大脑皮质兴奋过程下降，抑制过程加强有关，这时运动员情绪低落，心理过程进行的非常缓慢，全身软弱无力，意志消沉，萎靡不振、体力明显下降，知觉和注意强度减弱，反应迟钝，缺乏果断性，甚至设法逃避比赛。

C. 赛前盲目自信状态。处于赛前盲目自信状态的运动员，对即将来临的比赛的复杂性和困难估计不足，过高估计自己和本队的力量，认为自己能轻易取胜。在这种轻敌思想的支配下，不认真分析和研究比赛对策，对面临困难持安然消极的态度，盲目乐观。表现在心理过程方面，知觉、思维迟缓，注意强度下降，对比赛积极准备不足，因此，赛前盲目自信状态对运动员潜力发挥，起着不良的影响。

D. 战斗准备状态。即运动员心理处于最佳竞技状态，表现在对面临的比赛任务有清楚的理解，对自己的技术力量充满信心，有全力以赴参加比赛和夺取胜利的愿望。他们的注意力集中注意范围增大，知觉敏锐、情绪饱满、精力充沛、全身放松、心理镇静、无焦虑情绪、能量充分动员、具有良好的控制力等等。

只有第四种类型的运动员，会出现好的竞技状态，能够保持适宜的兴奋水平，并形成良好的赛前准备。

③ 论述运动员赛前心理状态的评估与诊断。

心理评估是指对运动员心理状态或心理品质的评定。诊断是从临床医学的角度来看问题，运动员赛前心理评估就像医生诊断有无疾病一样，对运动员的心理过程、心理状态和心理特征进行评定，以判断有无需要处理的心理问题。对于运动员赛前心理状态的评估与诊断主要通过以下三个方面的结果进行综合分析：

A. 观察。观察运动员的表情、言谈举止、行为表现可以判定运动员的情绪状态。其行为不仅包括训练中的行为表现，也包括生活起居中的行为表现，特别是训练、吃饭、睡眠的行为表现最容易反映出运动员的情绪状态。

B. 会谈。赛前同运动员进行单独交谈，不仅可以了解运动员的心情和情绪状态，常常还可以了解内心深处的态度和认知问题，比如对比赛的态度、看法和打算。

C. 心理测验。应用专门的定式心理测验问卷量表或特殊的仪器，对运动员的心理进行测量，可以更加客观准确地对运动员赛前的心理状态或问题进行心理评估与诊断。它不仅可以克服会谈评估的主观与随意，而且，数量化的评估结果还可以方便前后比较，它是前面两种方法的很好的补充。另外，其他生理方面的测量也可以作为心理测量的参考。

④ 论述运动员该如何做赛前的心理准备。

做好赛前准备是取得比赛胜利的重要保障，对于赛前的准备大多数关注的是身体、技术、物资的准备，而对影响比赛最重要的心理准备问题却还没有受到应有的重视。只有做好充分的心理准备，才不至于在比赛中慌乱而不知所措，从而在比赛中能够沉着应对，最终取得比赛的胜利。赛前的心理准备包括许多方面。

A. 知己知彼，掌握客观情况，提高应变能力。

运动员参加比赛，时刻要有清醒的战术头脑，要深知自己的思路，明确自己的身体和心理状况，以及自己的身体、技术和战术上的特长和弱点，在比赛中如何时刻做到扬长避短等，皆须在比赛前充分明确。在充分了解自己的同时，还需要收集对方情报，力争能在赛前预先准确而详细地掌握对方的情况，以便事先准备好对策。

B. 对容易引起临场紧张的因素进行预防训练。

战术心理准备的另一个重要方面，就是针对比赛中容易引起运动员情绪紧张的因素进行预防训练，进行各种模拟训练，以便使运动员临场能保持稳定的心理状态。

C. 明确比赛任务，正确角色定位。

任务是行为的目标，运动员只有明确比赛的任务才知道自己努力的方向。比赛任务的确定往往与自我角色定位有关。赛前不同的角色定位，常常导致不同的比赛任务要求。

因此，在赛前一定要队员明确比赛的任务是夺取比赛的胜利，无论对手是谁，都要重视每一个对手，以及无论比赛进程如何，领先还是落后，都要把自己摆在夺的角色位置，任务是全力以赴，夺取比赛胜利。

D. 制订比赛方案中的心理应对方案。

比赛方案是教练员和运动员根据比赛任务目标而为比赛进程制订的详细计划。制订比赛方案本身就是一种赛前心理准备，因为制订比赛方案的目的在于提高运动员应对比赛的能力，对比赛中可能发生的情况进行预判并制订相应的应对策略，使运动员心里有底，出现什么情况知道该怎么去应对。

E. 形成最佳的情绪状态。

情绪具有动机和组织的作用。积极的情绪常常给人以动力，使人浑身是劲，干劲倍增；而消极的情绪常常成为活动的阻力，使人心灰意懒，浑身无力。情绪还会影响认知，恐惧、紧张、焦虑常常使人思维混乱、决策失误，抑郁时记忆提取困难，思维迟钝，而愉快、兴奋时，思维联想加速，反应灵活。过早、过度兴奋使能量过度消耗，到比赛时精力反而下降。随着比赛进程时间的不同，运动员应该呈现不同的情绪状态。

F. 增强自我效能感，树立必胜信心。

自我效能感是一个人对自己能否成功地完成一项任务所持的信心和认识，它是对自己胜任能力的一种自信心。自信心是运动员潜力得以发挥的重要心理因素。有信心，能使心理活动过程积极起来，坚持下去，并富有创造性，从而激励运动员勇敢而顽强地进行战斗。

G. 激励战斗意志。

运动员的战斗意志，是主观能动性的集中体现，它不仅是构成实力水平的内部条件，而且是决定比赛胜负的重要心理因素。意志本身虽不能代替技术和战术，但它是技术和战术在困难条件下充分发挥的重要心理条件，它能使运动员在遇到困难和阻力的情况下，充分施展技术和战术。

⑤赛前如何才能增强运动员的参赛信心？

树立信心主要靠平时训练中有意识的培养和锻炼。在比赛前，则可以通过：

A. 与对手实力对比来发现自己的长处和对手的短处，以及降低比赛任务目标要求。

B. "必胜信心"的"胜"关键在于对胜利的理解、在于对胜利的标准。在强大对手面前，打平或少输都是胜利。

C. 要辩证地看问题，对手强大可能是过去的强大，现在是否强大还不一定，此一时彼一时也；即使再强大的对手也有弱点或短处，同时也不可能整场比赛都一直强大，对方也有出现弱势的时候，而自己也有自己的长处，只要能够扬长避短、把握战机，以弱胜强也不是不可能的。

D. 赛前教练要多夸奖队员的长处和优点，少指出其不足和弱点，以便增强运动员的自信心。历史上三国时期著名的官渡之战，曹操能够以少胜多、以弱胜强，其中一个重要因素是曹操的谋士郭嘉对曹操进言"今绍有十败，公有十胜"的战前分析，从而增强了曹操的信心。

此外，赛前通过寻找稍弱的对手比赛，也可增强队员的信心。

主 要 参 考 文 献

[1] 张朝，李天思，孙宏伟. 心理学导论 [M]. 北京：清华大学出版社，2008.

[2] 季浏. 体育心理学题解 [M]. 北京：高等教育出版社，2006.

[3] 张厚粲. 心理学同步练习册 [M]. 天津：南开大学出版社，2003.

[4] 费尔德曼. 心理学与我们 [M]. 黄希庭，等译. 北京：人民邮电出版社，2008.

[5] 张履祥，葛明贵. 普通心理学 [M]. 合肥：安徽大学出版社，2002.

[6] 张力为，毛志雄. 运动心理学 [M]. 北京：高等教育出版社，2007.

[7] 全国体育学院教材委员会. 运动心理学 [M]. 北京：人民体育出版社，2005.

[8] 季浏，张力为，姚家新. 体育运动心理学导论 [M]. 北京：北京体育大学出版社，2007.

[9] 叶弈乾，等. 普通心理学（修订二版） [M]. 上海：华东师范大学出版社，2004.11.

[10] Dennis Coon, John O.Mitterer. 心理学导论——思想与行为的认识之路（第11版） [M]. 郑刚等，译. 北京：中国轻工业出版社，2008.3.

[11] 克雷奇，等. 心理学纲要 [M]. 周先庚等，译. 北京：文化教育出版社，1980.10.

[12] 张春兴. 现代心理学——现代人研究自身问题的科学 [M]. 上海：上海人民出版社，1994.5.

[13] 孟昭兰. 情绪心理学[M]. 北京：北京大学出版社，2005.3.

[14] Kurt Pawlik, Mark R.Rosenzweig. 国际心理学手册（新世纪版） [M]. 张厚粲，译. 上海：华东师范大学出版社，2002.6.

[15] 张积家. 普通心理学 [M]. 广州：广东高等教育出版社，2004.

[16] 张力为，毛志雄. 运动心理学 [M]. 上海：华东师范大学出版社，2003.12.

[17] Richard H.Caox. 运动心理学——概念与应用 [M]. 张力为，等译. 北京：清华大学出版社，2003.

[18] Arnold LeUnes Jack R.Nation. 运动心理学导论（第三版） [M]. 姚家新，等译. 西安：陕西师范大学出版社，2005.12.

[19] 张忠秋. 优秀运动员心理训练实用指南 [M]. 北京：人民体育出版社， 2007.10.

[20] 张力为，任未多. 体育运动心理学研究进展 [M]. 北京：高等教育出版社，2000.2.

[21] 全国体育学院通用教材委员会. 运动心理学 [M]. 北京：人民体育出版社， 2005.6.

[22] 张力为，毛志雄. 运动心理学 [M]. 上海：华东师范大学出版社，2003.12.

[23] Arnold LeUnes Jack R.Nation. 运动心理学导论（第三版） [M]. 姚家新，等译. 西安：陕西师范大学出版社， 2005.12.

[24] 潘玉腾. 大学生心理健康教育研究 [M]. 北京：人民出版社，2001.9.

[25] 叶浩生. 西方心理学的历史与体系[M]. 北京：人民教育出版社，1998.

[26] 全国体育学院教材委员会审定. 运动心理学[M]. 北京：人民体育出版社，1988.6.

[27] 孟昭兰. 普通心理学[M]. 北京：北京大学出版社，1994.9.

[28] 理查德·格里格，菲利普·津巴多. 心理学与生活[M]. 王垒，王甦，等译. 北京：人民邮电出版社，2003.10.

[29] 龙晓东. 大学生心理健康与心理调适[M]. 海口：海南出版社，2006.

[30] 潘玉腾. 大学生心理健康教育研究[M]. 北京：人民出版社，2001.9.

[31] 杨文静，等. 心理科学进展 [J]. 2010.18（6）871—877.

[32] 叶浩生. 西方心理学的历史与体系[M]. 北京：人民教育出版社，1998.

[33] 郭金山. 西方心理学自我同一性概念的辨析[J]. 心理科学进展，2003.11（2），227-234.

[34] 张日昇，陈香. 青少年的发展课题与自我同一性——自我同一性的形成及其影响因素[J]. 河北大学学报（哲学社会科学版），2001.1，11-16.

[35] 韩晓峰，郭金山. 论自我同一性概念的整合[J]. 心理学探新，2004，24（2）：7-11.

[36] 陈香. 自我同一性理论及其核心概念的阐释[J]. 前沿，2010.4，91-93.

[37] 季成叶. 儿童少年卫生学[M]. 北京：北京大学医学出版社，2006.

[38] 梁宝勇. 心理卫生与心理咨询百科全书[M]. 天津：南开大学出版社，2002.

[39] 林静. 青少年自我同一性发展的相关因素研究述评[J]. 社会心理科学，2007.（1-2），50-54.

[40] 玛戈. B. 南婷. 儿童心理社会发展——从出生到青年早期[M]. 丁祖荫，译. 北京：人民教育出版社，1993.34-37.

[41] 查子秀. 超常儿童心理学[M]. 北京：人民教育出版社，2006，424-432.

[42] 沃特·谢弗尔. 压力管理心理学[M]. 方双虎，等译. 北京：中国人民大学出版社，2009. 9.54-55.

[43] 黄希庭. 普通心理学[M]. 兰州：甘肃人民出版社，1982.

[44] 龚少英. 普通心理学辅导及习题集[M]. 北京：中国传媒大学出版社，2006.8.

[45] 赵艳杰. 发展心理学[M]. 沈阳：辽宁大学出版社，2008.

[46] 张文新. 青少年发展心理学[M]. 济南：山东人民出版社，2002.

[47] 林崇德. 发展心理学[M]. 杭州：浙江教育出版社，2002.

[48] 董文军，李尚明. 心理学教程[M]. 西安：西北大学出版社，2006.

[49] 博赞. 超级记忆[M]. 北京：中信出版社，2009.7.

[50] 隋洁，吴艳红. 心理时间之旅[J]. 北京大学学报，2004.3.

[51] 祝蓓里. 运动心理学原理与应用[M]. 上海：华东化工学院出版社，1992.2.

[52] 彭聃玲. 普通心理学[M]. 北京：北京师范大学出版社，2004.3.

图书在版编目（CIP）数据

运动心理学同步练习册 / 刘英主编. –北京：人民体育出版社，2011

（体育院校运动训练专项与实践学习参考丛书）

ISBN 978-7-5009-4112-5

Ⅰ.①运…　Ⅱ.①刘…　Ⅲ.①体育心理学–体育院校–习题集　Ⅳ.①G804.8-44

中国版本图书馆 CIP 数据核字（2011）第 158523 号

*

人民体育出版社出版发行

三河兴达印务有限公司印刷

新 华 书 店 经 销

*

787×960　16 开本　20.5 印张　330 千字

2011 年 12 月第 1 版　　2011 年 12 月第 1 次印刷

印数：1—2,000 册

*

ISBN 978-7-5009-4112-5

定价：38.00 元

社址：北京市东城区体育馆路 8 号 （天坛公园东门）

电话：67151482（发行部）　　邮编：100061

传真：67151483　　　　　　　邮购：67118491

网址：www.sportspublish.com

（购买本社图书，如遇有缺损页可与发行部联系）